教育部哲学社会科学研究重大课题攻关项目"秦简牍的综合整理与研究"（08JZD0036）成果

"十二五"国家重点图书

湖北省学术著作
Hubel Special Funds for
Academic Publications
出版专项资金

秦 简 牍 研 究

陈伟 主编

秦简虚词及句式考察

■ 伊强 著

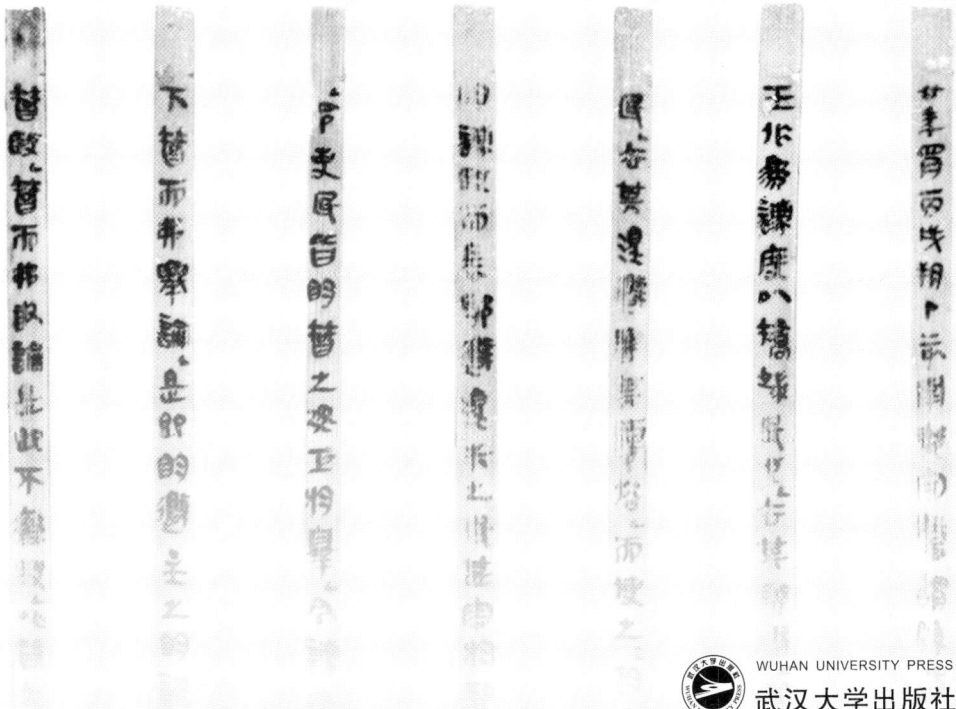

WUHAN UNIVERSITY PRESS
武汉大学出版社

图书在版编目(CIP)数据

秦简虚词及句式考察/伊强著. —武汉:武汉大学出版社,2017.12
秦简牍研究/陈伟主编
ISBN 978-7-307-19513-4

Ⅰ.秦… Ⅱ.伊… Ⅲ.竹简文—古汉语虚词—研究 Ⅳ.H141

中国版本图书馆 CIP 数据核字(2017)第 179585 号

责任编辑:李 程 责任校对:汪欣怡 版式设计:马 佳

出版发行:**武汉大学出版社** (30072 武昌 珞珈山)
(电子邮件:cbs22@whu.edu.cn 网址:www.wdp.com.cn)
印刷:武汉精一佳印刷有限公司
开本:720×1000 1/16 印张:25.25 字数:351 千字 插页:3
版次:2017 年 12 月第 1 版 2017 年 12 月第 1 次印刷
ISBN 978-7-307-19513-4 定价:119.00 元

序

秦简牍的发现、整理与研究，深刻改变了秦国、秦代的文献状况和历史认知，是中国现代学术史上的重大事件。从 1975 年年底湖北云梦睡虎地 11 号秦墓出土简册开始，到 2013 年湖南益阳兔子山遗址出土二世诏书，秦简牍先后发现 13 批，其中可见文字的简牍超过 23000 枚。①

秦简牍发现、研究的进程，大致可以世纪之交为界，分为两个阶段。在前一阶段，资料主要是(1)以律篇为主的法律文献；(2)《语书》《世书》、信件等公私文书；② (3)日书、易占、病方和《为吏之道》等书籍。相应地，海内外学界的研究以秦法律制度和择吉习俗为重心，成果卓然。③ 后一阶段，2002 年出土的里耶秦简包含大量洞庭郡迁陵县廷的簿籍与上行、下行文书，可据以对秦代十多年间一个南方边县的历史作全面、细致的复原；2007 年湖南大学、2010 年北京大学先后入藏的

---

① 可参看陈伟主编：《秦简牍合集〔壹〕》，武汉大学出版社 2014 年版，"序言"第 1~9 页。

② 世书，旧称"编年记"或"大事记"。受印台汉简《葉书》与松柏汉简《葉书》启示，李零称之为《葉书》(见氏撰《视日、日书和葉书——三种简帛文献的区别和定名》，《文物》2008 年第 12 期，第 77~80 页)。我们怀疑"葉书"即"世书"，是记载世系之书。参看陈伟：《秦汉简牍〈葉书〉刍议》，《简帛》第 10 辑，上海古籍出版社 2015 年版，第 85~89 页。

③ 参看曹旅宁：《睡虎地秦律研究综述》，《中国史研究动态》2002 年第 8 期，第 11~19 页；刘乐贤：《睡虎地秦简〈日书〉研究二十年》，《中国史研究动态》1996 年第 10 期，第 2~9 页；张强：《近年来秦简〈日书〉研究评介》，《文博》1995 年第 3 期，第 105~112、104 页。

秦简，有律令、奏谳类文献、《数》书、《占梦书》与日书、祠祝书、病方、诗文等，是对以睡虎地秦简为代表的前期发现的重要补充和扩展。2001年刊布的张家山汉简《二年律令》与《奏谳书》，2006年刊布的孔家坡汉简《日书》，多可与秦简关联，也有力地推动了资料解读和内涵研究。如果说20世纪末叶秦简研究相对沉寂，那么进入新世纪之后，新旧发现和秦汉资料彼此支撑、相互激励，因而在国际范围兴起新一轮更为持久、深入的研究热潮。

这套五卷本的《秦简牍研究》是教育部哲学社会科学研究重大课题攻关项目"秦简牍的综合整理与研究"（08JZD0036）的重要成果。课题立项于2008年年底，正值新的研究热潮走高之时。而项目实施的五六年间，新资料陆续刊布，新成果层出不穷，课题组既独立探索、自我辩难，也积极与海内外同行切磋、互动，在参与推进学术发展的同时，不断凝聚、修正自我认识，完成、完善项目成果。项目的基础成果有四：（1）2014年出版，包括图录、释文和注释的《秦简牍合集》（第一辑）4卷6册。20世纪出土8批秦简，除王家台简外，汇于一辑。（2）2012年出版的《里耶秦简牍校释》第一卷，与湖南省文物考古研究所编著《里耶秦简〔壹〕》（文物出版社2012年版）对应，围绕缀合、释字和断读做了大量工作，并作有注释。（3）这套五卷本的《秦简牍研究》。（4）凝集以上三项成果特别是《秦简牍研究》以及相关阶段性成果的《秦简牍整理与研究》，由经济科学出版社出版。

《秦简牍研究》五卷为：（1）陈伟著《秦简牍校读及所见制度考察》；（2）徐世虹教授等著《秦律研究》；（3）晏昌贵教授著《秦简牍地理研究》；（4）孙占宇教授、鲁家亮副教授著《放马滩秦简及岳麓秦简〈梦书〉研究》；（5）伊强博士著《秦简虚词及句式考察》。作为项目首席专家及本书主编，并承担其中一卷的研撰，我深知工作的艰辛与不易，对参与写作的各位朋友充满感激。

历史学是一门高度依赖资料的学问。秦简牍的大量涌现，使得许多问题的形成、讨论和解决成为可能，相关研究空前活跃。不过，我们今天看到的简牍,往往支离破碎;而整理工作的周期,又使得一些业已出土的重要资料难以得到及时刊布,因而在本来需要缜密考证的作业中,往往留有想象、假设的空间。有时还不得不利用汉代的简牍资料,把秦与汉初以至西汉的问题结合起来讨论。这样得出的推论,存在游离,甚至完全背离历史真相的危险。在《秦简牍研究》研撰中,我们尽可能全面地收集、利用已刊资料和已有成果,通过辨析、考校,推进认知;同时也清楚地意识到推理、论证的局限性,有勇气、也有兴趣不断校正思路,修订结论,探寻真知。

陈伟

2017 年 5 月 6 日

凡　　例

1. 称引简文时，通假字、异体字等用( )注出本字、正字，残缺之字用【】补出，讹误字用〈〉注出其正字，□表示无法辨认或无法补出的字，☑表示简文残缺；另简牍完整，但末句未完的，末尾则不加标点。原简文中使用的"·""■"等各类墨记符号皆略去。

2. 为论述方便，所征引秦简简文，通常在相关章节的最小一级标题下顺次编号；征引传世文献及其他出土文献资料一般则不予编号。所引简文为残简缀合的，简号之间用"+"连接，如"里耶 8－1772＋8－792"。不同简号简文连读的，若简号数字相连则用"－"连接，如《封诊式》52－53"；简号数字不相连的则用"、"，如"放《日书》乙 177 叁、乙 172 叁"。

3. 称引简文时，如"云梦睡虎地秦简《语书》"只是首次出现时出全名，之后"云梦睡虎地秦简"等皆承前省略；龙山里耶秦简、江陵周家台秦简等则径称为"里耶""周家台"等；《岳麓书院藏秦简(壹)/(贰)》首次引用时则全称如"《岳麓书院藏秦简(壹)·为吏治官及黔首》""《岳麓书院藏秦简(贰)·数》"，之后则省称为"岳麓壹《为吏》""岳麓贰《数》"，《岳麓书院藏秦简(叁)》则径称为"岳麓叁"；睡虎地秦简《日书》和放马滩秦简《日书》，为区别见省称为"睡《日书》"和"放《日书》"。

目　　录

第一章 绪 论

第一节 秦简资料

截至 2013 年年底，全部公布或部分集中公布的秦简，计有以下九批。

1. 湖北云梦睡虎地 M4 木牍

1975 年年底至 1976 年年初出土于湖北省云梦睡虎地 4 号秦墓，木牍两方，内容为私人家信。湖北孝感地区第二期亦工亦农文物考古训练班《湖北云梦睡虎地十一座秦墓发掘简报》(《文物》1976 年第 9 期) 公布了图片和释文，分别称之为木牍甲、木牍乙，甲即黑夫家信，乙即惊家信。《云梦睡虎地秦墓》(文物出版社 1981 年版) 亦公布了其图片和释文。湖北省博物馆编《书写历史——战国秦汉简牍》(文物出版社 2007 年版) 亦载有木牍甲的照片和释文，照片颇清晰，唯背面文字较前漫灭不少。本书释文主要参考杨芬《出土秦汉私信汇校集注》(武汉大学博士学位论文，2010 年)。

2. 湖北云梦睡虎地 M11 竹简

1975 年出土于云梦睡虎地 11 号秦墓中，总数为 1155 枚，另有残片 80 枚。从内容及简牍形制上看，共包括以下十种：《编年记》《语书》《秦律十八种》《效律》《秦律杂抄》《法律答问》《封诊式》《为吏之道》《日书》(甲、乙)两种。这批材料的刊布,最早曾在《文物》上有几篇简报及介绍,① 同时及稍后,《文物》1976 年第 6~8 期又公布了大部分释文。1977 年,文物出版社出版了 8 开线装本《睡虎地秦墓竹简》,收入除《日书》之外的所有竹简释文和图片;1978 年,又出版了 32 开平装本,内容与线装本相同但无图片。1990 年,文物出版社出版了 8 开精装本《睡虎地秦墓竹简》,收录了 11 号墓的所有竹简图片,并有释文和注释,其中除《编年记》《为吏之道》及两种《日书》之外,其他部分还附有现代汉语的译文。这一版本出版后,成为研究者所使用的最重要的工作底本,本书亦以此为主要依据版本。

3. 四川青川郝家坪 M50 木牍

1979 年出土于四川省青川县郝家坪 50 号战国墓,木牍两枚,其中 17 号木牍文字无法辨认,16 号木牍双面书写,内容为日书及《更修田律》(或《为田律》)。学界通常所说的青川木牍即指后者。相关材料见四川省博物馆、青川县文化馆《青川县出土秦更修田律木牍——四川省青川县战国墓发掘简报》(《文物》1982 年第 2 期)。《出土文献研究》第 8 辑刊有较为清晰的图片。《秦简牍合集〔贰〕》公布了两枚木牍的红外照片,17 号木牍正面字迹依稀可见,背面也似有数字。本书称引即根据《秦简牍合集〔贰〕》的释文。

4. 湖北江陵岳山 M36 木牍

1986 年湖北省江陵岳山第 36 号秦墓,出土木牍两枚,编号为 43、44,但只公布了木牍正面的照片,内容为日书,相关资料见荆州地区博物馆、湖北省江陵县文物局《江陵岳山秦汉墓》(《考古学报》2000 年第 4 期)。《秦简牍合集〔叁〕》将两枚木牍编号为 1 和 2,并且公布了正面、背面的红外照片。本书称引释文即根据《秦简牍合集〔叁〕》。

---

① 季勋:《云梦睡虎地秦简概述》,《文物》1976 年第 5 期;湖北孝感地区第二期亦工亦农文物考古训练班:《湖北云梦睡虎地十一号秦墓发掘简报》,《文物》1976 年第 6 期。

5. 甘肃天水放马滩 M1 简牍

1986 年出土于甘肃天水放马滩一号秦墓,包括竹简 460 枚,木牍 4 方。关于这批简牍的介绍及释文,主要的几篇文章都集中发表于 1989 年,有何双全《天水放马滩秦简综述》(《文物》1989 年第 2 期)、任步云《天水放马滩秦简刍议》(《西北史地》1989 年第 3 期),何双全《天水放马滩秦简甲种〈日书〉考述》《天水放马滩秦简甲种〈日书〉释文》(均见甘肃省文物考古研究所编《秦汉简牍论文集》,甘肃省人民出版社 1989 年版)。以上论著所涉及的主要是《日书》甲种,《日书》乙种则是偶有提及。在此基础之上,学者们对《日书》甲种做了不少的研究工作,整理研究比较全面的主要有吴小强《秦简日书集释》(岳麓书社 2000 年版)、孙占宇《放马滩秦简日书整理与研究》(西北师范大学博士学位论文,2008 年)。直到 2009 年,甘肃文物考古研究编《天水放马滩秦简》一书才由中华书局出版,此书公布了放马滩秦墓的所有竹简和木牍,并附有释文。需要注意的是,程少轩认为整理者定名的《口书》乙种中的一部分当是部式占古佚书,并命名为《钟律式占》。① 本书主要依据版本为孙占宇《天水放马滩秦简集释》(甘肃文化出版社 2013 年版)。

6. 湖北云梦龙岗 M6 简牍

1989 年出土于湖北云梦龙岗第 6 号秦墓,竹简断残严重,整理缀合后共有 150 余枚,另有木牍一方。其内容为有关禁苑管理事务的法律摘抄。1990 年,梁柱等《云梦龙岗秦汉墓地第一次发掘简报》(《江汉考古》1990 年第 3 期)对这批简牍做了介绍。1994 年 12 月出版的《考古学集刊》第 8 辑公布了这批简牍的全部资料。1997 年,刘信芳、梁柱编著《云梦龙岗秦简》一书由科学出版社出版,对这批简牍做了比较全面的整理注释。2001 年,中国文物研究所、湖北省文物考古研究所编《龙岗

---

① 程少轩:《放马滩简式占古佚书研究》,复旦大学博士学位论文,2011 年;又《放马滩所见式占古佚书的初步研究》,《"中研院"历史语言研究所集刊》第八十三本第二分,2012 年。

秦简》一书由中华书局出版，该书采用红外线技术对原有释文做了不少修订，在简牍分类及释读上也提出了一些新见，此书也是本书主要依据的版本。

7. 湖北荆州沙市区周家台 M30 简牍

1993 年出土于湖北省沙市周家台第 30 号秦墓，共有竹简 389 枚，木牍 1 方。内容有《历谱》《日书》与《病方及其它》。湖北省荆州市周梁玉桥遗址博物馆《关沮秦汉墓清理简报》(《文物》1999 年第 6 期)有相关介绍。湖北省荆州市周梁玉桥遗址博物馆编《关沮秦汉墓简牍》一书 2001 年由中华书局出版，刊布了所有简牍的照片，并附有释文及注释，本书主要依据版本即此。

8. 湖南龙山里耶古城简牍

2002 年出土于湖南龙山里耶战国秦汉城址 1 号井(J1)，总数 36000 余枚，内容为官署档案。次年，《考古》第 7 期载湖南省文物考古研究所《湖南龙山县里耶战国秦汉城址及秦代简牍》，有相关介绍；《中国历史文物》第 1 期发表张春龙、龙京沙《湘西里耶秦代简牍选释》，公布了部分照片及释文。湖南省文物考古研究所编著《里耶发掘报告》(岳麓书社 2007 年版)亦附有部分照片及释文。此后，又有部分简牍零星公布，如张春龙、龙京沙《湘西里耶 8-455 号》(《简帛》第 4 辑，上海古籍出版社 2009 年版)。2012 年 1 月，湖南省文物考古研究所编著的《里耶秦简〔壹〕》由文物出版社出版，公布了第五、六、八层的简牍图片，并附有释文。与此同时，陈伟主编的《里耶秦简牍校释(第一卷)》由武汉大学出版社出版，该书在简牍缀合方面做了卓有成效的工作，并做有较为详细的注释，为研究利用提供了很好的文本，本书亦以此为主要版本。本书只是就《里耶秦简〔壹〕》作考察分析，其他零星公布的材料暂不涉及。

9. 岳麓书院藏秦简

2007 年湖南大学岳麓书院藏，共编号 2100 个，较完整的有 1300

余枚；2008 年又接受捐赠，计编号 76 个，较完整的有 30 余枚。《中国史研究》2009 年第 3 期发表了几篇文章，① 公布了部分秦简照片。陈松长《岳麓书院藏秦简〈为吏治官及黔首〉略说》（《出土文献研究》第 9 辑，中华书局 2010 年版）亦公布了几枚秦简的照片。《岳麓书院藏秦简》（壹）、（贰）、（叁）已由上海辞书出版社分别于 2010 年、2011 年、2013 年出版，（壹）包括《质日》《为吏治官及黔首》《占梦书》三种，（贰）是《算数书》，（叁）则为司法文书。三书皆有图片、释文及注释，本书依据的主要版本亦为此。

2014 年 12 月，《秦简牍合集》由武汉大学出版社出版，包含了以上所述前 7 批材料，本书所引相关简文都据之校改一过，如有不同之处一般都有相应交代说明。

另外，王家台秦简只是公布了一部分，且无图版；② 北京大学藏秦简也只是公布了一部分，有些只是公布了释文而未有图版照片，③ 故本书皆暂未涉及。

---

① 陈松长《岳麓书院藏秦简中的行书律初论》，肖灿、朱汉民《岳麓书院藏秦简〈数〉的主要内容及历史价值》，朱汉民、肖灿《从岳麓书院藏秦简〈数〉看周秦之际的几何学成就》，肖永明《读岳麓书院藏秦简〈为吏治官及黔首〉札记》，以上文章俱见《中国史研究》2009 年第 3 期。

② 荆州地区博物馆：《江陵王家台 15 号秦墓》，《文物》1995 年第 1 期；王明钦：《王家台秦墓竹简概述》，艾兰、邢文编：《新出简帛研究》，文物出版社 2004 年版。

③ 北京大学出土文献研究所《北京大学藏秦简牍概述》，朱凤瀚《北大藏秦简〈从政之经〉述要》，李零《北大秦牍〈泰原有死者〉简介》，韩巍《北大秦简中的数学文献》，陈侃理《北大秦简中的方术书》，以上文章俱见《文物》2012 年第 6 期。朱凤瀚《北大秦简〈公子从军〉的编连与初读》，李零《隐书》，辛德勇《北京大学藏秦水陆里程简册的性质和拟名问题》，韩巍《北大秦简〈算书〉土地面积类算题初识》，田天《北大秦简〈祓除〉初识》，以上文章俱见《简帛》第 8 辑，上海古籍出版社 2013 年版。

第二节　秦简语料的问题

太田辰夫曾指出，中国古代的文献可以分为"同时资料"和"后时资料"，① 秦简大致当属于前者。就历史语言学的研究来说，与当时的口语越接近的语料其研究价值就越高。虽然文献尚不充分，但一般认为先秦两汉时期的口语与书面语二者的差异应该不像魏晋之后那么明显。因此就秦简来说，虽然可以看作"同时资料"，但哪些批次或内容的秦简与当时的口语更接近则很不易判断。

秦简从内容上来说，朱湘蓉曾分为：法律、文书、关于秦国史实的记载、医药方、历谱、日书、易占、官箴、占梦书和数书十类。② 当然，这样的分类只是大概的，且对某篇或某部分秦简来说还可商榷。正是由于秦简的内容这样复杂，以及体例及性质的明显差异，使得秦简在语言风格及具体的用词用语和个别语法现象的使用上也存在明显的差异。裘燮君曾从语气词运用的角度，指出先秦早期不同文体文献之间存在差异。③ 其实，就秦简来看，差异不光在语气词方面。如先秦汉语中常见的宾语前置和被动句，在秦简都很少见。睡虎地秦简《语书》和《里耶秦简〔壹〕》中的大部分文书简，虽然同是官方文书，但前者与常见诸子及《史记》一类著作，在语感上没有明显的差别。而后者，则要质朴无文得多。由于内容及性质的差异，秦简在词语的使用上也存在明显差别，如"也/殹"的使用，在不同批次的秦简甚至同一批次不同内容的秦

---

① ［日］太田辰夫著，蒋绍愚、徐昌华译：《中国语历史文法》(修订译本)，北京大学出版社 2003 年版，第 374 页。

② 朱湘蓉：《秦简词汇初探》，中国社会科学出版社 2012 年版，第 3~5 页。

③ 参裘燮君：《商周虚词研究》，中华书局 2008 年版，第 157~168 页。

简中存在着明显的差异。① 再如，除"也/殹"之外的其他语气词在法律、文书类秦简中基本见不到。另外第一、第二人称代词，除在《日书》及周家台秦简类似"祭祷文"的简文中出现外，即使在对话内容比较多的《封诊式》和岳麓叁中也基本见不到。再如学者讨论得比较多的一些句法现象，如"是＝"句，都出现在"日书"类文献中；反复问句则绝大多数出现在睡虎地《法律答问》中。又如岳麓壹中的三篇《质日》，句子都非常简单；睡虎地秦简《为吏之道》中，"兴利除害"一段，有些词句看不出前后之间有明显的意义关联。诸如此类的问题还有不少，正是由于秦简内容、体例性质及语言风格的不同，因此作为研究语料，是否可以同等对待尚值得进一步探讨。

第三节　秦简语法研究回顾

相对于法律制度、文字研究考释而言，秦简语法研究要冷清一些。20 世纪 70 年代以来，随着各批秦简材料的逐步刊布，陆续有些语法研究的文章发表。近些年来，随着秦简资料不断刊布，语法研究的著作也不断出现。目前比较全面的有两部：

一是崔南圭的《〈睡虎地秦简〉语法研究》(台湾东海大学博士学位论文，1993 年)，该文共分九章，包括了虚词、句子成分、句类、语序、复句、省略的诸多方面，对睡虎地秦简语法问题做了比较全面的分析；又与《左传》进行了对比，揭示了秦简自身的一些语法特点。

另一部则是魏德胜《〈睡虎地秦墓竹简〉语法研究》(首都师范大学出版社 2000 年版)，该书分复音词、数量与称代、虚词、短语结构、句法功能、省略/复指/范围等六章对睡虎地秦简做了比较全面的分析研究，

---

① 参看风仪诚：《秦代讳字、官方词语及秦代用字习惯——从里耶秦简说起》，《简帛》第 7 辑，上海古籍出版社 2012 年版。

是目前大陆唯一全面研究睡虎地秦简语法的著作。

词汇方面，主要集中在虚词研究。就睡虎地秦简而言，除上文已提到的魏德胜《〈睡虎地秦墓竹简〉语法研究》外，还有段莉芬《秦简释词》（台湾东海大学硕士学位论文，1989 年）、吉仕梅《〈睡虎地秦墓竹简〉封闭性词类研究》（四川大学硕士学位论文，1993 年，后多以单篇论文形式发表，又收入其《秦汉简帛语言研究》一书，巴蜀书社 2004 年版），集中分析研究了其中的副词、连词和介词。其他批次的秦简，则有王甜《〈龙岗秦简〉词汇语法研究》（天津师范大学硕士学位论文，2007 年），韩剑南、郝晋阳《〈周家台秦简〉虚词研究》[《淮北煤炭师范学院学报》（哲学社会科学版）2008 年第 4 期]，韩剑南《〈龙岗秦简〉虚词研究》（《成都纺织高等专科学校学报》2009 年第 4 期）。胡波《秦简副词研究》（西南大学硕士学位论文，2010 年），则是对秦简中的副词做了较为全面的分析研究。此外还有一些就个别虚词讨论的文章，此不具引。实词研究，朱湘蓉的《秦简词汇初探》（中国社会科学出版社 2012 年版）是较为全面的一部，主要从单音词和复音词、新词新义、分领域研究及词义考释及注释方面，对秦简词汇做了较为全面而深入的梳理和研究。此外还有魏德胜《〈睡虎地秦墓竹简〉词汇研究》（华夏出版社 2003 年版）、石峰《〈睡虎地秦墓竹简〉动词研究》（四川大学硕士学位论文，1998 年）、陆锡兴《睡虎地秦简合成词研究》（《江西社会科学》2004 年第 10 期，又载张显成主编：《简帛语言文字研究》第 2 辑，巴蜀书社 2006 年版）。此外还有一些就个别虚词讨论的文章，比较深入的如大西克也《并列连词"及""与"在出土文献中的分布及上古汉语方言语法》（郭锡良主编：《古汉语语法论集》，语文出版社 1998 年版）、《"殹""也"之交替——六国统一前后书面语言的一个侧面》（《简帛研究二〇〇一》，广西师范大学出版社 2001 年版）。比较全面研究秦简虚词的著作，则是李明晓等《战国秦汉简牍虚词研究》（四川大学出版社 2011 年版）和张玉金《出土战国文献虚词研究》（人民出版社 2011 年版）。尤其是后者，对秦简虚词做了较为深入细致的分析。

　　句法研究，比较全面的是崔南圭的《〈睡虎地秦简〉语法研究》（台湾东海大学博士学位论文，1993 年），该论文从句子成分、句类、复句、省略、句群等诸方面对秦简的句法做了比较全面的分析研究，需要注意的是其使用的语法术语与大陆多有不同。冯春田的几篇文章，① 对某些句法现象做了比较深入的分析。魏德胜《〈睡虎地秦墓竹简〉语法研究》亦有所涉论述，再就是樊国萍《〈睡虎地秦墓竹简〉句类分析》(《毕节学院学报》2010 年第 12 期)、甘露《睡虎地秦简中的连谓句和兼语句》(《青海师专学报》2001 年第 3 期，又载《黔西南民族师范高等专科学校学报》2001 年第 3 期)。

　　另外还有不少论著，虽非针对秦简某一语法问题进行研究，但对秦简有所涉及，或将之与其他出土文献或古书做不同角度的对比参证，其中有些看法很有参考价值，如大西克也的几篇文章，② 张玉金《出土战国文献中的语气词"也"》（张显成主编：《简帛语言文字研究》第 5 辑，巴蜀书社 2010 年版）等。

　　综上而言，在语法研究上，虽然已有了这样多的论著，但其中有些问题仍值得进一步探讨。如虚词，从大的方面说，学者们虽然做了比较全面的梳理分析，但在各类虚词具体数量、虚词作用分类方面却颇有不同。从小处说，相关论著中还有不少漏收、以实为虚、词类误判以及对

---

　　① 冯春田：《秦墓竹简某些语法现象分析》，《中国语文》1984 年第 1 期；《秦墓竹简选择问句语法分析》，《语文研究》1987 年第 1 期；《秦简语法札记》，《语言学论丛》第 18 辑，商务印书馆 1993 年版；《秦简简文中的"……（之）谓殹（也）"式及相关句式》，高思曼主编，何乐士副主编：《第一届国际先秦汉语语法研讨会论文集》，岳麓书社 1984 年版。

　　② ［日］大西克也：《论"毋"、"无"》，《古汉语研究》1989 年第 3 期；《并列连词"及""与"在出土文献中的分布及上古汉语方言语法》，郭锡良主编：《古汉语语法论集》，语文出版社 1998 年版；《"殹""也"之交替——六国统一前后书面语言的一个侧面》，李学勤、谢桂华主编：《简帛研究二○○一》，广西师范大学出版社 2001 年版；《从方言的角度看时间副词"将"、"且"在战国秦汉出土文献中的分布》，《纪念王力先生百年诞辰学术论文集》编辑委员会：《纪念王力先生百年诞辰学术论文集》，商务印书馆 2002 年版。

具体虚词作用论述有误之类的小问题。如魏德胜《〈睡虎地秦墓竹简〉语法研究》对于虚词的讨论，即有不少遗漏，在助词的讨论中，没有提及结构助词"所"，介词没有提及"即"，副词没有提及"材"等，对助词"宁"（《封诊式》简91、92"宁毒言"）的认定也值得讨论。又如睡虎地秦简《日书》乙简113："五酉、甲辰、丙寅，不可以盖，必有火起若或死焉。""若或"应是复音虚词，见于古书，《墨子·号令》："有司见有罪而不诛，同罪。若或逃之，亦杀。"①魏、吉皆漏收。又如周家台简132–133"从朔日始数之，画当一日"、简357"甲申旬，午未为觚（孤），子丑为虚，从南方入"，韩剑南、郝晋阳认为"从"是范围副词，② 案：此说费解，当是介词。还有些虚词，学者们理解不同，分析也就有差别。如睡虎地《日书》甲140正肆"甲辰生子，殺（谷），且武而利弟"，魏德胜认为"且"连接分句，语义上有更进一层的含义；③ 吉仕梅则断句为"甲辰生子，殺（谷）且武而利弟"，认为"且"连接的是两个形容词④。与以上诸例类似的例子还有不少，问题虽小，但对虚词的整体描写总会造成一定的影响。另外，简文释读方面，目前尚有不少争论不一及难以解释清楚的地方，加之有些简牍残损严重，都对虚词的分析统计带来不小的影响。

实词的研究，一些见于秦简而在早于或与秦简时代接近的传世文献中未见的所谓"新词"，一直是学者们的重要关注点。另外对合成词的关注也较多。

以上状况大概与虚词、实词本身的特点有关。虚词的词类具有比较

---

① 洪成玉：《古汉语复音虚词和固定结构释例》，《古汉语语法散论及其他》，中华书局2009年版，第128页。

② 韩剑南、郝晋阳：《〈周家台秦简〉虚词研究》，《淮北煤炭师范学院》（哲学社会科学版）2004年第4期。

③ 魏德胜：《〈睡虎地秦墓竹简〉语法研究》，首都师范大学出版社2000年版，第216页。

④ 吉仕梅：《〈睡虎地秦墓竹简〉连词考察》，《乐山师范学院学报》2003年第4期。

封闭的特点，可以做比较全面甚至是穷尽性的考索研究；而实词的主要词类则具有开放性的特点，难以做全面的考索研究。句法方面，如前文所述，是秦简语法研究中比较薄弱的。主要有崔南圭对秦简语法的全面分析，冯春田对睡虎地秦简选择问句的深入分析。类似的论著目前尚不多见。

第四节　研究思路

郭锡良曾指出，专书语法的研究可以分为两大类，"(1)任意选择有特点的语法现象(词法或句法)进行专题研究；(2)按系统选择专书的某部分语法成分、语法结构做全面、穷尽式的研究。它可以是某类虚词研究或某类实词研究，也可以是句法结构或句式的研究"①。对于出土文献语法研究而言，这两类研究方法也很合适。本书最初的计划，是对秦简语法做较为全面的研究。受时间及个人水平所限，只完成了虚词和几种句式部分。

就秦简虚词研究而言，一般可以分两类。一是对虚词先分介词、连词等几大类，然后挨个做全面的语法分析；二是先分大类，然后在大类下面再按照语法作用来分小类论述。张玉金《出土战国文献虚词研究》属前者，魏德胜《〈睡虎地秦墓竹简〉语法研究》"介词"部分属前者而"连词"部分属后者。由于秦简中的虚词，无论介词、连词还是助词，用法复杂且用例较多的虚词很有限，因此本书在体例上依前者。在具体虚词的研究上，本书力图将描写分析与定量统计相结合，做出比较全面、客观的描写，总结其语法特点和客观规律。需要说明的是，在具体虚词的类别判定上，目前还有些不同意见，如"所"，或认为是代词，

---

① 郭锡良：《〈古代汉语专书语法研究〉序》，钱宗武：《今文〈尚书〉句法研究》，河南大学出版社2011年版，第2页。

或认为是助词。① 诸如此类问题,本书一般不做理论上的探讨,具体虚词的判定主要依据吕叔湘《文言虚字》(上海教育出版社 1978 年版)和杨伯峻、何乐士《古汉语语法及其发展》(修订本)(语文出版社 2001 年版)。术语的使用,则依据比较通行的用法。此外,与虚词有关的个别语法现象,如"主之谓"结构,"N 之 VP 者"结构及处所补语等问题,也在相关虚词的章节之下做较为深入的探讨。

句法的研究方面,一般可以从不同角度对句子做分类研究。本书参照柳士镇《魏晋南北朝历史语法》(南京大学出版社 1992 年版)和吴福祥《敦煌变文 12 种语法研究》(河南大学出版社 2007 年版)的体例,只是对几种句式做了较为详细的描写分析。在描写分析的基础上,尽可能从历时或共时角度做些比较探讨。

语法研究与字词考释、文句解读是相辅相成、不可分割的。正确理解简文文意是语法分析的基础,反之如果多从语法角度注意一些语法规律及语言现象,则有利于简文的准确释读。因此,本书在语法分析研究中充分利用学界已有的考释成果;另一方面,则是从语法的角度对某些字词或文句做出更为清晰的解读或是提出笔者的看法。

吕叔湘在谈到《马氏文通》所收的大量例句时,曾指出:"这些例句里边有不少,马氏所做分析是错误的或者不能令人满意的,可是其中有很多是到现在还仍然缺乏令人满意的分析的。但是《文通》把它们摆了出来,没有因为它们难于解说而把它们藏起来,像后来许多语法书那样。"②何乐士在谈到专书语法研究的方法时也曾指出,对一时不能解决的问题,应该不"回避"、不"遗漏",而应明确交代,以引起讨论,推

---

① 可参方有国:《上古汉语"所"字与所字结构研究》,《汉语史研究集刊》第 1 辑,巴蜀书社 1998 年版。

② 吕叔湘:《〈马氏文通〉述评》,《吕叔湘文集(第三卷)》,商务印书馆 2011 年版,第 452~453 页。

动问题的解决。① 秦简无论是在文字考释还是文句释读上都有很多尚有争论甚至很不清楚的地方，这必然影响一些字词或句子的语法分析，本书在分析或引用例句时，除简文残损过甚难以索解的，对一些有争论或不清楚的地方，尽可能提出己见，而一时拿不出倾向性意见的，则阙疑。由以上论述可知，具体到某个词语及句法现象的计量统计上，做到精确无误是非常困难的，因此本书有关统计只能是尽可能的准确。

---

① 何乐士：《专书语法研究的几点体会》，《古汉语语法研究论文集》，商务印书馆 2000 年版，第 279~280 页。

第二章 秦简的介词

《马氏文通·虚字卷之七》说："凡虚字用以连实字相关之义者，曰介字。"①"介字"即现在所说的"介词"。介词的作用是引介它的宾语给谓语。介词与其后的宾语组成"介宾"结构，其可在谓语前也可在谓语后。

在虚词里，介词相对于连词、助词而言，其意义要实一些。加之介词都是由动词虚化而来，不少介词都兼有动词的用法。因此，由于标准的宽严不一，在古汉语②研究中，介词的数目及具体介词的判定，目前仍有不少分歧。本书对于秦简介词的认定，主要参考吕叔湘《文言虚字》和杨伯峻、何乐士《古汉语语法及其发展》(修订本)。

从语义上看，介词的功能在于引进与动作(或状态)有关的时间、处所、对象、工具、原因等，因此可以把介词分为六类：引介时间，引介处所，引介工具、凭借或方式，引介对象，引介原因或目的，引介某种身份或状态。秦简中的介词按此分类列于下：

(1)引介时间：以、自、从、到、至、逯；

(2)引介处所：从、自、于、於、道、逯、到、至；

(3)引介工具、凭借或方式：以、用；

(4)引介对象：以、及、于、於、为、与、用、从；

---

① 马建忠：《马氏文通》，商务印书馆 1983 年版，第 247 页。

② 本书在使用"古汉语"一词时，一般是就传世文献而言的。

（5）引介原因或目的：以、为；

（6）引介某种身份或状态：于。

其中使用方法最复杂，且出现次数最多的是"以"，其次是"于""於"。

第一节 介词"以"

"以"在古汉语中可以作动词，也可作连词和介词。在作为介词时，后面紧跟宾语，则很容易与连词区分开。但当"以"字后的宾语省略时，其"S 以 VP"的句式，则与连词在形式上是一致的。区分方法，何乐士归结为三点：（1）在理解文义时补出隐含的宾语，句意才通顺，并且确有对象可补；（2）"以"不是位于两个动词性词语之间，其前可有用作主语的名词、用作状语的副词或助动词、用作连接成分的连词；（3）应该有没有省略宾语的原型句。①

一、引介时间

共 365 例(睡虎地《日书》外 23、睡虎地《日书》255，放马滩 48，周家台 9，龙岗 1，郝家坪 1，岳山 4，里耶壹 18，岳麓叁 6)。张玉金把引介时间的"以"称为"境事介词"，并指出可以译为"用""在""到"或"从"等。② 但所谓"在""到""从"等都是通过上下文意来理解的，且有些"以"该理解为"在"还是"到"，抑或"从"是不易划分的，如：

（1）小 隶 臣 妾 以 八 月 傅 为 大 隶 臣 妾，以 十 月 益 食。

① 何乐士：《〈左传〉虚词研究》（修订本），商务印书馆 2004 年版，第 174 页。

② 张玉金：《出土战国文献虚词研究》，人民出版社 2011 年版，第 154 页。

睡虎地《秦律十八种》53

其中的"以"，张玉金认为可译为"从"。① 但"以八月"似也可以看作动作行为"傅"的发生时间，因为"傅"不是一个持续性动词。当然从句意看，"八月"又是成为大隶臣妾的开始。所以"以"该如何理解具有一定的模糊性，因此我们在论述"以"引介时间时就不再细分。

（2）以四月、七月、十月、正月肤田牛。《秦律十八种》13

（3）稟大田而毋（无）恒籍者，以其致到日稟之，勿深致。《秦律十八种》11

（4）县上食者籍及它费大（太）仓，与计偕。都官以计时雠食者籍。《秦律十八种》37

（5）隶臣田者，以二月月稟二石半石，到九月尽而止其半石。《秦律十八种》51

（6）受（授）衣者，夏衣以四月尽六月稟之，冬衣以九月尽十一月稟之，过时者勿稟。《秦律十八种》90

（7）各以其椫〈获〉时多积之。《秦律十八种》132

（8）士五（伍）甲盗，以得时直（值）臧（赃），臧（赃）直（值）过六百六十，吏弗直（值），其狱鞫乃直（值）臧（赃），臧（赃）直（值）百一十，以论耐，问甲及吏可（何）论？睡虎地《法律答问》33

（9）或以赦前盗千钱，赦后尽用之而得，论可（何）殹？②《法律答问》37

（10）以三岁时病疕，麋（眉）突，不可智（知）其可（何）病，毋（无）它坐。睡虎地《封诊式》52-53

---

① 张玉金：《出土战国文献虚词研究》，人民出版社2011年版，第152页。

② 《睡虎地秦墓竹简》释文在"殹"字后都括注了"也"字。为统一起见，本书引用秦简文句，"殹"后面概不括注"也"字。

（11）乙以乃二月为此衣。①《封诊式》81

（12）外大母同里丁坐有宁毒言，以卌馀岁时眚（迁）。《封诊式》92

（13）以望之日日始出而食之。睡《日书》甲68背壹

（14）正月五月九月，北徙大吉，东北少（小）吉，若以是月殹东送〈徙〉，毄。睡《日书》甲59正壹

（15）毋以辛壬东南行，日之门也。毋以癸甲西南行，月之门也。毋以乙丙西北行，星之门也。毋以丁庚东北行，辰之门也。凡四日之门，行之殹也，以行不吉。睡《日书》甲132正

（16）以癸日日入投之道。睡《日书》甲54背贰

（17）以戊日日中而食黍於道，遽则止矣。睡《日书》甲56背贰

（18）凡初寇〈冠〉，必以五月庚午，吉。睡《日书》乙130

（19）毋以戊辰、己巳入寄人，寄人反寄之。睡《日书》乙131

（20）盗贼以田时杀□☑　龙岗123

（21）以秋八月，修封挌（埒），正强（疆）畔。郝家坪16号木牍正

（22）凡七畜，以五卯祠之，必有得也。② 岳山秦牍1

（23）凡衣忌：戊申、己未、壬申、戌、丁亥，勿以裻（制）衣、衣。毋以八月、九月丙、辛、癸丑、寅、卯材（裁）衣。岳山秦牍1反

（24）□以辛亥、卯、壬午【问病者】。以宁人，人必宁【之】；以贺【人，人必贺之】。③ 岳山秦牍2

---

① "乃"，张国艳认为是指示代词，参张国艳：《居延汉简虚词通释》，中华书局2012年版，第182~189页。

② "五卯"，释文据杨芬：《岳山秦牍〈日书〉考释八则》，《简帛》第5辑，上海古籍出版社2010年版，第53页。

③ 释文据杨芬：《岳山秦牍〈日书〉考释八则》，《简帛》第5辑，上海古籍出版社2010年版，第54页。

（25）久宦毋以庚午到室。岳山秦牍 2

（26）今以戊申视事。里耶 8-163

（27）若有所燥，冶。冶即用不臧（藏）。以五月尽时艾（刈）取析莫暴（曝）干，取干、取实臧（藏）。里耶 8-1772+8-792①

（28）城旦琐以三月乙酉有遝。里耶 8-904+8-1343

（29）加以戊子食舍，丙申往☒里耶 8-1131

（30）敢告尉：以书到时，尽将求盗、戍卒枭（操）衣、器诣廷，唯毋遣。里耶 8-1552

（31）以十年时，与母儿邦亡荆。岳麓叁 89

（32）沛妻危以十岁时死。岳麓叁 112

上两例的"十年""十岁"是以"现在"为起点，往前推算，因此就相当于"十年前"的意思。岳麓叁中还有两例。例（10）、（12）的"以……"也照此理解。②

（33）骓、路以赦（赦）前货毋智，以后遝。岳麓叁 203

（34）以京州降为秦后，群【盗盗杀伤好】等。岳麓叁 38-39

"以"引介时间，在古书里面比较少见。根据李佐丰的统计，"以宾"作状语在《左传》里有 710 例左右，引介时间的只有 10 例左右，所占比例只有 1%多。③ 根据何乐士的统计，《左传》里面"以"引介时间动词前和

---

① 两简的缀合，参何有祖：《里耶秦简牍缀合（二）》，简帛网，2012 年 5 月 14 日，http：//www.bsm.org.cn/show_article.php？id=1695。

② 参看朱汉民、陈松长主编：《岳麓书院藏秦简（叁）》，上海辞书出版社 2013 年版，第 144 页。

③ 李佐丰：《上古汉语语法研究》，北京广播学院出版社 2003 年版，第 86 页。

后分别为 12 和 7 例，仅占介词总用例（1506 次）的 1% 多。① 《吕氏春秋》里面"以"引介时间有 14 例，占介词"以"总用例（1228 次）的 1% 多。② 在《左传》里面，"以"引介时间既可在动词前也可在动词后，二者的比例为 12：7。而秦简中"以"引介时间全在动词前，并且所占"以"字介词总次数的比例明显要高不少。尤其是在"日书"类秦简里面所占比例更高。周守晋认为"以"引介时间是由引介工具（工具、凭借、方式）引申而来，这种用法在传世文献里比较少见，而在战国简帛中则比较普遍。《孟子》里面"以"引介时间只有一个用例。在战国中期之前的文献里面，引介时间的介词主要是"于/於"。从秦简的用例也能看出"以"和"于/於"的这种消长变化。但是在我们分析的秦简里，未见一例这样用法的"于"或"於"。推测其原因，大概与表时间的"介·宾"结构移至动词或谓语之前有关。在所涉及的秦简里，也有个别时间词直接用于动词或谓语之后的例子。

(35) 受（授）衣者……过时者勿禀。后计冬衣来年。《秦律十八种》90

"后计冬衣来年"，整理者语译为"冬衣应记在下一年账上"。③ 我们认为这里的"来年"应该是个时间词。"来年"前没有用介词。这种位于动词或谓语之后的表示动作行为所发生、出现或进行时间的"介·宾"结构，在所分析的秦简里面没有发现，即便有的话也是上面这种不用介词的例子。

---

① 何乐士：《〈左传〉虚词研究》（修订本），商务印书馆 2004 年版，第 144、149 页。
② 殷国光：《〈吕氏春秋〉词类研究》，商务印书馆 2008 年版，第 334 页。
③ 睡虎地秦墓竹简整理小组编：《睡虎地秦墓竹简》，文物出版社 1990 年版，第 42 页。

在居延新简里"于"引进动作行为发生的时间，只有一例。① 还是在书信里。"於"则未见。

> ☑□从何日月作，尽何日月止？谭谨于三月中省。(《居延新简》E. P. T59. 259)

居延汉简多是文书，与睡虎地秦简有相似之处，都有很强的实用性，与当时实际的语言可能更接近。

秦简"日书"类文献里，有大量"以"后面可以补出指代词"之"的，其句式一般是"(时间，)以 VP"，一般把这个"以"看成介词。

> (36)结日，作事不成，以祭聞(客)。生子毋(无)弟，有弟必死。以寄人，寄人必夺主室。睡《日书》甲2正贰
>
> (37)阳日，百事顺成。邦郡(君)得年，小夫四成。以蔡(祭)，上下群神乡(饗)之，乃盈志。睡《日书》甲3正贰
>
> (38)丑，牛殹。以亡，其盗从北方【入】……放《日书》甲31
>
> (39) 寅，虎殹。以亡，其盗从东方入…… 放《日书》甲32A+30B
>
> (40)子，鼠殹。以亡，盗者中人……放《日书》乙66

秦简中"以"引介时间的结构，周守晋有详细的归类分析。② 这类"(时间，)以 VP"中的"以"，段莉芬认为是表假设的连词，但同时又认为似是表时间的介词。③ 在九店楚简中也有这样的例子，如：

---

① 张国艳：《居延汉简虚词通释》，中华书局 2012 年版，第 309 页。
② 参看周守晋：《战国简帛中介引时间的"以"》，《古汉语研究》2004 年第 4 期。
③ 段莉芬：《秦简释词》，台湾东海大学硕士学位论文，1989 年，第 178 页。

是＝阴日……以作卯事，不吉；以远行，旧（久）。九店楚简 33①

但李明晓认为其中的"以"主要是引介其后行为动作，与前面的时间无关涉。② 今按，当以引介时间为是。在古汉语里，"以"字后面极少出现代词"之"，在秦简里不仅"以"后有"之"出现，还有"是""此"，构成"时间，以之／是／此 VP"的例子，代词"之／是／此"即复指前面的"时间"，恰好说明，以上的"以"字后当是省略了"之／是／此"之类的指代词。

（41）春三月庚辛，夏三月壬癸，秋三月甲乙，冬三月丙丁，勿以筑室。以之，大主死。睡《日书》甲 102 正壹

（42）行日：庚☑节（即）有急行，以此行吉。睡《日书》乙 138-139

（43）巳，鸡殹。以是亡，盗者中人殹。放《日书》乙 71

（44）入月，数朔日以到六日，倍（背）之。七日以到十二日，左之。十三日以到十八日，乡（向）之。十九日以到廿四日，右之。廿五日以到卅日，复倍（背）之。以此见人及战斲（斗）皆可。周家台 263-265

与下列两条简文相对照：

（45）禹须臾　辛亥、辛巳、甲子、乙丑、乙未、壬申、壬寅、癸卯、庚戌、庚辰，莫（暮）市以行，有九喜。睡《日书》甲 97 背壹

---

① 陈伟等：《楚地出土战国简牍［十四种］》，经济科学出版社 2009 年版，第 309 页。

② 李明晓：《战国楚简语法研究》，武汉大学出版社 2010 年版，第 65 页。

　　(46)毋以辛壬东南行，日之门也。毋以癸甲西南行，月之门
也。毋以乙丙西北行，星之门也。毋以丁庚东北行，辰之门也。凡
四日之门，行之殳也，<u>以行</u>不吉。睡《日书》甲 132 正

可知例(44)的"此"作为代词复指前面的时间。

　　下面几例"以"是否也是省略了时间宾语则需要讨论：

　　(47)刑夷、八月、献马，岁在东方，<u>以北</u>大羊(祥)，东旦亡，
南遇英(殃)，西数反其乡。睡《日书》甲 64 正壹

且，刘乐贤、吴小强皆读为殚。①《荀子·儒效》："武王之诛纣也，行
之日，以兵忌东面迎太岁。"注："《尸子》云，武王伐纣，鱼辛谏曰：
'岁在北方不北征。'"吴小强语译为："刑夷月、八月、献马月，岁星运
行到天穹东方，北方非常吉祥，东方尽逃亡，南方要遭殃，西方多次回
家。"②熊昌华统计秦简中"以"引进方位处所的，有 22 例，举了此例。③
张玉金则认为是"时间介词'以'的宾语省略的例子"。④ 但在论述"以
东""以西""以南""以北"时，认为其中的"以"是语素，并说"这几个方
位名词的源头，应是连词'以'+动词'东/西/南/北'。在出土战国文献
中，'东、西、南、北'这几个词都是可以用作动词的，分别表示往东
行、往西行、往南行、往北行"⑤，且举了此例。由此看，张氏对于
"以东"有两种解释，一是"以"为介词，二是"以"作连词。二者明显矛
盾。我们认为当以第一种说法为是。"以北大羊(祥)"，后面却是"东旦

　　①　刘乐贤：《睡虎地秦简日书研究》，文津出版社 1994 年版，第 100 页；吴
小强：《秦简日书集释》，岳麓书社 2000 年版，第 58 页。
　　②　吴小强：《秦简日书集释》，岳麓书社 2000 年版，第 59 页。
　　③　熊昌华：《秦简介词"以"浅论》，张显成主编：《简帛语言文字研究》第 4
辑，巴蜀书社 2010 年版，第 45 页。
　　④　张玉金：《出土战国文献虚词研究》，人民出版社 2011 年版，第 172 页。
　　⑤　张玉金：《出土战国文献虚词研究》，人民出版社 2011 年版，第 181 页。

亡，南遇英(殃)，西数反其乡"，很明显"以北"不能理解为双音节方位词。"以"当是介词，"北大羊(祥)"与其后的"东旦亡"等当是并列关系。古书东南西北等方位词也可以作动词，如《左传》僖公三十二年："秦师遂东。"《墨子·贵义》："南之人不得北，北之人不得南。"《左传》僖公十五年："寡人之从君而西也，亦晋之妖梦是践，岂敢以至。"因此，以上简文中"以"后的方位词理解为动词似更合适。"西数反其乡"，"数"当训为"疾""速"之义，将"西"理解为动词的话，"西数反其乡"在语意上比把"西"理解为方位名词似更通顺。

(48)子以东吉，北得，西闻言凶。朝启夕闭，朝兆(盗)不得，昼夕得。以入，见疾。① 睡《日书》乙 158

(49)寅以东北吉，西先行，南得……以入，吉。以有疾，午少(小)翏(瘳)。睡《日书》乙 161

(50)申以东北得，西吉，南凶……【以入】，吉。以有疾，子少(小)翏(瘳)。睡《日书》乙 173

(51)亥以东南得，北吉，西禺(遇)□……以入，得。【以有疾】，卯少(小)翏(瘳)。睡《日书》乙 179

以上(49)~(51)三例中的"以东北""以东南"也许更不能看成方位名词，古书里面未见到这样三个音节的方位词。

下面一例是需要讨论的：

(52)凡入月五日，月不尽五日，以筑室，不居；为羊牢、马厩，亦弗居；以用垣宇，闭货贝。睡《日书》甲 103 正壹

---

① 兆，读为"盗"。见李家浩：《读睡虎地秦简〈日书〉"占盗疾"札记三则》，《北京大学古文献研究所集刊(一)》，北京燕山出版社 1999 年版，第 95 页。

吴小强语译为"使用带围墙的住宅"①。将"垣宇"解释为"带围墙的住宅"似难讲通，再者也未见另有用例。在睡虎地秦简《日书》中有下面一例：

（53）虚日，不可以臧（藏）盖，臧（藏）盖，它人必发之。毋可有为也。<u>用得</u>，必复出。睡《日书》乙45 壹

古书里面常见"用""以"互训的例子，结合日书中常见的"时间，以亡"，可知"用得"之"用"相当于介词"以"，后面也省略了时间宾语。《史记·越王句践世家》："句践自会稽归七年，拊循其士民，欲用以报吴。"此"用以"理解为两个介词连用似也未尝不可。因此，我们怀疑"<u>以用垣宇</u>"的"以用"可以理解为虚词复用。当然也不排除二者因词义相近而有一衍文。"垣"在秦简中有作动词的例子，如：

（54）兴徒以为邑中之红（功）者，令結（婞）堵卒岁。未卒堵坏，司空将红（功）及君子主堵者有辠（罪），令其徒复垣之，勿计为繇（徭）。《秦律十八种》116-117

（55）正月不可垣，神以治室。睡《日书》甲148 背

因此，（52）"垣宇"之"垣"也应该是动词。

另外，在睡虎地秦简中有14例"正月以朔"的例子，如

（56）正月以朔，旱，岁善，有兵。睡《日书》甲33 正
（57）正月以朔，岁善，毋（无）兵。② 睡《日书》甲35 正

---

① 吴小强：《秦简日书集释》，岳麓书社2000年版，第81页。
② 整理者认为"朔"字下有脱文，见睡虎地秦墓竹简整理小组编：《睡虎地秦墓竹简》，文物出版社1990年版，第186页；王子今则认为未必有脱文，详参王子今：《睡虎地秦简〈日书〉甲种疏证》，湖北教育出版社2003年版，第100~101页。

（58）正月以朔，多雨，岁善，毋（无）兵。睡《日书》甲45正

（59）正月以朔，岁中，又（有）兵，又（有）雨。睡《日书》甲46正

例（56），整理者注释说："《史记·天官书》：'凡候岁美恶，谨候岁始。'又云'汉魏鲜集腊明正月旦决八风'，均与此相近。"①整理者似认为"正月以朔"即"正月朔"。刘乐贤将"旱"字连上读。② 张玉金指出，"时间介词'以'有些可以译为'在'或'到'或'从'"③，曾以（56）为例，并指出"正月以朔"的"以"可以译为"在"。孔家坡汉简《日书》也有6例"正月以朔"，如：

（60）正月以朔，岁美，毋（无）兵。孔家坡汉简《日书》35

整理者解释说："'正月以朔'意为正月以之为朔。"④此应是把"以"看作引介对象的介词。因此，"正月以朔"该如何理解尚有不同意见，"以"的语法分析也需进一步讨论。

二、引介工具

包括凭借、根据、方式等。

（一）在谓语动词前

约276例(睡虎地《日书》外122、睡虎地《日书》31，放马滩5，周

---

① 睡虎地秦墓竹简整理小组编：《睡虎地秦墓竹简》，文物出版社1990年版，第186页。

② 刘乐贤：《睡虎地秦简日书研究》，文津出版社1994年版，第54页。

③ 张玉金：《出土战国文献虚词研究》，人民出版社2011年版，第152页。

④ 湖北省文物考古研究所、随州市考古队编：《随州孔家坡汉墓简牍》，文物出版社2006年版，第133页。

家台9，龙岗5，里耶壹约80，岳麓壹8，岳麓叁16）。

（1）以次传；别书江陵布，<u>以</u>邮行。睡虎地《语书》8

（2）雨为湗〈澍〉，及诱（秀）粟，辄<u>以</u>书言湗〈澍〉稼、诱（秀）粟及㙨（垦）田畼毋（无）稼者顷数。《秦律十八种》1

（3）入顷刍稾，<u>以</u>其受田之数，无㙨（垦）不㙨（垦），顷入刍三石、稾二石。《秦律十八种》8

（4）禾、刍稾䞋（撤）木、荐，辄上石数县廷。勿用，复<u>以</u>荐盖。《秦律十八种》10

（5）其<u>以</u>牛田，牛减絜，治（笞）主者寸十。《秦律十八种》14

（6）将牧公马牛，马【牛】死者，亟谒死所县，县亟诊而入之，其入之其弗亟而令败者，令<u>以</u>其未败直（值）赏（偿）之。《秦律十八种》16

（7）别粲、穤（糯）之襄（酿），岁异积之，勿增积，<u>以</u>给客，到十月牒书数，上内【史】。《秦律十八种》35-36

（8）程禾、黍□□□□<u>以</u>书言年，别其数，<u>以</u>禀人。《秦律十八种》33

（9）不操土攻（功），<u>以</u>律食之。《秦律十八种》56

（10）官府受钱者，千钱一畚，<u>以</u>丞、令印印。《秦律十八种》64

（11）小官毋（无）啬夫者，<u>以</u>此鼠（予）仆、车牛。《秦律十八种》74

（12）及隶臣妾有亡公器、畜生者，<u>以</u>其日月减其衣食，毋过三分取一……《秦律十八种》77-78

（13）公甲兵各以其官名刻久之，其不可刻久者，<u>以</u>丹若鬃书之。《秦律十八种》102

（14）攻间其扁解，<u>以</u>数分胶以之。《秦律十八种》130

（15）有辠（罪）以贳赎及有责（债）于公，<u>以</u>其令日问之，其弗

　　能入及赏(偿)，以令日居之，日居八钱……《秦律十八种》133

　　"令日"，整理者解释为"判决所规定的日期"，又语译为"有罪应赀赎以及欠官府债务的，应依判决规定的日期加以讯问，如无力缴纳赔偿，即自规定日期起使之以劳役抵偿债务，每劳作一天抵偿八钱"①。从译文看，整理者将前一个"以"字理解为根据，后一个"以"字表示时间的起点。"以"作为介词引进时间时，相当于现在说的"在"，因此整理者对第二个"以"字的理解有误，也应该是表示根据。"以令日居之"，应当语译为"根据(或按照)判决规定的天数来抵偿债务"。

　　(16)以日当刑而不能自衣食者，亦衣食而令居之。《秦律十八种》138-139

　　(17)仓啬夫及佐、史，其有免去者，新仓啬夫、新佐、史主廥者，必以廥籍度之。《效律》32

　　(18)夫盗三百钱，告妻，妻与共饮食之，可(何)以论妻?《法律答问》15

　　(19)夫盗二百钱，妻所匿百一十，可(何)以论妻?《法律答问》15

　　(20)"州告"者，告皋(罪)人，其所告且不审，有(又)以它事告之。《法律答问》100

　　(21)盗封啬夫可(何)论?廷行事以伪写印。《法律答问》56

　　(22)斗以箴(针)、鍼、锥，若箴(针)、鍼、锥伤人，各可(何)论?《法律答问》86

　　(23)小畜生入人室，室人以投(殳)梃伐杀之，所杀直(值)二百五十钱，可(何)论?《法律答问》92

———————————

　　① 睡虎地秦墓竹简整理小组编:《睡虎地秦墓竹简》，文物出版社1990年版，第52页。

(24)不会，治(笞)；未盈卒岁得，以将阳有(又)行治(笞)。①《法律答问》163

“以将阳有(又)行治(笞)”，整理者语译为“因游荡罪应再笞打”。② 但理解为“根据将阳罪再次笞打”亦未尝不可。

(25)以其乘车载女子，可(何)论？赀二甲。以乘马驾私车而乘之，毋论。《法律答问》175

(26)乡某爰书：以某县丞某书，封有鞫者某里士五(伍)甲家室、妻、子、臣妾、衣器、畜产。《封诊式》8

(27)首人以此弩矢□□□□□□乙，而以剑伐收其首，山俭(险)不能出身山中。《封诊式》27

(28)以履履男子，利焉。《封诊式》59

(29)令甲以布帬剟狸(埋)男子某所，侍(待)令。《封诊式》61

(30)丙死(尸)县其室东内中北廦权，南乡(向)，以枲索大如大指，旋通系颈，旋终在项。《封诊式》64-65

(31)以此直(值)衣贾(价)。《封诊式》83(整理者语译为：“据此估计衣服的价值。”③)

(32)毋以忿怒夬(决)。《为吏之道》11 壹

(33)审民能，以赁(任)吏，非以官禄夬助治。《为吏之道》9 伍

(34)不智(知)所使则以权衡求利。《为吏之道》26 贰、27 贰

① “将阳”，参看彭浩：《“将阳”与“将阳亡”》，简帛网，2012 年 9 月 23 日，http：//www. bsm. org. cn/show_article. php？ id = 1737。

② 睡虎地秦墓竹简整理小组编：《睡虎地秦墓竹简》，文物出版社 1990 年版，第 132 页。

③ 睡虎地秦墓竹简整理小组编：《睡虎地秦墓竹简》，文物出版社 1990 年版，第 161 页。

（35）以此为人君则鬼（惠）。《为吏之道》38 贰

（36）皋陶所出，以而五音、十二声以求其请。放《日书》乙 284

（37）皋陶所出，以五音、十二声为某贞卜……放《日书》乙 285

（38）占病者，以其来问时直（值）日、辰、时，因而三之，即直【六】结四百五，而以【所】三□□【除焉】。令不足【除殹，乃】□□者日久易，如其【馀】□，以放《日书》乙 355

（39）死人以白茅为富，其鬼贱於它而富。放《丹》5

（40）【以】孤虚循求盗所道入者及臧（藏）处。周家台 260

（41）温病不汗者，以淳（醇）酒渍布，歙（饮）之。周家台 311

（42）取车前草实，以三指窜（撮），入酒若鬻（粥）中，歙（饮）之，下气。周家台 312

（43）干者，令人孰（熟）以靡（摩）之，令欲出血，即以并傅，彼（被）其上以□枲絮。善布清席，东首卧到晦，【明】复到南卧，晦起，即以】温贲，以羽渍，稍去之，以粉傅之。①周家台 319－320

（44）即以左手拣杯水歙（饮）女子，而投杯地，杯□□。周家台 344

（45）以棘椎桃秉（柄）以敳（敲）其心，则不来。睡《日书》甲 36 背壹

（46）以沙人一升，挃其舂白，以黍肉食寀人，则止矣。睡《日书》甲 45 背壹、46 背壹

① "东首卧到晦，朔复到南卧。晦起"，王贵元断读为"东首卧，到晦。朔复到，南卧，晦起"，见《周家台秦墓简牍释读补正》，简帛网，2007 年 5 月 8 日，http：//www. bsm. org. cn/show_article. php？id＝564。"温"，整理者原释为"酒"，此从方勇释，方氏认为"温"后可能漏写了"酒字"，说见《读关沮秦简札记四则》，《中国国家博物馆馆刊》2012 年第 12 期。

（47）<u>以</u>桂长尺有尊（寸）而中折。睡《日书》甲 67 背壹

（48）<u>以</u>牡棘之剑之，则不来矣。① 睡《日书》甲 42 背贰、43 背贰

（49）鬼恒羸（裸）入人宫，是幼殇死不葬，<u>以</u>灰渍之，则不来矣。睡《日书》甲 50 背贰

（50）一室中卧者眯也，不可以居，是笃鬼居之。② 取桃枑〈梧〉桴四隅中央，<u>以</u>牡棘刀刊其宫藭（墙），謼（呼）之曰："复，疾趣（趋）出。今日不出，<u>以</u>牡刀皮而衣。"则毋（无）央（殃）矣。睡《日书》甲 24 背叁、25 背叁、26 背叁

吴小强说："皮，削皮。"《广雅·释诂三》："皮，离也。"又《释言》："皮，剥也。"③

（51）人卧而鬼夜屈其头，<u>以</u>若便戲（击）之，则已矣。睡《日书》甲 48 背叁

"若便"，吴小强解释说："箬鞭，竹皮制成的鞭子。"④有学者认为"若"即你，"便"即粪。⑤

---

① 整理者指出："'剑'字下当有脱文。"见睡虎地秦墓竹简整理小组编：《睡虎地秦墓竹简》，文物出版社 1990 年版，第 217 页。
② "不可以居"的主语似当是"一室"，而不是"卧者"。"笃"字，整理者未释，方勇认为即"笃"字，并疑"笃鬼"为"毒鬼"，见方勇：《秦简牍文字编》，福建人民出版社 2012 年版，第 514 页。
③ 吴小强：《秦简日书集释》，岳麓书社 2000 年版，第 137 页。
④ 吴小强：《秦简日书集释》，岳麓书社 2000 年版，第 138 页。
⑤ 李家浩："郑刚读作本字，解释为'若，你也。便，粪也。'此处'若'从郑刚说。郑说见《考古学报》1993 年第 4 期第 443 页刘乐贤文补注与疏证［四九］引。"（李家浩：《著名中年语言学家自选集·李家浩卷》，安徽教育出版社 2002 年版，第 346 页。）

(52)建、交之日，以风、凿井□□睡《日书》乙 16A

(53)丁卯不可以船行，六壬不可以船行，六庚不可以行。睡《日书》乙 44 贰、44 叁、44 肆

(54)丁卯不可以船行，六壬不可以船行。六庚不可以行。睡《日书》甲 128 背

(55)门关合符及以传书阅入之，及诸佩〈佩〉入司马门久□龙岗 5

(56)敢行驰道中者，皆罶(迁)之；其骑及以乘车、轺车、牛、牛车、挽车行之。龙岗 54-57

(57)中兽，以皮、革、筋给用。而毋敢射=【杀=】□龙岗 85

(58)诸以钱财它物假田□□龙岗 178A

(59)谒告过所县乡以次续食。里耶 5-1

(60)写移令史，可以律令从事，敢【告】□里耶 8-21

(61)迁陵以邮行洞庭。里耶 8-32

(62)迁陵以邮利足行洞庭，急。里耶 8-90

"邮利足"，《里耶秦简牍校释(第一卷)》认为"似指邮人中行走尤快者"。①

(63)今以初为县卒瘢死及传槽书案致，无瘾(应)此人名者。里耶 8-648

(64)以苍梧尉印行事。里耶 8-657

(65)一人，令、丞各自为比有瓢别及以平贾贾 里耶 8-1047

例(65)文意不是很清楚。《里耶秦简牍校释(第一卷)》注释说："'平

① 陈伟主编：《里耶秦简牍校释(第一卷)》，武汉大学出版社 2012 年版，第60 页。

贾',平价。"①第二个"贾"当为动词。

　　（66）各以其事勮（剧）易次之。里耶 8-1514

　　（67）☐迁陵有以令除冗佐日备者为 里耶 8-2106

　　（68）二日不智（知）所使则以糳（权）索利。《岳麓书院藏秦简（壹）·为吏治官及黔首》49 叁

　　（69）失，以纵不直论，令☐。《岳麓书院藏秦简（壹）·卅四年质日》8 叁

　　（70）梦以弱（溺）洒人，得亓（其）亡奴婢。《岳麓书院藏秦简（壹）·占梦书》31 壹

　　（71）以刀刑（?），弃刀 岳麓叁 139

　　（72）以利印封，起室把诣于赠。② 岳麓叁 227

　　（73）以捕群盗律购尸等。岳麓叁 39

　　（74）以钱买布补　岳麓叁 163

　　（75）朵以故贾（价）取肆。岳麓叁 77

另外，在古书里面"以"还可以引介处所名词，秦简也有 1 例：

　　（76）鞫之，越人以城邑反蛮矣。里耶 J1（12）10

熊昌华认为"以"引进的是"方位和处所"。③ 今按：与之很类似的一句话，又见于张家山汉简《二年律令》简 1："以城邑亭障反。"《左传》常见

　　① 陈伟主编：《里耶秦简牍校释（第一卷）》，武汉大学出版社 2012 年版，第 268 页。
　　② "利"，整理者原释为"私"，此从陈伟师之说，见《〈岳麓书院藏秦简（三）〉识小》，简帛网，2013 年 9 月 10 日，http：//www. bsm. org. cn/show_article. php？ id＝1893。
　　③ 熊昌华：《秦简介词"以"浅论》，张显成主编：《简帛语言文字研究》第 4 辑，巴蜀书社 2010 年版，第 44 页。

"以"的这种用法,如:"建与伍奢将以方城之外叛"(昭公二十年》、"成子以茅叛"(哀公七年)。这个"以"一般认为是介词,但动作的意味又比较重。从语义上看,"以"多表示一种凭借。①

蒋绍愚曾指出"以"字处置式(广义处置式)是由工具演变而来。②因此,秦简有些"以"后引介的宾语可以认为是凭借、根据,但也有很强的处置意味,如例(74)、(75)。

(77)有收当耐未断,以当刑隶臣辠(罪)诬告人,是="当刑隶臣"。《法律答问》108

(78)完城旦,以黥城旦诬人。可(何)论?《法律答问》119

如上两例,"以"都是引介某种罪名,与一般所说的凭借、根据还是有些不同的。

(二)在谓语动词后

共 28 例(睡虎地《日书》外 6、睡虎地《日书》16,放马滩 3,周家台 1,龙岗 1,里耶壹 1)。

(1)今且令人案行之,举劾不从令者,致以律……《语书》7

(2)其叚(假)百姓甲兵,必书其久,受之以久。《秦律十八种》102

(3)邦客与主人斗,以兵刃、投(殳)梃、拳指伤人,挈以布。《法律答问》90

(4)濆(废)置以私。《为吏之道》46 叁

---

① 可参看李佐丰:《上古汉语语法研究》,北京广播学院出版社 2003 年版,第 79 页;何乐士:《〈左传〉虚词研究》(修订本),商务印书馆 2004 年版,第 139 页;赵大明:《〈左传〉中率领义"以"的语法化程度》,《中国语文》2005 年第 3 期。

② 蒋绍愚:《汉语"广义处置式"的来源》,《汉语词汇语法史论文续集》,商务印书馆 2012 年版,第 433~454 页。

(5)凡戾人，表以身，民将望表以戾真。《为吏之道》3 伍

(6)丁未、癸亥、酉、甲寅、五月申，不可之山谷亲(新)以材木及伐空桑。放《日书》乙 305

(7)令欲出血，即以并傅，彼(被)其上以□枲絮。周家台 319

(8)甲乙有疾，父母为祟，得之於肉，从东方来，裹以桼(漆)器。睡《日书》甲 68 正贰

(9)毄(击)以桃丈(杖)。睡《日书》甲 53 背壹

(10)弜(弋)以乌矢，则不来矣。睡《日书》甲 30 背贰

(11)裹以白茅。睡《日书》甲 53 背贰

(12)县(悬)以菌，则得矣；刊之以菌，则死矣。睡《日书》甲 66 背贰

(13)自浴以犬矢，毄(系)以苇，则死矣。睡《日书》甲 38 背叁

(14)毄(系)以苇，则死矣。睡《日书》甲 39 背叁、40 背叁

(15)食之以喷，歓(饮)以爽(霜)路(露)……睡《日书》甲 54 背叁

(16)票(飘)风入人宫而有取焉，乃投以屡，得其所，取盎之中道。睡《日书》甲 57 背叁、58 背叁

(17)租者且出以律，告典、田典、典、田典令黔首皆智(知)之，及☒　龙岗 150

(18)苞以白茅，果(裹)以賣而远去之。睡《日书》甲 56 背叁

例(18)吴小强语译为："用白茅包裹起来，向远处跑，然后扔掉它。"[1] 刘乐贤引郑刚说读賣为蕢，[2] 但无进一步解释。王子今认为"賣"是大麻籽。[3] 方勇则将"賣"理解为捆扎用的麻。[4] 今按，"賣"与"茅"相对

① 吴小强：《秦简日书集释》，岳麓书社 2000 年版，第 145 页。
② 刘乐贤：《睡虎地秦简日书研究》，文津出版社 1994 年版，第 248 页。
③ 王子今：《睡虎地秦简〈日书〉甲种疏证》，湖北教育出版社 2003 年版，第 145 页。
④ 方勇：《读睡虎地秦简札记十则》，张德芳主编：《甘肃省第二届简牍学国际学术研讨会论文集》，上海古籍出版社 2012 年版，第 589 页。

为文，"蕡"也可能指一种草。马王堆一号汉墓遣册 159 简"贲一笥"、160 简"右方土衡贲三笥"，整理者解释"贲"说："即蕡。《汉晋西陲木简汇编》有《急就篇》句：'贲熏脂粉膏磿箭'，蕡作贲可证。《说文·艹部》：'蕡，杂香草'。"①

　　（19）内。病已如故。治病毋脡（时）。壹治药，足治病。药已治，裹<u>以</u>绘臧（藏）。治林（术），暴（曝）若有所燥，冶。 **里耶 8-1243**

　　（20）☐之数<u>以</u>日辰。日、辰、星各有勿（物）数，而各三合。令三而一，盈三者为死若矢殹。 **放《日书》乙 327B**

例（20）简文断残，暂附于此。

　　何乐士考察了《左传》中"以宾"在动词前后的分布情况，认为在动词后的宾语都比较简短。② 与之相同，鲁国尧考察了《孟子》中动词前后的"以宾"结构，认为动词后"以"的宾语也都很简单。③ 在秦简中也是这种情况。下面一例正可说明问题：

　　（21）邦客与主人斗，<u>以</u>兵刃、投（殳）梃、拳指伤人，撃<u>以</u>布。

————————

　　① 湖南省博物馆、中国科学院考古研究所编：《长沙马王堆一号汉墓》（上集），文物出版社 1973 年版，第 143 页。另马王堆三号汉墓遣策 186 简有"贲（蕡）一笥"的记载，蒋文指出"贲（蕡）"指麻的种子。《周礼·考工记·弓人》"牛筋蕡潘"，郑玄注："蕡，枲实也。"字又作"黂"，《尔雅·释草》："黂，枲实。"［见蒋文：《马王堆三号汉墓竹简遣策校释》（未刊稿），转引自许林萍：《读〈江陵凤凰山西汉简牍〉札记》，复旦大学出土文献与古文字研究中心网站，2013 年 3 月 3 日，http：//www.gwz.fudan.edu.cn。］但一号墓遣册 160 简"土衡、贲"并列，"贲"即《说文》训为"杂香草"的"蕡"当无问题。

　　② 何乐士：《〈左传〉虚词研究》（修订本），商务印书馆 2004 年版，第 151 页。

　　③ 鲁国尧：《〈孟子〉"以羊易之""易之以羊"两种结构类型的比较研究》，程湘清主编：《先秦汉语研究》，山东教育出版社 1982 年版。

《法律答问》90

例（21）中，介宾"以兵刃、投（殳）梃、拳指"宾语比较长而在动词前，"以布"简短则在后。在秦简中介宾短语"以律"基本在动词前，但也有在动词后的，如：

（22）今且令人案行之，举劾不从令者，致以律……《语书》7

但在秦简中"以某某律"之类的例子却都在动词前，如：

（23）大啬夫、丞智（知）而弗辠（罪），以平罪人律论之，有（又）与主脔者共赏（偿）不备。《效律》35-36

下面是秦简中就"介宾"基本全同且可在动词前或后的几组例子：

> 乃投以屦。睡《日书》甲 57 背叁
> 以屦投之。睡《日书》甲 62 背贰
>
> 弓（弋）以乌矢。睡《日书》甲 30 背贰
> 以乌矢弓（弋）之。睡《日书》甲 37 背叁
>
> 毄（击）以桃丈（杖）。睡《日书》甲 53 背壹
> 以桃更（梗）毄（击）之。睡《日书》甲 27 背叁
>
> 以灰潢之。睡《日书》甲 50 背贰
> 潢以灰。睡《日书》甲 62 背壹

因此，在秦简中"介宾"以在动词前为常，在动词后的宾语一般都是单音节或双音节。

三、引介对象

约有 155 例(睡虎地《日书》外 20，周家台 13，岳麓贰《数》103，岳麓叁 14，里耶 5)。

(1)有(又)且课县官独多犯令而令、丞弗得者，以令、丞闻。《语书》8

(2)发书，移书曹，曹莫受，以告府，府令曹画之。《语书》13

(3)其大厩、中厩、宫厩马牛殹，以其筋、革、角及其贾钱效，其人诣其官。《秦律十八种》17-18

(4)隶臣欲以人丁粼者二人赎，许之。其老当免老、小高五尺以下及隶妾欲以丁粼者一人赎，许之。《秦律十八种》61

(5)赎者皆以男子，以其赎为隶臣。《秦律十八种》61-62

(6)县所葆禁苑之傅山、远山，其土恶不能雨，夏有坏者，勿稍补缮，至秋毋(无)雨时而以繇(徭)为之。《秦律十八种》119-120

(7)欲以城旦舂益为公舍官府及补缮之，为之，勿瀸。《秦律十八种》122

(8)官作居赀赎责(债)而远其计所官者，尽八月各以其作日及衣数告其计所官，毋过九月而臡(毕)到其官……《秦律十八种》139-140

(9)毋敢以火入臧(藏)府、书府中。《秦律十八种》197

(10)今盗盗甲衣，买(卖)，以买布衣而得，当以衣及布畀不当？当以布及其它所买畀甲，衣不当。《法律答问》23-24

(11)某等皆言曰："甲封具此，毋(无)它当封者。"即以甲封付某等，与里人更守之，侍令。《封诊式》11-12

(12)以襦、履诣廷。《封诊式》61

(13)以甲献典乙相诊，今令乙将之诣论，敢言之。

《封诊式》98

（14）攻城用其不足，将军<u>以</u>埋豪（壕）。《为吏之道》27 伍

（15）求斗术曰：<u>以</u>廷子为平旦而左行……周家台 243

（16）治瘘（瘘）病 <u>以</u>羊矢（屎）三斗，乌头二七，牛脂大如手，而三温鬻（煮）之，洗其□，已瘘（瘘）病亟甚。周家台 324-325

（17）即<u>以</u>所操瓦而盖□。周家台 330

（18）到囷下，为一席，东乡（向），三腏，<u>以</u>酒沃，祝曰："某以壶露、牛胙，为先农除舍……"周家台 348-349

（19）<u>以</u>修（滫）清一杯，礜赤叔（菽）各二七，并之，用水多少，<u>以</u>次（恣）殿。周家台 368-369

（20）肥牛 善食之，而歙（饮）<u>以</u>餚，一月已。周家台 373

（21）即取守室二七，置桐中，而食<u>以</u>丹，各盈其复（腹）。周家台 377

这种用法的"以"字也有承前省略宾语的用例，如：

（22）去黑子方 取橐（藁）本小弱者，齐（剂）约大如小指。① 取东〈柬〉灰一升，渍之。染橐（藁）本东〈柬〉灰中，<u>以</u>靡（摩）之，令血欲出。② 因多食葱，令汗出。桓（恒）多取檽桑木，燔以为炭火，而取牛肉剥之，小大如黑子，而炙之炭火，令温勿令焦，即<u>以</u>傅黑子，寒辄更之。③ 周家台 315-318

---

① "齐（剂）"的释读，参看曹方向：《周家台秦简补释一则》，简帛网，2009年1月31日，http：//www.bsm.org.cn/show_article.php？id＝985。
② "染"，整理者原释为"沶"，今据陶安、陈剑说改，说见《〈奏谳书〉校读札记》，复旦大学出土文献与古文字研究中心编：《出土文献与古文字研究》第4辑，复旦大学出版社2010年版，第395页。
③ "剥"，整理者原释为"剢（劙）"，今据王贵元说改，说见《周家台秦墓简牍释读补正》。

"以"后的宾语与谓语动词可以是多种语意关系，而这种语意关系有时受上下文影响又有一定的模糊性。

（23）日食城旦，尽月而以其馀益为后九月禀所。《秦律十八种》57

"其馀益"为所处置的对象。①

（24）置垣瓦下，置牛上，乃以所操瓦盖之，坚狸（埋）之。周家台 328

（25）"广众心，声闻左右者，赏。"将军材以钱若金赏，毋（无）恒数。《法律答问》52

"以"字引介处置对象即从引介工具发展而来，二者有时不易区分。②因此以上两例中的宾语"所操瓦""钱若金"可以看作处置对象，但看作一种工具似也未尝不可。这类介宾短语做状语的句子里，也有谓语动词承前省略的情况，如：

（26）有事请殹，必以书，毋口请，毋羁（羁）请。《秦律十八种》188

（27）邦亡来通钱过万，已复，后来盗而得，可（何）以论之？以通钱。《法律答问》181

上例中的"以书"，当是承前省略了谓语动词"请"。"以通钱"当是省略

① 陈伟师认为"益"当指益食造成的超出常额的部分。
② 可参看梅祖麟：《唐宋处置式的来源》，《梅祖麟语言学论文集》，商务印书馆 2000 年版，第 199 页；蒋绍愚：《汉语"广义处置式"的来源——兼论词汇替换》，《汉语词汇语法史论文续集》，商务印书馆 2012 年版，第 433~454 页。

了"论之"一类的动词性成分。

(28)其一曰：<u>以</u>米亦可。男子<u>以</u>米七，女子<u>以</u>米二七。周家
台 331

周家台 329-330 简："已龋方：以叔(菽)七，税(脱)去黑者。操两瓦，
之东西垣日出所烛，先狸(埋)一瓦垣止(址)下，复环，禹步三步，祝
曰：'……筍(苟)令某龋已，予若叔(菽)子。'"①例(28)当是此"已龋
方"的另方。

(29)<u>以</u>鸟及书属尉史爰，令输。② 里耶 8-1562
(30)<u>以</u>温酒一桮(杯)和，歙(饮)之……里耶 8-1290+8-1397
(31)<u>以</u>所得禾斤数为法。《岳麓书院藏秦简(贰)·数》1
(32)<u>以</u>所券租数为法，即直(置)舆田步数，如法而一步，不
盈步者，<u>以</u>法命之。岳麓贰《数》15
(33)<u>以</u>所得寸数自乘也，为法。岳麓贰《数》35
(34)<u>以</u>米求麦，倍母三实。岳麓贰《数》84
(35)有(又)直粟六斗，米十斗，麦六斗大半斗，亦各令<u>以</u>一
为六，已，乃并粟米麦，凡卅斗，<u>以</u>物乘之，如法得一斗，不盈斗
者，<u>以</u>法命之。岳麓贰《数》156-157
(36)先<u>以</u>私钱二千鼠(予)琐等。岳麓参 7

---

① "予若叔(菽)了〈子〉"断句据陈剑先生说，见方勇：《读秦简札记(一)》，
简帛网，2015 年 8 月 15 日，http://www.bsm.org.cn/show_article.php? id=2289。
② "爰"，《里耶秦简牍校释(第一卷)》释为"文"，广濑熏雄指出当释为
"爰"，说见《里耶秦简所见的令书》，武汉大学简帛研究中心、北京大学出土文献
研究所："中国简帛学国际论坛 2012·秦简牍研究"论文集，2012 年 11 月 17
日—11 月 19 日，武汉。出土秦汉文字资料中的"爰"字，详参陶安、陈剑：《〈奏谳
书〉校读札记》，复旦大学出土文献与古文字研究中心编：《出土文献与古文字研
究》第 4 辑，复旦大学出版社 2010 年版，第 413 页。

(37)洋以智治訮(研)调,谦(廉)求而得之。岳麓叁 148

(38)贞在茭(葬)宾,【是谓】始新。畬(帝)尧乃韦九州,以政下黔首。斩伐冥冥,杀戮申申。死生不忧心,毋(无)所从容。放《日书》乙 272、280

“以政下黔首”,宋华强认为:“大概是说把‘政’降下给黔首,‘下’是降下给予之义。《战国策·中山策》‘君下壶飧饵之’鲍彪注:‘下,以与之。’‘下’字用法与简文同。”①

四、引介原因

18 例(睡虎地 7,放马滩 4,岳麓叁 7;包括 2 例“以故”和 1 例“以其故”)。

(1)爱书:以某数更言,毋(无)解辞,治(答)讯某。《封诊式》4-5

“以”还可与“故”构成“以……故”的结构,表示原因,如:

(2)甲、乙交与女子丙奸,甲、乙以其故相刺伤,丙弗智(知),丙论可(何)殹。《法律答问》173

(3)今生子,子身全殹,毋(无)怪物,直以多子故,不欲其生,即弗举而杀之,可(何)论?《法律答问》69-70

(4)以惊居反城中故。睡虎地秦牍 6 背

(5)☐事,以其故不上,且致劾论子,它承 里耶 8-137 背

---

① 宋华强:《放马滩秦简〈日书〉识小录》,《简帛》第 6 辑,上海古籍出版社 2011 年版,第 83 页。

另外需要说明的是，在秦简中还有"以"作为语素的"以上""以下""以来"等词，对于这些词，目前一般看作方位词，如李佐丰就将其列入"抽象方位词"。① 但也有学者认为是后置词。②

(6)以方、朵终不告芮，芮即给买(卖)方。岳麓叁 83

(7)媲以匿訾(赀)故，即鼠(予)肆、室。岳麓叁 118

(8)媲即以其故鼠(予)识……岳麓叁 129

第二节　介词"于"和"於"

介词"于""於"，按其作用分，可以分为以下几类：(1)引进与动作行为相关的处所；(2)引进与动作行为相关的对象；(3)引介某种身份或状态。为便于论述，所引简文，"于""於"皆按原文照录。

一、于

共 36 例(睡虎地 14，龙岗 4，放马滩 13，里耶壹 3，岳麓叁 2)。

(一)引进动作行为相关的处所

处所不仅包括具体的地点位置，也包括比较抽象的处所位置。

1. 表示动作行为在何处发生、出现或进行

(1)葆子以上居赎刑以上到赎死，居于官府，皆勿将司。

---

① 李佐丰：《文言实词》，语文出版社 1994 年版，第 222~229 页。

② 刘丹青：《语序类型学与介词理论》，商务印书馆 2004 年版，第 109~112 页。

《秦律十八种》135

（2）馈遗亡鬼薪于外，一以上，论可（何）殹？《法律答问》129

（3）吏从事于官府，当坐伍人不当？《法律答问》155

（4）岁雠辟律于御史。《秦律十八种》199

整理者语译说"每年都要到御史处去核对资料"。① 可比照里耶6-4"令吏**廙**雠律令沅陵"、里耶8-173"廷书曰：令吏操律令诣廷雠……"②悬泉汉简的例子，如，"遣冥安亭长杨忠雠令渊泉"（Ⅱ90DXT0112③：78）。③

（5）一室井血（洫）而星（腥）臭，地虫斯（斗）于下……睡《日书》甲53背叁

（6）☐于禁苑中者，吏与参辨券☐龙岗11

（7）☐马、牛、羊、犬、彘于人田☐龙岗111

（8）□讼克，若龙鸣□□，□虽合聚，登于天一夜十□。直（值）此卦是利以合人。放《日书》乙300

末3例，简文残缺，暂附于此。

2. 引进动作行为终点

（1）贞在林钟，日有人将来，来遗钱资材，歓（饮）食□□，

---

① 睡虎地秦墓竹简整理小组编：《睡虎地秦墓竹简》，文物出版社1990年版，第65页。有关"雠律"的讨论可参看朱红林：《读里耶秦简札记》，《出土文献研究》第11辑，中西书局2012年版，第138~140页。

② "吏"，《里耶秦简牍校释（第一卷）》作"史"，今据杨先云说改，见《里耶秦简识字三则》，简帛网，2014年2月27日，http://www.bsm.org.cn/show article.php?id=1993。

③ 转引自张德芳：《两汉时期的敦煌太守及其任职时间》，《简牍学研究》第5辑，甘肃人民出版社2014年版，第172页。

□□□□，以□行者，【远】至于南。放《日书》乙 274

（2）大梁（梁）人王里□徒曰丹，□今七年，① 丹【刺】伤人垣离里中，因自【刺】殹，□之于市三日，葬之垣离南门外。放《丹》1-2

（3）挚（执）日：不可行。行远，必执而于公。 放《日书》甲 18 壹

（4）挚（执）日：不可行，行远，必挚（执）而于公。 放《日书》乙 18 壹

睡虎地《日书》有如下一条简文：

（5）挚（执）日，不可行。以亡，必挚（执）而入公而止。睡《日书》甲 19 正贰

下画线部分刘乐贤解释说："此句意为逃亡者必被捕获，并被没收入官。"②与例（5）对照，"挚（执）而于公"，"而"字之后似是省略或抄脱了"入"之类的动词，"公"当指动作行为的终点。孔家坡汉简《日书》中类似内容也可参照："执日，不可以行，以是，不亡，必执入县官。可以逐盗，围得。"（简 18）在上古文献《尚书》《诗经》等书里，"于"有被训为"往"的例子。③ 因此例（3）、（4）的"于"似也可理解为"往"，这样的话"于"就是动词了。由于"于"作为"往"解的例子只见于早期文献，这两例"于"是否可以这样解释还值得讨论，暂附于此。

（6）没入其贩假殹（也）钱财它物于县、道官。□龙岗 26

---

① "丹"后一字，黄杰释为"献"，并将其属前读。见《放马滩秦简〈丹〉篇与北大秦牍〈泰原有死者〉研究》，冯天瑜主编：《人文论丛》（2013 年卷），中国社会科学出版社 2013 年版，第 435 页。

② 刘乐贤：《睡虎地秦简日书研究》，文津出版社 1994 年版，第 35 页。

③ 参宗福邦等：《故训汇纂》，商务印书馆 2003 年版，第 56 页。

例(6),整理者在"殿"字后加一逗号。① 可与下列三条律文对照:

(7)市贩匿不自占租,作所匿租臧(赃)为盗,没入其所贩卖及贾钱县官,夺之列。张家山汉简《二年律令·□市律》260

(8)律,诸当占租者家长身各以其物占,占不以实,家长不身自书,皆罚金二斤,没入所不自占物及贾钱县官也。(《汉书·昭帝纪》注引如淳曰)

(9)有(又)没入其车、马、牛县、道【官】☒龙岗58

例(7)~(9)下画线部分都是"没入……(於/于)某处"的结构,对比可知例(6)的"其贩假殿钱财它物"也只能分析为"没入"的宾语。例(7)画线部分"所贩卖""贾钱",例(8)"所不自占物""贾钱",都用并列连词"及"来连接,例(9)则不用连词连接。"钱财它物"也见于龙岗秦简:

(10)诸以钱财它物假田□☒龙岗178A

再与例(7)~(9)对比,可知例(6)的"贩假殿""钱财""它物"也应该是并列关系,只是没有用连接词而已。因此,"殿"当为名词标记(参见第四章第四节),"贩假殿"即"所贩假"的意思。"县、道官",整理者语译为"县、道官府"。②

(11)可(何)故给方曰巳(已)受,盗买(卖)于方?岳麓叁81
(12)以利印封,起室把诣于赠。岳麓叁227

———————

① 中国文物研究所、湖北省文物考古研究所编:《龙岗秦简》,中华书局2001年版,第81页。
② 中国文物研究所、湖北省文物考古研究所编:《龙岗秦简》,中华书局2001年版,第82页。

3. 引进动作行为的经由

(1)人过于丘虚,女鼠抱子逐人,张伞以乡(向)之,则已矣。
睡《日书》甲45背叁

需要注意的是,此种用法的"于"字秦简只此一例。秦简中的"於"字则
未见此种用法。《孟子·滕文公上》"过宋而见孟子",高名凯曾认为
"过"后是加不上"于"字的。①

(二)引进动作行为相关的对象

1. 表示动作行为向谁而发,位于动词或谓语后,作补语

(1)盗出朱(珠)玉邦关及买(卖)于客者,上朱(珠)玉内史,
内史材鼠(予)购。《法律答问》140
(2)诣符传于吏是谓"布吏"。《法律答问》184
(3)卅五年六月戊午朔己巳,库建、佐般出卖祠窨□□□一朐
于隶臣徐所,取钱一。② 里耶8-1002+8-1091
(4)卅五年六月戊午朔己巳,库建、佐般出卖祠窨餘彻脯一朐
于□□□所,取钱一。 里耶8-1055+8-1579

2. 表示比较

(1)盗皋(罪)轻于亡,以亡论。《法律答问》131
(2)租不能实,□□轻重于程,町失三分,☑ 龙岗136

---

① 高名凯:《汉语语法论》,商务印书馆2011年版,第347页。今按,此书
用简化汉字排印,"于"可能对应古书中的"於"。
② "所"字,《里耶秦简牍校释(第一卷)》属后读,此据刘乐贤说,见《谈秦
汉文献中"所"字的一种用法》,《中国文字学报》第3辑,商务印书馆2010年版。

3. "介·宾"位于动词后，宾语为动词或谓语的受事

(1) 矢兵不入于身，身不伤。睡《日书》甲 118 背
(2) 矢马兵不入于身，身不伤。睡《日书》甲 121 背、122 背

这种用法在先秦不多见。《荀子·强国》："出于其门，入于公门。"①

(三) 表示处于某种身份状态

(1) 公士以下居赎刑皋(罪)、死皋(罪)者，居于城旦舂，毋赤其衣，勿枸椟欙杕。《秦律十八种》134
(2) 鬼薪白粲，群下吏毋耐者，人奴妾居赎赀责(债)于城旦，皆赤其衣，枸椟欙杕，将司之……《秦律十八种》134–135

(四) 其他(简文文意不清，用法难以归类)

(1) ☒【土】，其□□□，贞西□□□，其定所□□，其气西东于五，利以作事。放《日书》乙 93C
(2) 贞在黄钟，天下清明，以视陶阳(唐)。啻(帝)乃誅(作)之，分其短长。比于宫声，以为音尚。久乃处之，十月再【周】，复其故所。放《日书》乙 260
(3) 贞在大吕，阴阳溥(薄)气，翼凡三□，居引其心，牝牡相求，徐得其音。后相得殹，【说】(悦)于黔首心。放《日书》乙 262
(4) 弗令田即有徒而弗令田且徒少不傅于奏。里耶 8–758

---

① 参杨伯峻、何乐士：《古汉语语法及其发展》(修订本)，语文出版社 2008 年版，第 410 页。

《里耶秦简牍校释(第一卷)》注释说:"傅奏,敷奏、奏陈。《大戴礼记·卫将军文子》:'傅奏其勇。'《汉书·宣帝纪》:'五日一听事,自丞相以下各奉职奏事,以傅奏其言,考试功能。'颜师古注引应劭曰:'各自奏陈其言,然后试之以官,考其功德也。'"①但此简文中的"于"语法作用尚不清楚,姑附于此。

(5)其当于秦下令戮者衙(率)署其所坐☑ 里耶 8-528+8-532+8-674

二、於

共 72 例(睡虎地 48,放马滩 15,龙岗 1,岳麓壹 7,岳麓贰《数》1)。

(一)引进与行为动作有关的处所(49 例)

1. 表示动作行为在何处发生、出现或进行,位于动词或谓语之后

这里的处所不仅指具体的地点,也包括比较抽象的处所。33 例。如:

(1)以戊日日中而食黍於道……睡《日书》甲 56 背贰
(2)甲乙有疾,父母为祟,得之於肉,从东方来,裹以桼(漆)器。睡《日书》甲 68 正贰
(3)臧(藏)於垣内中粪蔡下。睡《日书》甲 69 背
(4)臧(藏)於瓦器间。睡《日书》甲 71 背
(5)盗者壮,希(稀)须,面有黑焉,不全於身。睡《日书》甲 71 背

① 陈伟主编:《里耶秦简牍校释(第一卷)》,武汉大学出版社 2012 年版,第 217 页。

(6)甲乙有疾，禺(遇)御於豕肉。睡《日书》乙181

(7)得於肥肉、鲜鱼、卵。睡《日书》乙185

(8)丙辰生子，有疵於膌(体)而恿(勇)。睡《日书》甲142 正伍

(9)骑作乘舆御，骑马於它驰道，若吏【徒】☐龙岗59

(10)而书入禾增积者之名事邑里於儋籍。《秦律十八种》25

(11)丁卯，不正，不然必有疵於前。睡《日书》乙238

(12)宇多於西南之西，富。睡《日书》甲16 背贰

(13)梦歌於宫中，乃有内(纳)资。岳麓壹《占梦书》11 贰

(14)☐☐叟操篜阴(荫)於树下。岳麓壹《占梦书》12 壹

(15)☐☐且禀五斗於仓，仓毋米而有糙，糙二粟一，今出糙几可(何)？岳麓贰《数》153

2. 引进动作行为的终点，位于动词或谓语之后，作补语

处所不仅包括具体的地点，也包括抽象一些的状况、范围、数字等。15 例。如：

(1)五曰非上，身及於死。《为吏之道》32 贰

(2)凡灋(法)律令者，以教道(导)民，去其淫避(僻)，除其恶俗，而使之之於为善殹。《语书》2-3

(3)令吏民皆明智(知)之，毋巨(距)於辠(罪)。《语书》5

(4)【壹】(一)倍之二。二倍之四。三以三倍之，到三止。四以四倍之，至於四☐放《日书》乙175 叁

(5)☐☐年，刑直(德)并在土。刑徒所胜直(德)，直(德)徒所不胜刑，五岁而复并於土。放《日书》乙347 贰

(6)五曰善非其上则身及於死。岳麓壹《为吏》52 叁

(7)妇是荧荧，施(弛)登於城，朝作而夕不成。放《日书》乙252、351

例(7)，如果"登"理解为动词的话，则"城"可以理解为终点。但由于简文文意不是很清楚，因此如何理解还需讨论。

3. 引进动作行为的起始或来源(1 例)

      (1)生子，男吉，女必出於邦。睡《日书》甲 7 正贰

下面一例文意不清，暂附于此：

      (2)【凤鸣於】□□善母父，若室家，【孰诣言】语，可有□【是】卦来到吾所□□□□於北野，登绝野。放《日书》乙 336

(二)引进动作行为有关的对象(17 例)

1. 表示动作行为向谁而发，即"向谁"或"对谁"
位於动词或谓语之后。13 例。如：

      (1)有责(债)於公及赀、赎者居它县，辄移居县责之。《秦律十八种》76

      (2)有辠(罪)以赀赎及有责(债)於公，以其令日问之……《秦律十八种》133

      (3)毋以子卜筮，害於上皇。睡《日书》甲 101 正贰

      (4)毋以丑徐(除)门户，害於骄母。① 睡《日书》甲 102 正贰

      (5)内居西南，妇不媚於君。睡《日书》甲 14 背伍

      (6)裚(制)衣，丁丑媚人，丁亥灵，丁巳安於身，癸酉多衣。睡《日书》甲 26 正贰

      (7)古者，民各有乡俗，其所利及好恶不同，或不便於民，害

---

  ① 《睡虎地秦墓竹简》："徐"字后括注为"除"，并注释说"除，整治"。方勇认为"徐"当读作"涂"，见《读睡虎地秦简〈日书〉札记二则》，复旦大学出土文献与古文字研究中心网站，2009 年 10 月 18 日，http://www.gwz.fudan.edu.cn/Web/Show/943。

於邦。《语书》1

(8)甚害於邦，不便於民。《语书》4

(9)不精於材(财)。《为吏之道》45 叁

(10)所环耳，以责(债)不得，以讼不克。直(值)【此卦者】利於【友】(祓)事。放《日书》乙328

2. 引进动作行为比较的对象(2例)

(1)计脱实及出实多於律程。《效律》58

(2)死人以白茅为富，其鬼贱於它而富。放《丹》5

秦简中还有1例，当是省略了介词"于/於"：

(3)垣东方高(於)西方之垣，君子不得志。 睡《日书》甲23背贰

何乐士曾指出《史记》中一个这样的例子：

灵王闻太子禄之死也，自投车下，而曰："人之爱子亦如是乎?"侍者曰："甚是。"(《史记·楚世家》)

在《左传》中的记载则是：

王闻群公子之死也，自投于车下，曰："人之爱其子也，亦如余乎?"侍者曰："甚焉。"(《左传》昭公十三年)

通过二者的对比，何乐士指出"《左传》的'甚焉'即相当于'甚於是'，而《史记》却省去'於'，作'甚是'"①。

_____

① 何乐士：《〈史记〉语法特点研究》，商务印书馆2007年版，第247页。

3. 引进动作行为施动者，即表示被动(2例)

（1）宦及智(知)於王，及六百石吏以上，皆为"显大夫"。
《法律答问》191

（2）梦衣新衣，乃伤於兵。岳麓壹《占梦书》39壹

岳麓壹有3例"於"，文意不清，暂附于下：

（3）□亲於身。岳麓壹《为吏》46壹

（4）秋冬梦亡於上者，吉；亡於下者，凶。是谓□凶。
岳麓壹《占梦书》15壹(春夏梦亡上者，凶。梦亡下者，吉。
岳麓壹《占梦书》9壹、10壹)

三、"于""於"的分布

根据何乐士对《左传》的研究，"于"的用法"於"都有，而"於"有些用法则不见于"于"。① 上古汉语情况也基本如此，如郭锡良就指出"战国中晚期以后'於'已基本上取代了'于'，此后的典籍，大多只在引用古籍时才用'于'字，或者是方音或仿古的影响，仍有用'于'的"，"'于'、'於'的区别是时间的先后而不是语法作用的不同"②。后来，风仪诚比较全面

---

① 何乐士：《〈左传〉的介词"于"和"於"》，《〈左传〉虚词研究》(修订本)，商务印书馆2004年版，第81~122页。
② 郭锡良：《介词"于"的起源和发展》，郭锡良主编：《古汉语语法论集》，语文出版社1998年版；还可参看洪波：《"于""於"介词用法源流考》，《汉语历史语法研究》，商务印书馆2010年版；殷国光：《〈吕氏春秋〉词类研究》，商务印书馆2008年版，第347~349页。

地考察了出土战国、秦汉简牍，也基本同意郭锡良的看法。① 那么秦简中的情况又是如何呢? 表 2.1 是秦简"于""於"用法的总表:

表 2.1

	处 所				对 象				身份
	发生或存在	起点	终点	经由	向谁	比较	受事	施事	
于	8		5+2	1	4	2	2		2
於	33	1	15		13	2		2	

比较"于""於"的用法，可以发现，"于"引进动作行为的受事、经由及身份是"於"不具有的，另外"于"有两例可能是作动词，也是"於"没有的(参本章第二节); 而"於"引进起点及引进动作行为的施动者，是"于"不具有的。

　　风仪诚曾对睡虎地秦简和龙岗秦简中介词"于""於"的分布做过统计。在此基础上，放马滩秦简根据张显成的统计，②《里耶秦简〔壹〕》、岳麓壹《占梦书》、岳麓贰《数》、岳麓叁根据我们的统计，"于""於"在秦简中的分布列表如下(见表 2.2):

表 2.2

	睡虎地 11 号墓							龙岗	放马滩		里耶壹	岳麓壹《占梦书》	岳麓贰《数》	岳麓叁
	语书	十八	效律	答问	为吏	日甲	日乙		甲	乙				
于		4	1	5		4		4	3	10	3			2
於	5	3	2	1	2	28	7	1	0	15	0	7	1	

　　① 风仪诚:《战国两汉"于"、"於"二字的用法与古书的传写习惯》,《简帛》第 2 辑,上海古籍出版社 2007 年版。
　　② 张显成主编:《秦简逐字索引(附原文及校释)》,四川大学出版社 2010 年版。

　　通过表 2.2 可以看出，在睡虎地《日书》中，"於"的使用次数远远
高于"于"(35：4)；放马滩《日书》则差别不大(13：15)。睡虎地 11 号
墓所出文献(《秦律十八种》《效律》《法律答问》)、龙岗秦简等法律类文
献里，"于""於"的使用次数分别为 14 和 8，风仪诚认为这种现象可能
受到早期"于"字使用习惯的影响。① 而在张家山汉简《二年律令》和《奏
谳书》里，"于""於"使用次数分别为 6 和 8。② 似乎可以看出，在法律
类文献里，"于""於"使用频率差别不是很悬殊。与此形成鲜明对比的
是，《语书》虽然也是官方的文书，却只用"於"而不见"于"。《里耶秦
简》第一卷内容主要是官府文书、簿籍，也有少量书信、药方，介词
"于"3 例都出现在文书里，而"於"则没有出现。据张国艳统计，在居
延汉简里"于""於"的出现次数为 11：14，并分析说"介词'于、於'的
语体色彩也有不同，如引进处所的'于'出现在常规性或低级官吏的公
文报告中，'於'出现在诏书、大将军幕府书或者具有指令性的公文以
及书信中，'於'的使用场合比'于'隆重。这可能与介词'于'出现时代
早，流行时间长，已经俗化有关"③。秦简的法律类、文书类(《语书》
除外)文献里"于""於"的使用情况是否也是这种原因，还值得讨论。睡
虎地《语书》《日书》中"于""於"的使用情况跟《吕氏春秋》《史记》等古
书比较接近。④ 与睡虎地《日书》差别比较大的放马滩《日书》，"于"
"於"的使用次数大致相当，由于放马滩《日书》乙种断残比较严重且内
容有些复杂，其原因尚值得探讨。

　　根据何乐士的研究，在《左传》中，"于""於"位于谓语动词后的，

---

　　①　风仪诚：《战国两汉"于"、"於"二字的用法与古书的传写习惯》，《简帛》
第 2 辑，上海古籍出版社 2007 年版。
　　②　参见何琴：《张家山汉简〈二年律令〉〈奏谳书〉虚词研究》，张显成主编：
《简帛语言文字研究》第 4 辑，巴蜀书社 2010 年版，第 249 页。
　　③　张国艳：《居延汉简虚词通释》，中华书局 2012 年版，第 321~322 页。
　　④　据殷国光统计《吕氏春秋》中"于""於"的次数比为 1054：58，见《〈吕氏春
秋〉词类研究》，商务印书馆 2008 年版，第 334 页；《史记》第八册据何乐士统计为
522：8，见《〈史记〉语法特点研究》，商务印书馆 2007 年版，第 256 页。

占其用例总数的 93%。① 而秦简中的"于""於"则基本出现在动词谓语后。

秦简中使用次数最多且用法最繁复的介词是"以"。"于/於"使用的下降，大概有两个主要原因，一是介词的替换，另一个就是秦简在介词的使用上多是能不用就不用。(参本书第二章第四节)。

第三节　其 他 介 词

"从、道、在、道"四个介词的分析详见第二章第四节。

一、为

45 例(睡虎地 21，放马滩 2，睡虎地秦牍 4，周家台 2，里耶 9，岳麓叁 7)，都位于动词前。

(一)引介原因(只有 1 例)

(1) 故腾为是而修灋(法)律令、田令及为间私方而下之……《语书》4

(二)引介对象(35 例)

(1) 以乞鞫及为人乞鞫者，狱已断乃听，且未断犹听殹?《法律答问》115

(2) 将司人而亡，能自捕及亲所智(知)为捕，除毋(无)辠

---

① 何乐士:《〈左传〉虚词研究》(修订本)，商务印书馆 2004 年版，第 115 页。

(罪)······《法律答问》125

(3)马心:禹(步)三,乡(向)马祝曰:"高山高锦(峦),① 某马心天。某为我已之。并企侍之。"周家台 345

(4)祝曰:"某以壶露、牛脂,为先农除舍。先农苛(苟)令某禾多一邑,先农恒先泰父食。"周家台 348—349

(5)为黑夫、惊多问东室季须(嫂)苟得毋恙也?睡虎地秦牍 11 背

(6)为禹前除道。放《日书》甲 165

(7)敢言之:前日言当为徒隶买衣及更予吏益仆。里耶 6—7

(8)今为柏下之,为柏寄食一石☐里耶 8—823 背+8—1997 背

(9)主令鬼薪轸、小城旦乾人为贰春乡捕鸟及羽。里耶 8—1515

(10)为其丞劾(刻)印章曰"右轑官丞"、次"轑都膚丞"。里耶 8—1831

(11)沛以三岁时为识取(娶)妻;居一岁为识买室。岳麓叁 115—116

(12)即言囷下曰:"某为农夫畜,农夫苛(苟)如☐☐,岁归其祷。"周家台 351—352

末一例的"为"是否为介词尚值得讨论,暂附于此。

(三)引介行为的施事(睡虎地 4 例,里耶 3 例)

(1)生子,老为人治也,有(又)数诣风雨。睡《日书》甲 79 正壹

(2)甲小未盈六尺,有马一匹自牧之,今马为人败,食人稼一石,问当论不当?《法律答问》158

---

① "锦"字释读据陈剑先生说,见方勇:《读秦简札记(一)》,简帛网,2015 年 8 月 15 日,http://www.bsm.org.cn/show_article.php? id=2289。

二、用

2 例皆见于睡虎地秦简。

　　(1)百姓不当老，至老时不<u>用</u>请，敢为酢(诈)伪者，赀二甲。
《秦律杂抄》32-33

整理者注释说："用，此处用法同'以'。"并语译说："百姓不应免老，
或已应免老而不加申报，敢弄虚作假的……"①戴世君认为："'不用
请'或说百姓不当老及到免老时不向官府据实申报，并非不加申报。
'请'通'情'，'实情'义。"②据戴说，"用"似可认为根据凭借。

　　(2)虚日，不可以臧(藏)盖，臧(藏)盖，它人必发之。毋可
　　有为也。<u>用</u>得，必复出。睡《日书》乙45壹

整理者注释说："用，玄应《一切经音义》七引《仓颉篇》：'以也。'"③
"用"后省略了时间词，参看本章第一节。

三、及

　　2 例皆见于睡虎地秦简。在动词后面引介行为涉及的对象。

---

①　睡虎地秦墓竹简整理小组编：《睡虎地秦墓竹简》，文物出版社 1990 年
版，第 87 页。
②　戴世君：《睡虎地秦简研读札记(四则)》，简帛网，2010 年 11 月 26 日，
http：//www.bsm.org.cn/show_article.php? id＝1337。
③　睡虎地秦墓竹简整理小组编：《睡虎地秦墓竹简》，文物出版社 1990 年
版，第 233 页。

（1）大夫寡，当伍及人不当？不当。《法律答问》156

（2）今且令人案行之，举劾不从令者，致以律，论及令、丞。《语书》7-8

四、与

约 159 例（睡虎地 53，龙岗 14，周家台 2，里耶壹 23，岳麓壹 5，岳麓贰《数》2，岳麓叁约 60）。

（1）不盈十人者，各与其官长共养、车牛。《秦律十八种》73

（2）庚申、辛酉，以与人言，有喜；以责人，得。睡《日书》乙 123

（3）其所受臧（赃），亦与盗同灋（法）；遗者罪减焉一等，其故☑龙岗 148-149

（4）誹（诈）伪假人符传及袭人符传者，皆与阑入门同罪。①龙岗 4

（5）人豕，与盗田同灋（法）。☑龙岗 124

（6）到明出种，即☑【邑最富】者，与皆（偕）出种。周家台 349-350

（7）即斩豚耳，与朕以并涂囷廥下。周家台 352

（8）八人与吏上计。里耶 8-145

（9）其旁郡县与椄（接）界者毋下二县。里耶 8-224+8-412+8-1415

（10）☑各一甲，与此相遝，它如劾。里耶 8-1770

---

① 此简文的解释，还可参看汤志彪：《秦简文字札记两则》，张德芳主编：《甘肃省第二届简牍学国际学术研讨会论文集》，上海古籍出版社 2012 年版。

（11）丁未，获行，与痞偕。岳麓壹《卅四年质日》63 叁

例(11)，高一致解释说："'获行'与'与痞偕'书写风格、大小相异，其间以逗号断读。'与痞偕'似为补写，'痞'或为人名。"①

（12）与龚同宫。岳麓壹《为吏》22 叁

（13）祸与畐（福）邻。岳麓壹《为吏》62 肆

（14）戊辰，腾与廷史。岳麓壹《卅四年质日》33 肆

例(14)由于文献体例特殊，"腾与廷史"该如何理解尚不清楚，姑附于此。

（15）唯筑城止（址）与此等。岳麓贰《数》179

（16）今粟在中，盈与童平，粟一石居二尺七寸，问仓积尺及容粟各几可（何）？岳麓贰《数》177-178

（17）州陵守绾令癸与令佐士五（伍）行将柳等追。岳麓叁 4

（18）去疾、号曰：号乘轺之醴阳，与去疾买铜锡冗募乐一男子所，载欲买（卖）。岳麓叁 47-48

（19）以十年时，与母儿邦亡荆。亡时小，未能与儿谋。岳麓叁 89

（20）乃十一月欲与人共渔，毋（无）钱。岳麓叁 73

五、遝

仅睡虎地有 2 例，分别引介时间和处所。

---

① 高一致：《〈岳麓书院藏秦简（壹）〉集释》，武汉大学硕士学位论文，2011年，第16页。

(1)器敝久恐靡者,遝其未靡,谒更其久。《秦律十八种》105

(2)是状神在其室,屈(掘)遝泉,有赤豕,马尾犬首,享(烹)而食之,美气。睡《日书》甲36背贰、37背贰、38背贰

六、到

由于"到"可作动词用,因此关于介词"到"的判定目前尚有争论,如魏德胜在讨论睡虎地秦简中的介词时就没有涉及"到"。① 此据杨伯峻、何乐士的看法,② 视"到"有介词的用法。

(一)"到"和宾语一起作状语或补语,引介动作行为发生的时间

8例(睡虎地4,周家台3,里耶1)。

(1)到十月牒书数,上内【史】。《秦律十八种》35-36

(2)善布清席,东首卧到晦,【明】复【到南卧,晦起,即以】温贲,以羽渍,稍去之,以粉傅之。周家台319-320

(3)取户旁朕黍,裹臧(藏)。到种禾时,燔冶,以殽种种,令禾毋闻(稂)。周家台354

(4)以温酒一桮(杯)和,歓(饮)之,到莫(暮)有(又)先食歓(饮),如前数。里耶8-1290+8-1397

---

① 魏德胜:《〈睡虎地秦墓竹简〉语法研究》,首都师范大学出版社2000年版,第194~212页。

② 杨伯峻、何乐士:《古汉语语法及其发展》(修订本),语文出版社2001年版,第397~398页。

（二）"到"和宾语一起作句子的状语或补语，引介动作行为有关的处所

5 例（睡虎地 3，周家台 2）。

（1）自昼甲将乙等微循到某山，见丁与此首人而捕之。《封诊式》26

（2）其右角痏一所，袤五寸，深到骨，类剑迹……《封诊式》35-36

（3）善布清席，东首卧到晦，【明】复【到南卧……】周家台 319-320

（三）固定结构"……（以/以上/以下）到……"，可以表示时间、地点、数量、职位等起止范围

吉仕梅、张玉金皆将此用法的"到"列入介词。① 34 例（睡虎地 29，周家台 5）。

（1）御中发征，乏弗行，赀二甲。失期三日到五日，谇；六日到旬，赀一盾；过旬，赀一甲。《秦律十八种》115

（2）数而赢、不备，直（值）百一十钱以到二百廿钱，谇官啬夫……《效律》8

（3）仓屚（漏）肔（朽）禾粟，及积禾粟而败之，其不可食者不盈百石以下，谇官啬夫；百石以上到千石，赀官啬夫一甲。《秦律十八种》164-165

---

① 吉仕梅：《〈睡虎地秦墓竹简〉介词考察》，《西南民族学院学报》（哲学社会科学版）1998 年第 5 期；张玉金：《出土战国文献虚词研究》，人民出版社 2011 年版，第 132~133 页。

（4）衡石不正，十六两以上，赀官啬夫一甲；不盈十六两到八两，赀一盾。《效律》3

（5）男子死所到某亭百步，到某里士五(伍)丙田舍二百步。《封诊式》60-61

（6）入月，数朔日以到六日，倍(背)之。七日以到十二日，左之。十三日以到十八日，乡(向)之。十九日以到廿四日，右之。廿五日以到卅日，复倍(背)之。周家台 263-264

（7）☐阳到☐乡七十☐里耶 8-2262

例(7)简文残缺，暂附于此。里耶 8-2262 还有 3 个"到"字，用法当与例(7)相同，只是简文残损厉害，此不具引。

"到"还可以与"过""自"构成"过/自……到……"的结构。"过……(以)到"在睡虎地秦简中有 6 例，里耶 1 例。

（8）数而赢、不备，直(值)百一十钱以到二百廿钱，谇官啬夫；过二百廿钱以到千一百钱，赀啬夫一盾；过千一百钱以到二千二百钱，赀官啬夫一甲。《效律》8-9

（9）☐二甲；过卅人到八十人，赀二☐里耶 8-702背+8-751 背

"自……到……"结构，秦简有以下两例：

（10）自一日到七日☐里耶 8-1655

（11）以五音、十二声为某贞卜：某自首春夏到十月，党(倘)有☐【获】皋(罪)蛊、言语、疾病☐死者。放《日书》乙 285

需要注意的是，此类用法的"到"，是否可以看作介词还需继续讨论，可与以下的例子对比：

（12）日分：甲以到戊，己以到癸。辰分：子以到巳，午以到亥。

【时分】：旦以到东中，西中以到日入。放《日书》乙167叁、174叁

例（12）中的"到"明显是作动词的，因此例（1）～（6）中的"到"看作动词也未尝不可，只不过"……（以/以上/以下）到……"结构作小句或一个句子成分而已。

七、至

（一）引介动作行为所到的时间（睡虎地3例）

（1）县所葆禁苑之傅山、远山，其土恶不能雨，夏有坏者，勿稍补缮，至秋毋（无）雨时而以繇（徭）为之。《秦律十八种》119-120

（2）至计而上廥籍内史。《秦律十八种》175

（3）百姓不当老，至老时不用请，敢为酢（诈）伪者，赀二甲。《秦律杂抄》32-33

（二）固定结构"……（以）至……"，可以表示时间的起止范围

（1）黄钟：平旦至日中投中黄钟，鼠殹……放《日书》乙206

（2）日中至日入投中姑先，蛇殹。放《日书》乙219

（3）下毋（无）所比者，旦以至日中以其雄占，日中以至晦以其雌占。放《日书》乙297、310

这种用法的"至"字，放马滩秦简《日书》乙中共有35例。另外还有两例也是表示某种范围：

(4)黄钟以至姑先(洗)皆下生，三而二。从中吕以至瘛(应)钟
皆上升，三而四。放《日书》乙193

例(4)中第二个"以至"与"从"构成"从……以至……"的结构。

关于秦简中的"到"和"至"，张玉金曾指出"介词'到'在战国时代，
是在秦地使用的一个介词，而'至'则没有地域性(只是由于秦语中有了
'到'，'至'就用得少了)"①。由于秦简中"到""至"的动词和介词的用
法有些不易区分，我们统计了各批秦简资料中此二字的出现次数如下
(见表2.3)：

表2.3

	睡虎地	放马滩	周家台	龙岗	岳麓叁	里耶壹
至	9	48	25	0	0	4
到	59	20	16	14	8	35

可以看出，在放马滩和周家台秦简中"至"字的使用次数明显比"到"要
多。因此是否如张氏所说"到"是秦地使用的一个介词而"至"没有地域
性，还需要进一步讨论。不过需要注意的是，在传世先秦两汉古书中，
"至"的出现次数相较"到"而言似明显占优势，下面是二者在几部先秦
两汉古籍中的出现情况(见表2.4)：②

表2.4

	《诗经》	《左传》	《吕氏春秋》	《史记》
至	34	442	360	2123
到	1	1	1	57

---

① 张玉金：《出土战国文献虚词研究》，人民出版社2011年版，第135页。
② 《诗经》《左传》的统计依据"中研院""瀚典全文检索系统2.0"；《吕氏春
秋》，据张双棣等编：《吕氏春秋索引》，山东教育出版社2002年版；《史记》，据
李晓光、李波主编：《史记索引》(修订版)，中国广播电视出版社2001年版。

因此，"到""至"在秦简与古书中使用情况的差异，其原因还值得进一步探讨。梅祖麟先生在研究北宋《三朝北盟会编》中的白话资料时，曾指出用"至"或"到"是文言和白话的一个重要差别。[1] 并且在现代汉语里，"至"除了作语素外，已经少作动词或介词用。[2] 考虑到秦简文献的实用性，因此似乎也可看出"至""到"在当时大概也有书面语与口语的差别。

八、尽

13 例(睡虎地 12，里耶 1)。

用来表示限止时间，意思即"到……为止"。形式上有"尽……""到……尽"和"……尽……"三种，例如：

(1)有米委赐，稟禾稼公，尽九月，其人弗取之，勿鼠(予)。《秦律十八种》41—42

(2)凡尽九月不视事二日。里耶 8—1450

(3)隶臣田者，以二月月稟二石半石，到九月尽而止其半石。春，月一石半石。《秦律十八种》51

(4)受(授)衣者，夏衣以四月尽六月稟之，冬衣以九月尽十一月稟之，过时者勿稟。《秦律十八种》90

传世文献中还可以表示限止处所，但秦简中未见用例。

此外，与上面讨论的"尽"字用法相似的，在秦简中还有一个"终"

---

① 梅祖麟：《〈三朝北盟会编〉里的白话资料》，《梅祖麟语言学论文集》，商务印书馆 2000 年版，第 45 页。

② 吕叔湘《现代汉语八百词(增订本)》(商务印书馆 1980 年版)只收"至多"、"至少"和"至今"三个词，无"至"的单独用法。

字，张玉金也将其看作介词。① 何乐士认为古汉语中"终"字可用作介词，其一例为"终广之身，为二千石四十馀年，家无馀财"(《史记·李将军列传》)。② 张玉金据此认为秦简中"终"字也有介词的用法，例子如下：

(5)入十月十日日乙酉、十一月丁酉材(裁)衣，终身衣丝。
睡《日书》甲 114 背

(6)终岁衣食不躔(足)以稍赏(偿)。《秦律十八种》78

(7)终岁而为出凡日：……《秦律十八种》171

就上面的几个例子来看，"终身""终岁"似已凝固成词,③ 无必要析出"终"字来讨论。

九、自

(一)引介起点

可以是时间、官职、数量。12 例(睡虎地 7，里耶 2，岳麓叁 1，放马滩 2)。

(1)刍自黄麴及蓐束以上皆受之。《秦律十八种》8

(2)县为恒事及灟有为殹，吏程攻(功)，赢员及减员自二日以上，为不察。《秦律十八种》122-123

---

① 张玉金：《出土战国文献虚词研究》，人民出版社 2011 年版，第 138～139 页。

② 何乐士：《古代汉语虚词词典》，语文出版社 2006 年版，第 620 页。

③ 参看《汉语大词典》(第 9 卷)"终身"条、"终岁"条，汉语大词典出版社 1988 年版，第 793、795 页。

（3）吏自佐、史以上负从马、守书私卒，令市取钱焉，皆瞏（迁）。《秦律杂抄》10—11

（4）计校相缪（谬）殹，自二百廿钱以下，谇官啬夫。《效律》56

（5）自今以来，叚（假）门逆吕（旅），赘婿后父，勿令为户，勿鼠（予）田宇。《为吏之道》18伍、19伍

（6）皋陶所出，以五音、十二声为某贞卜：某自首春夏到十月，党（倘）有□【获】皋（罪）蛊、言语、疾病□死者。放《日书》乙285

（7）有不雠、非实者，自守以下主者 里耶8—224+8—412+8—1415

（8）自一日到七日☑里耶8—1655

（9）识曰：自小为沛隶。岳麓叁119

（10）不死，厚而□，主台（始）有□殹，后【智】（知）其请（情）。有【命且】□，【叕】自鸡鸣。直（值）此卦者有君子之贞。放《日书》乙356

例（10）"……自鸡鸣"文意不清，暂附于此。

（11）姑先（洗）、夷则、黄钟之卦曰：是=自天以戒，室有大司寿，吾康康发，中宵畏忌。室有灵巫，弗敬戒逢山水□放《日书》乙259+245

例（11）"自"引介的"天"似可看作处所。

（二）秦简中有"自宵""自昼"的说法，皆见于《封诊式》中

（1）自昼甲见丙阴市庸中，而捕以来自出。《封诊式》18

（2）丁与此首人强攻群盗人，自昼甲将乙等徼循到某山，见丁

与此首人而捕之。《封诊式》25-26

（3）自昼居某山，甲等而捕丁戊，戊射乙，而伐杀收首。
《封诊式》29-30

（4）自宵臧（藏）乙复結衣一乙房内中，闭其户，乙独与妻丙晦
卧堂上。《封诊式》73

（5）甲怀子六月矣，自昼与同里大女子丙斗，甲与丙相捽，丙
偾庰甲。里人公士丁救，别丙、甲。甲到室即病复（腹）痛，自宵
子变出。《封诊式》84-85

（6）乙、丙相与奸，自昼见某所，捕校上来诣之。《封诊式》95

整理者给例（1）"自昼"的注释说："自昼，据简文意为昨日白昼，下
《穴盗》、《出子》条有自宵，意为昨日夜晚可互证。"①陈伟武指出，
"自"本身并无昨天的意思，而是作为介词与时间名词构成介宾结构。
相对于说话人正在说话的"今"而言，"自"所引介的时间可以是昨天、
前天或更早的时段，用法相当于"以"或"於"。古书中相同用法的例
子，如《吕氏春秋·长攻》"故赵氏自今有刺笄之证，与反斗之号"、
《史记·周本纪》"武王至於周，自夜不寐"。裴学海《古书虚字集释》：
"'自'犹'在'也。"②因此，可以认为"自"引介的是动作行为发生的
时间。

（三）"自"还可与"从""以"连用（各有1例）

（1）今灋（法）律令已布闻，吏【民】犯灋（法）为间私者不止，
私好、乡俗之心不变。自从令、丞以下，智（知）而弗举论，是即

---

① 睡虎地秦墓竹简整理小组编：《睡虎地秦墓竹简》，文物出版社1990年
版，第150页。

② 详参陈伟武：《睡虎地秦简核诂》，张永山主编：《胡厚宣先生纪念文
集》，科学出版社1998年版，第207~208页。

明避主之明灋（法）殹，而养匿邪避（僻）之民。① 《语书》5-6

（2）【九】月庚辰，迁陵守丞敦狐却之：司空<u>自</u><u>以</u>二月段（假）狼船，何故弗蛮辟□，② 今而誧（甫）日谒问覆狱卒史衰、义。衰、义事已，不智（知）所居，其听书从事。里耶 8-135

例（1）为引介起点。例（2）可能是引介时间，相当于"在"，理解为起点也未尝不可；但"自"似也可能是代词，暂附于此。

十、诸

（1）居<u>者</u>（诸）深山中，毋物可问，进书为敬。里耶 8-659+8-2088

此例"者"通"诸"。"诸"在古汉语里可以作兼词，相当于"之於"，也可作介词，与"於"相当。此例简文为书信，从前后文看，此"者（诸）"当为介词。

（2）取<u>者</u>臧（藏）谿谷、窬内中。放《日书》甲 34
（3）取<u>者</u>臧（藏）【谿谷、窬内中】。放《日书》乙 70

例（2）、（3）"者"字或认为是结构助词"诸"，参下文第四节，暂附于此。

---

① "布闻"，"闻"字整理者属下读，此从陈伟师说。陈伟：《睡虎地秦简〈语书〉的释读问题（四则）》，《燕说集》，商务印书馆 2011 年版，第 307~308 页。

② "辟"下一字，陈剑认为是"到"字，见《读秦汉简札记三篇》，复旦大学出土文献与古文字研究中心编：《出土文献与古文字研究》第 4 辑，上海古籍出版社 2011 年版，第 376 页；何有祖认为可能是"益"字，见《新出里耶秦简札记二则》，《出土文献研究》第 11 辑，中西书局 2012 年版，第 145~146 页。

第四节　与介词相关的两个问题

一、秦简处所成分的考察

（一）"处所成分"概说

处所成分是一个语义句法范畴，相当于一般结构分析中表处所的状语或补语。相对于谓语动词而言，处所成分只是一个背景（ground）。

古汉语里处所成分可以位于动词前和动词后，可以用介词引介也可不用。《马氏文通·实字卷之三》在总结介词后面的处所宾语时说："记地之式有四：一、所在之地。二、从来之地。三、所经之地。四、所至之地。史籍中记所在之地与所至之地，间无介字为先，故所记之地列于宾次。"①（马氏所说都在动词后）杨树达《马氏文通刊误》又有所补充："从来之地亦有省介字者：如《汉书·韩信传》云：'信亡楚归汉'，'亡自楚'之省也。又云：'塞王欣翟王翳亡汉降楚'，'亡自汉'之省也。又所记之地列于宾次之原因，为本有介字。马氏云：'无介字为先，故所记之地列于宾次。'下文又屡云：'皆无介字为先，故以列于宾次。'以无介字为列于宾次之原因，可谓适得其反，故知马氏于此未参透也。"②之后的学者在从意义上划分介词后的处所成分时，都是在《马氏文通》的基础之上有所分合。这些方面的不同主要是由动词的语意所决定的，而由于语意的模糊性，因此这种分类只是大概的。

古汉语里的介词都是由动词发展而来，有的兼具动词与介词两种用法。一般而言，介词的词意相较于连词、助词要实一些。因此对于具体

---

① 马建忠：《马氏文通》，商务印书馆 2008 年版，第 97 页。
② 杨树达：《马氏文通刊误》，中华书局 1983 年版，第 60 页。

介词认定，目前尚有不同意见。这牵扯到如何认定介词及认定的宽严问题。如洪波讨论的引介处所的介词，《史记》只有"于""於""在""自""从"五个，① 而何乐士提到的则有 13 个，多出"当""循""向""抵""临""缘""向""披"8 个②。本书在比较论述时，用的是洪波的统计。

从历时的角度说，上古汉语动词后的"介宾"不断移至动词前，有学者指出这一过程始于公元前 1 世纪；③ 也有学者指出从公元前 7 世纪即已开始④。当然，这是一个复杂的历史过程，很多学者都有论述，如何乐士、孙良明、魏培泉等。⑤

洪波曾经从起点、经由、活动场所、存在处所、方向目标和终点六个方面，对《左传》《史记》中的处所成分做了非常细致的分析研究，得出"上古汉语各种处所成分总的来说都以分布于 V 后为优势语序分布形式的，但从先秦至汉代，起点成分、经由成分和活动场所成分已经开始发生语序变化，其中起点成分的语序变化尤为显著"⑥。

张赪通过对《论语》《孟子》和《韩非子》的考察指出，先秦引进处所的介词用例，绝大部分是"於"，其次是"自"有少量用例，"由、从、在"等则只有零星用例。⑦

_____

① 洪波：《汉语处所成分的语序演变及其机制》，《汉语历史语法研究》，商务印书馆 2010 年版，第 266 页。

② 何乐士：《〈史记〉语法特点研究》，商务印书馆 2007 年版，第 177 页。

③ 石毓智、李讷：《汉语语法化的历程》，北京大学出版社 2001 年版，第 184 页。

④ 蒋绍愚：《"抽象原则"和"临摹原则"在汉语语法史中的体现》，《汉语词汇语法史论文集》，商务印书馆 2001 年版。

⑤ 何乐士：《汉语句法结构上的一个重大变化——从〈左传〉、〈史记〉的比较看介宾短语位置的前移》，《〈史记〉语法特点研究》，商务印书馆 2007 年版；孙良明：《古代汉语语法变化研究》，语文出版社 1994 年版，第 125～127 页；魏培泉：《古汉语介词"於"的演变略史》，《"中研院"历史语言研究所集刊》第六十二本第四分，1993 年。

⑥ 洪波：《汉语处所成分的语序演变及其机制》，《汉语历史语法研究》，商务印书馆 2010 年版，第 267 页。

⑦ 张赪：《汉语介词词组词序的历史演变》，北京语言文化大学出版社 2002 年版，第 12 页。

秦简中引介处所的介词有从(53 例)、自(1 例)、于(9 例)、於(47 例)、在(11 例)、道(11 例)、诸(2 例)七个。根据其出现在动词前后的位置，可以分为两组：

(1)出现在动词前的：自、从、於、道。

(2)出现在动词后的：于、於、诸、在。

(二)处所成分的分类

1. 动作行为的起点

可细分为三种情况：表示谓语动词运动的起点，古书的例子如"千里之行始於足下"(《老子》四十六章)；表示谓语导致的"客体"①发生移动的起点，古书的例子如"上从代来"(《史记·孝文本纪》)；表示上述两种情况之外的运动方向的源点，如"即墨人从城上望见"(《史记·田单列传》)。

秦简此种用法的介词：从(51 例，睡虎地 12、放马滩 33、周家台 5、龙岗 1；其中包括 3 例用"之"指代处所、5 例"从"字后省略处所成分的)；自(1 例，放马滩 1)；於(1 例，睡虎地 1)；道(12 例，睡虎地 4、放马滩 1、里耶 4、岳麓壹 1、岳麓贰《数》1、周家台 1)。如：

(1)此所胃(谓)艮山，禹之离日也。从右上方数朔之初，日及枳(支)各一日，数之而复从上数。② 睡《日书》甲 47 正叁、48 正叁

(2)黑肉从北方来……睡《日书》乙 157-158

(3)乙亡，盗青色，三人，其一人在室中，从东方入，行有

---

① 关于"客体"，参见[美]C. J. 菲尔墨：《"格"辨》，胡明扬译，商务印书馆 2005 年版，第 27 页；杨成凯：《菲尔墨的格语法理论》，《"格"辨》，附录二，商务印书馆 2005 年版，第 152 页。

② 睡虎地秦墓竹简整理小组编：《睡虎地秦墓竹简》，文物出版社 1990 年版，第 190 页。原断句为"从右上方数朔之初日及枳(支)各一日，数之而复从上数"。此从陈伟师断读，见陈伟：《睡虎地日书〈艮山〉试读》，《燕说集》，商务印书馆 2011 年版，第 314 页。秦汉简中〈艮山〉图像及相关文字解读，可参看黄儒宣：《〈日书〉图像研究》，中西书局 2013 年版，第 122~130 页。

【遗】殹，不得，女子殹。放《日书》甲 23

(4) 盗从东方入，有(又)从[之]出。放《日书》甲 32A+30B

(5) 盗从西方入，复从西方出。放《日书》甲 39

(6) 盗从东方入……放《日书》乙 68

(7) 盗从南方入，复从出……放《日书》乙 69

(8) 盗从南方入，有(又)从之出……放《日书》乙 72

(9) 入正月一日风，风道东北，禾黍将。从正东，卒者丈夫。从东南，手枭坐坐。从正南，【衣之必死】。☐兵，邦君必或死之。从正北，水【潦来】。放《日书》乙 162A+93A、313

(10) 从西南入。周家台 356

(11) 黔首皆从千(阡)佰(陌)强(疆)畔之其☐龙岗 154

最后一例虽然竹简断残，但"之"字明显当是动词。以上简文中的介词"从"都在谓语动词前，都表示的是谓语所导致的客体运动发生的起点。在《史记》里面，"从"字引介的表示起点的处所成分也全在谓语动词之前。①

秦简此种用法的介词"自""於"各有一个用例。

(12) 姑先(洗)、夷则、黄钟之卦曰：是=自天以戒，室有大司寿，吾康康发，中宵畏忌。室有灵巫，弗敬戒逢山水☐放《日书》乙 259+245

"天"似可视为抽象一些的处所。

(13) 生子，男吉，女必出於邦。睡《日书》甲 7 正贰

---

① 洪波：《汉语处所成分的语序演变及其机制》，《汉语历史语法研究》，商务印书馆 2010 年版，第 266 页。

这三个介词，"从""自"位于动词前，"於"在动词后。

秦简中处所成分表示起点的且不用介词引介的，都在谓语动词之后，13 例(睡虎地 7，周家台 2，岳麓叁 4)。如：

（14）有米委赐，稟禾稼公，尽九月，其人弗取之，勿鼠(予)。《秦律十八种》41-42

（15）工稟榦它县，到官试之，饮水，水减二百斗以上，赀工及吏将者各二甲。《效律》46

（16）山俭(险)不能出身山中。《封诊式》27

（17）即已，禹步三出种所。周家台 350

（18）丁未起江陵。周家台 11

（19）猩为乐等庸(佣)，取铜草中。岳麓叁 55

（20）(学)即独撟(矫)自以为五大夫冯毋择子，以名为伪私书，问赠，欲贳(贷)钱胡阳少内。岳麓叁 226-227

（21）毋择【□□□段(假)钱二】万及粮食胡阳。① 岳麓叁 211-212

在《左传》《史记》中处所成分表示起点又不用介词引介的，各有 4 例和 9 例，也都位于动词后。②

以下 5 例"道"字，魏德胜认为是介词。③ 今按：这些"道"字引介的都是起点。

---

① "糧"，整理者原释为"種(种)"，此从黄杰说改，详见黄杰：《岳麓秦简"为伪私书"补释》，简帛网，2013 年 6 月 10 日，http://www.bsm.org.cn/show_article.php?id=1858。

② 洪波：《汉语处所成分的语序演变及其机制》，《汉语历史语法研究》，商务印书馆 2010 年版，第 266 页。

③ 魏德胜：《〈睡虎地秦墓竹简〉语法研究》，首都师范大学出版社 2000 年版，第 195 页。

（22）道索终所试脱头。《封诊式》70

（23）三堵以下，及虽未盈卒岁而或盗陕（决）道出入，令苑辄自补缮之。《秦律十八种》118-119

这一句，整理者语译为："不到三方丈，以及虽未满一年而有人私加破坏由之出入的。"①整理者似理解为"道"后省略了"之"一类的宾语。

（24）权大一围，袤三尺，西去堪二尺，堪上可道终索。《封诊式》67

整理者说："道，由。此句意为站在土台上可以去系上吊的绳子。"②今按：此说颇值得怀疑，"可"为助动词，其后的"道"明显应为动词。

（25）耤（藉）牢有六署，囚道一署遬，所道遬者命曰"署人"，其它皆为"更人"……《法律答问》196

整理者说："道，由、从。遬，读为遂，《广雅·释诂一》：'行也。'道一署遂，经由一处看守地段通行。"同时还提出另一种读法："'藉牢有六署囚道，一署遂所道，遂者命曰署人'，按照这种读法，遂应读为述，《诗·日月》传：'循也。'可解释为巡查。"③按照第一种解释，"所道遬者"即"所·介·动"结构。整理者引《广雅》，将"遂"解释为"行"，大概认为这个"行"即经行之意。查王念孙《广雅疏证》"行也"的解释，

———————————

① 睡虎地秦墓竹简整理小组编：《睡虎地秦墓竹简》，文物出版社 1990 年版，第 48 页。

② 睡虎地秦墓竹简整理小组编：《睡虎地秦墓竹简》，文物出版社 1990 年版，第 159 页。

③ 睡虎地秦墓竹简整理小组编：《睡虎地秦墓竹简》，文物出版社 1990 年版，第 140 页。

只是引了《国语·晋语二》"无不遂也"韦昭注"遂，行也"①。但这里的"遂"不能理解为通行之意，当是"成功"之意。② 今按，《法律答问》26："豹𧗲，不得，赀一盾。"整理者注释说："遂，《说文》：'亡也。'即逃掉。"③因此，例(25)的"𧗲"也可能是逃掉之义。张家山汉简《二年律令·津关令》404："乘徼，亡人道其署出入，弗觉，罚金□☑"整理者注释说："道其署，由其岗位。"与之对照来看，例(25)的两例"道"似可理解为动词。

里耶秦简还有 4 例引介处所的介词"道"：

(26)行庙者必谨视中□各自署庙所质日。行先道旁曹始，以坐次相属。里耶 8-138+8-174+8-522+8-523

《里耶秦简牍校释(第一卷)》注释说："旁曹，似指位置邻近的令史。"④

(27)已有(又)道船中出操枙〈枻〉以走赵……里耶 8-1562
(28)所道来甚远居 里耶 8-2000

例(28)虽然简文断残而文意不完，但"道"作为介词似比较清楚，"所道来"即"所·介·动"结构。

(29)敢言之，问容道临沅归。审。容及□☑里耶 8-547

---

① 王念孙：《广雅疏证》，中华书局 1983 年版，第 42 页。
② 参见邬国龙、胡果文、李晓路等：《国语译注》，上海古籍出版社 1997 年版，第 251 页。
③ 睡虎地秦墓竹简整理小组编：《睡虎地秦墓竹简》，文物出版社 1990 年版，第 86 页。
④ 陈伟主编：《里耶秦简牍校释(第一卷)》，武汉大学出版社 2012 年版，第 79 页。

下面 1 例引介的也是处所：

（30）入正月一日风，风道东北，禾黍将。从正东，卒者丈夫。从东南，手枭坐坐。从正南，【衣之必死】。☐兵，邦君必或死之。从正北，水【潦来】。放《日书》乙 162A+93A、313

岳麓简中有 2 例"道"当是引介起点的：

（31）梦见项者，有亲道远所来者。岳麓壹《占梦书》22 壹
（32）箕田曰：并舌踵步数而半之，以为广，道舌中丈，彻踵中，以为从（纵）。① 岳麓贰《数》64

周家台秦简还有 1 例也是引介起点的：

（33）甲子旬，戌亥为姑（孤），辰巳为虚，道东南入。周家台 355

值得注意的是，在周家台 356–360 中"从西南/南方/西北/南方/北方入"，5 例皆用"从"。

（34）☐日到行日，星道角若奎到行日，星及日、辰、时数皆并其数而以除母，而以馀期之。放《日书》乙 177 叁、172 叁

例（34）文意不是很清楚，"道"似为介词。
　　秦简使用和不使用介词的比例为 59：13，《左传》的比例为 180：4，

---

① "道舌中丈，彻踵中"，整理者原连读，此据鲁家亮说改（鲁家亮：《岳麓秦简校读（七则）》，《出土文献研究》第 12 辑，中西书局 2014 年版，第 145 页）。

《史记》的比例为 339∶9。

2. 动作行为的依傍或经由

秦简中所用的介词为"于"1 例(睡虎地 1),"于"在动词谓语后;
"从"2 例,在动词谓语前(睡虎地 2)。

（1）人过于丘虚,女鼠抱子逐人,张伞以乡(向)之,则已矣。
睡《日书》甲 45 背叁

（2）凡民将行,出其门,毋(无)敢䫌(顾),毋止。直述(术)
吉,从道右吉,从左咎。睡《日书》甲 130 正

《左传》《史记》中,用"于"引介经由的都在谓语动词之后;用"从"引介
经由的《史记》《左传》也在动词谓语前。

秦简中还有 1 例处所经由不用介词引介的:

（3）盗出朱(珠)玉邦关及买(卖)于客者,上朱(珠)玉内
史……《法律答问》140

3. 动作行为发生或存在的场所

于(4 例,睡虎地 4)、於(33 例,睡虎地 29、龙岗 1、岳麓叁 3)、
在(11 例,睡虎地 2、放马滩 9)、诸(2 例,放马滩 2)。

汉语里面的动词可以分为动作动词和状态动词,但有时二者颇不易
划分。且有些动词既可表示动作又可表示状态,因此动作行为的发生或
存在有时也不能分得十分清楚,如睡虎地秦简《日书》中"宇多於某处"
的"多"。因此为了简洁明了,动作的发生或存在的场所合在一起论述。

（1）吏从事于官府,当坐伍人不当?《法律答问》155
（2）一室井血(洫)而星(腥)臭,地虫斲(斗)于下……
睡《日书》甲 53 背叁

（3）葆子以上居赎刑以上到赎死，居于官府，皆勿将司。《秦律十八种》135

（4）馈遗亡鬼薪于外，一以上，论可（何）殴？《法律答问》129

（5）以戊日日中而食黍於道……睡《日书》甲 56 背贰

（6）王母为祟，得之於黄色索鱼、堇酉（酒）。睡《日书》甲 72 正贰

（7）外鬼为祟，得之於酉（酒）脯修节肉。睡《日书》甲 76 正贰

（8）而书入禾增积者之名事邑里於廥籍。《秦律十八种》25

（9）臧（藏）於垣内中粪蔡下。睡《日书》甲 69 背

（10）丁丑生子，好言语，或生（眚）於目。睡《日书》甲 143 正壹

（11）丙辰生子，有疵於膗（体）而惥（勇）。睡《日书》甲 142 正伍

（12）宇多於西南之西，富。睡《日书》甲 16 背贰

吴小强将例（12）翻译为"住宅在西南面偏西的位置上多出一些，主人家庭富裕"①。李家浩曾把此字读作"圬"，《玉篇·土部》："圬，治土地名。"②陈伟等认为当读为"侈"或"庩"，《说文》："庩，广也。"并解释说："'庩於某方'，也许是说房屋在那个方向上较多或较广，或在那个方向上广出一部分。"③

（13）宇多於西北之北，绝后。睡《日书》甲 17 背贰

（14）宇多於东北之北，安。睡《日书》甲 18 背贰

---

①　吴小强：《秦简日书集释》，岳麓书社 2000 年版，第 125 页。

②　湖北省考古文物研究所、北京大学中文系编：《九店楚简》，中华书局 2000 年版，第 115 页。

③　陈伟等：《楚地出土战国简册［十四种］》，经济科学出版社 2000 年版，第 319 页。

（15）宇多於东北，出逐。睡《日书》甲 19 背贰

（16）宇多於东南，富，女子为正。睡《日书》甲 20 背贰

（17）骑作乘舆御，骑马於它驰道，若吏【徒】☐龙岗 59

（18）贳债在外。《为吏之道》13 叁

（19）凡戊子风，有兴。雨阴，有疾。兴在外，风，军归。
睡《日书》乙 119

（20）以枲索大如大指，旋通系颈，旋终在项。《封诊式》64-65

例（20）"在"，张玉金也认为是介词。① 整理者注释说："旋，读为缳。
通，《释名·释言语》：'洞也。'旋通即上吊的绳套。""终，章炳麟《文
始》：'终为缠急。'在本条里都是系束的意思。项，颈后部。"整理者语
译说："绳套的系束处在颈后部。"②从整理者的语译看，"在"与前面的
"系颈"之"系"一样，也应该是动词。因此，此条简文中的"在"字，我
们没有作为介词来统计。

在放马滩秦简里，共有 10 例"再（在）某处"的句例，与之相对应，
在睡虎地秦简中则都是"臧（於）某处"。表 2.5 是秦简中"藏於/藏"和
"再在/再"用例的比较：

表 2.5

睡虎地《日书》甲"占盗"	放马滩《日书》甲"占盗"	放马滩《日书》乙"占盗"
子，鼠也。盗……臧（藏）於垣内中粪蔡下。69 背	子，鼠殹。……30 壹	子，鼠殹。……66

① 张玉金：《出土战国文献虚词研究》，人民出版社 2011 年版，第 108 页。
② 睡虎地秦墓竹简整理小组编：《睡虎地秦墓竹简》，文物出版社 1990 年
版，第 159 页。

睡虎地《日书》甲"占盗"	放马滩《日书》甲"占盗"	放马滩《日书》乙"占盗"
丑，牛也。盗者……臧（藏）牛厩中草木下。70背	丑，牛殹。……31	丑，牛殹。……67
寅，虎也。盗者……臧（藏）於瓦器间。71背	寅，虎殹。以亡，盗……臧山谷中。32壹	寅，虎殹。以亡，盗……臧山谷中。68
卯，兔也。盗者……臧（藏）於草中。72背	卯，兔殹。以亡，盗……臧溪林、草茅中。33	卯，兔殹。以亡，盗……臧野林、草茅中。69
辰，盗者……臧（藏）东南反（坂）下。73背	辰，虫殹。……34	【辰……】取者臧溪……70
巳，虫也。盗者……臧（藏）於瓦器下。74背	巳，鸡殹。以亡，盗者……臧囷屋屚粪土中。35	巳，鸡殹。以是亡，盗者……臧囷屋屚粪土中、塞木下。71
午，鹿也。盗者……臧（藏）於草木下。75背	午，马殹。盗……再【才】（在）厩庑刍【槀】中。36	午，马殹。盗……再才（在）厩刍槀中。72
未，马也。盗者……臧（藏）於刍槀中。76背	未，羊殹。盗……再在牢圈中。37	未，羊【殹】。盗者……再在牢圈中。73壹
申，环也。盗者……77背	申，石殹。盗……再在山谷。38	申，石殹。盗……再在山谷。74壹
酉，水也。盗者……臧（藏）於园中草下。78背	酉，鸡殹。盗……再在囷屋东屚粪旁。39	酉，鸡殹。盗……再在囷屋东屚粪旁。75壹
戌，老羊也。盗者……臧（藏）於粪蔡中土中。79背	戌，犬【殹】。盗……再在责（积）薪、粪蔡中。40	【戌……】……76壹
亥，豕也。盗者……臧（藏）於圂中垣下。80背	亥，豕殹。盗者……再在屏圂方及矢。41	亥，豕殹。盗者……再在屏圂方及矢。77壹

"藏"既可以表示动作又可以表示状态，从简文看表示状态的意思更重一些。"在"虽然是虚词，但意义仍然比较实一些，表示一种空间或时间的存在。但可与"於"相对照。《左传》僖公五年"勋在王室，藏於盟府"，"在"则和"於"对文。因此"再在"之"在"可视为介词。需要指出的是，"在"作为介词皆见于放马滩秦简《日书》，并且其前面的动词都是"再"。在放马滩秦简"占盗"中与"再"同意的"藏"其后的处所补语都不用介词引介。而相应地在睡虎地《日书》甲"占盗"中，"藏"后处所补语用及不用介词引介的比例为 7：3。

在先秦，引介处所主要是"于/於"，汉代以后"于/於"开始衰落，逐渐被"在"所取代。先秦"在"可以引介处所，都用在动词后面。如：

> 明日，以表尸之，皆重获在木下。(《左传》宣公十二年)
>
> 兹不谷震荡播越，窜在荆蛮，未有攸。(《左传》昭公二十六年)
>
> 夫赏，国之典也，藏在盟府，不可废也。(《左传》襄公十一年)

但是这些"在"字还是一个"很泛的表示存在于某一地点或其他任何'点'的普遍介词"[1]。在《吕氏春秋》里，介词"在"有四个用例，只引介处所，[2] 用法上跟秦简是一致的。据我们统计，在秦简里引介处所成分时，"于"有 9 例，"於"有 29 例，"在"则有 11 例。从使用次数看，"在"明显比"於"要少；在用法上，"於"可以引介表起点、经由、活动或存在地点、目标或终点的各种处所成分，但"在"只能引介表活动或存在地点的处所成分，因此秦简就引介处所成分而言，"於"仍然是最主要的介词。"从"虽然在秦简里使用的次数超过了"於"，但其主要是

---

① 王鸿宾：《处所介词"于(於)"的衰落与"在"的兴起》，《汉语史研究集刊》第 6 辑，巴蜀书社 2003 年版，第 85 页。

② 殷国光：《〈吕氏春秋〉词类研究》，商务印书馆 2008 年版，第 231 页。

引介起点类的处所成分。

　　《马氏文通·实字卷之三》曾说："又记地记时之语，率用'上'
'下''左''右''内''外''中''间''边''侧'等字，缀于地名、人名、
时代之下，概无介字为先。盖'上''下''内''外'诸字，即所以代介字
之用，故泰西文字遇有此等字义，皆为介字。"①何乐士通过对《左传》
《史记》的比较，指出处所词后用方位字是导致处所不用介词引介的重
要变化。② 但秦简中的"臧（於）……中/旁/下/间"的句式里，"於"的用
与不用介词的比量为 8：12，而在"眔（在）……中/旁/下/间"的句式
里，"在"的用与不用的比量为 4：0。从中似乎看不出介词的用不用与
方位词的有无之间存在什么规律。

　　睡虎地秦简中还有 2 例"在"，如：

　　（21）受（授）衣者……在咸阳者致其衣大内，在它县者致衣从
　　事之县。《秦律十八种》90-93

魏德胜也看作介词。③ 但从文意及句法结构看，看成动词似更合适。另
外与之相关的还有"才"，睡虎地秦简共有 5 例，如：

　　（22）爰书：市南街亭求盗才（在）某里曰甲缚诣男子丙，及马
　　一匹，骓牝右剽。《封诊式》21（整理者注释：在某里，据简文应指
　　居於某里，下《迁子》条"士伍咸阳在某里曰丙 47"，④ 即咸阳某里

---

　　①　马建忠：《马氏文通》，商务印书馆 2008 年版，第 98~99 页。
　　②　何乐士：《〈史记〉语法特点研究》，商务印书馆 2007 年版，第 193 页；又
可参蒋绍愚：《"抽象原则"和"临摹原则"在汉语语法史中的体现》，《汉语词汇语
法史论文集》，商务印书馆 2011 年版，第 267 页。
　　③　魏德胜：《〈睡虎地秦墓竹简〉语法研究》，首都师范大学出版社 2000 年
版，第 211 页。
　　④　睡虎地秦墓竹简整理小组编：《睡虎地秦墓竹简》，文物出版社 1990 年
版，第 151 页。

人丙，可参看。)

（23）爰书：某亭校长甲、求盗才(在)某里曰乙、丙缚诣男子丁，斩首一，具弩二、矢廿……《封诊式》25

（24）禾、刍稾积索(索)出日，上赢不备县廷。出之未索(索)而已备者，言县廷，廷令长吏杂封其襜，与出之，辄上数廷；其少，欲一县之，可殹。襜才(在)都邑，当□□□□□□□者与杂出之。《秦律十八种》29-30

何乐士曾指出："['在'·宾]在《左传》中位于动词前后的数量大致相当，到《史记》时又进一步前移。"①但秦简中"在·宾"都位于动词后，且都出现在《日书》类文献中，与《左传》《史记》都不同。

（25）取者臧(藏)镘谷、窌内中。放《日书》甲34
（26）取者臧(藏)【镘谷、窌内中】。放《日书》乙70

"者"或认为通"诸"。在古书里，"诸"可以看作"之於"的合音词，也可用作"於"。例(25)、(26)这两例"者"此两种解释都可通。与下面两例对比：

（27）取之臧(藏)穴中毕〈粪〉土中。放《日书》甲30A+32B
（28）取之臧(藏)穴中毕〈粪〉土中。放《日书》乙66

这两例"之"后都没有用介词。因此秦简中的两例"者"理解为"之於"似更好一些(详见第二章第四节)。根据何乐士的研究统计，《左传》中出现在动词后的介词，次数最多的是"於""于"和"诸"，而在《史记》里，"诸"的用例则为数极少。《左传》中的"诸"字，很多在《史记》里面被改

---

① 何乐士：《〈史记〉语法特点研究》，商务印书馆2007年版，第251页。

换为"之":

> 昭王之不复，君其问诸水滨！(《左传》僖公四年)
>
> 昭王之出不复，君其问之水滨！(《史记·齐太公世家》)①

秦简例(25)~(28)两例"者""之"的交错使用，似乎很难说与时代有关。

此种用法的处所成分，不用介词引介的秦简有 86 例(睡虎地 41，放马滩 14，龙岗 4，周家台 16，岳麓叁 11)。如：

> (29)十二年，四月癸丑，喜治狱鄢。睡虎地《葉书》19 贰
>
> (30) 其乘服公马牛亡马者而死县，② 县诊而杂买(卖)其肉……《秦律十八种》18
>
> (31)隶臣妾其从事公，隶臣月禾二石，隶妾一石半。《秦律十八种》49
>
> (32)其近田恐兽及马牛出食稼者，县啬夫材兴有田其旁者，无贵贱，以田少多出人，以垣缮之，不得为繇(徭)。《秦律十八种》120-121
>
> (33) 军人买(卖)稟禀所及过县，赀戍二岁……《秦律杂抄》12-13
>
> (34)军人禀所、所过具百姓买其稟，赀二甲，入粟公……《秦律杂抄》14
>
> (35)盗贼杀伤人冲术，偕旁人不援，百步中比壄(野)，当赀二甲。《法律答问》101
>
> (36)令甲以布帴剹狸(埋)男子某所……《封诊式》61

---

① 何乐士：《〈史记〉语法特点研究》，商务印书馆 2007 年版，第 301~302 页。

② "马"，陈伟师疑当释为"冯"(陈伟：《睡虎地秦简〈秦律十八种〉校读(五则)》，《简帛》第 8 辑，上海古籍出版社 2013 年版，第 345 页)。

（37）作事：二月利兴土西方，八月东方，三月南方，九月北方。睡《日书》甲 110 正壹

"东方""南方""北方"之前都承前省略了动词谓语"兴土"。

（38）纺月、夏夕、八月作事西方，九月、十月、夒月作事北方，膚（献）马、中夕、屈夕作事东方，皆吉。睡《日书》甲 112 正壹

"作事西方"等意义类似的文句，如《左传》成公十六年"若有事於东方，则可以逞"，有介词"於"；而《礼记·月令》："是月也，毋用火南方。"则未用介词。

（39）鸟兽恒鸣人之室，燔蠹（蟊）及六畜毛邋（鬣）其止所，则止矣。睡《日书》甲 47 背叁

（40）丁卯生子，不正，乃有疕前。睡《日书》甲 143 正陆（丙辰生子，有疕於膡（体）而愿（勇）。睡《日书》甲 142 正伍）

（41）臧（藏）东南反（坂）下。睡《日书》甲 73 背［臧（藏）於草中。睡日书甲 72 背］

（42）丹【刺】伤人垣离里中……放《丹》1

（43）春三月甲乙不可伐大榆东方，父母死。放《日书》乙 129 贰

（44）以亡，盗者中人，取之臧（藏）穴中毕〈粪〉土中。放《日书》甲 30A+32B

（45）臧（藏）野林草茅中。放《日书》甲 33

（46）臧（藏）困屋屡粪土中、塞木下。放《日书》乙 71

（47）禁苑吏、苑人及黔首有事禁中，或取其獙□□□☑①

---

① "獙"字释文，据曹方向：《龙岗秦简文字补释》，《简帛》第 8 辑，上海古籍出版社 2013 年版，第 31 页。

龙岗 6

（48）诸有事<u>禁苑中</u>者，□□传书县、道官□乡☑龙岗 7

（49）从皇帝而行及舍<u>禁苑中</u>而□□□□☑龙岗 15A

（50）诸弋射甬道、<u>禁苑外</u>□□□，去甬道、禁苑☑龙岗 31

（51）戊申宿<u>黄邮</u>。周家台 12①

（52）一室中卧者眯也，不可以居，是笃鬼居之。取桃枱〈梧〉<u>椯四隅中央</u>，以牡棘刀刊其宫廧（墙），譶（呼）之曰："复，疾趣（趋）出。今日不出，以牡刀皮而衣。"则毋（无）央殃（矣）。睡《日书》甲 24 背叁、25 背叁、26 背叁

例(52)的"取桃枱〈梧〉椯四隅中央"，《周礼·夏官·司马》："方相氏掌蒙熊獭皮，黄金四目，玄衣朱裳，执戈扬盾，帅百隶而时难，以索室驱疫。大丧，先柩。及墓，入圹以戈<u>击四隅</u>驱方良。""四隅中央"是动作行为发生的场所呢？还是作为动词"椯"的宾语呢？好像二者皆通。

（53）令吏廥雠律令<u>沅陵</u>。里耶 6-4

可比照睡虎地《秦律十八种》199："岁雠辟律<u>于御史</u>。"整理者语译说"每年都要到御史处去核对资料"。② 此用介词"于"引介处所，而例(53)的"沅陵"则不用介词引介。

（54）弃妇毋忧缚死<u>其田舍</u>，衣襦亡。岳麓叁 142

（55）一人杀三人<u>田壄（野）</u>，去居邑中市客舍，甚悍，非恒人殹。岳麓叁 167

（56）沛有子婗<u>所</u>四人，不取（娶）妻矣。岳麓叁 114

---

①　周家台历谱中共 16 例这种"宿某地"的辞例。

②　睡虎地秦墓竹简整理小组编：《睡虎地秦墓竹简》，文物出版社 1990 年版，第 65 页。

秦简牍中使用和不使用介词引介动作行为发生或存在的场所的比例为60：86，《左传》的比例为1259：26，《史记》的比例为1245：123。

4. 动作行为的目标或终点

不仅包括具体的地点，也包括抽象一些的状况：于（6例，睡虎地2、放马滩2、岳麓叁2），於（13例，睡虎地3、放马滩9、岳麓贰《数》1），都位于动词后。如：

(1) 矢兵不入于身，身不伤。睡《日书》甲118背

(2) 矢马兵不入于身，身不伤。睡《日书》甲121背、122背

(3) 丹【刺】伤人垣离里中，因自【刺】殹，□之于市三日，葬之垣离南门外。放《丹》1-2

(4) □讼克，若龙鸣□□，□虽合聚，登于天一夜十□。直（值）此卦是利以合人。放《日书》乙300

(5) 可（何）故给方曰已（已）受，盗买（卖）于方？岳麓叁81

(6) 以利印封，起室把诣于赠。岳麓叁227

(7) 乃弃其屦於中道。睡《日书》甲58背叁、59背叁

此种用法的处所成分，在秦简中不用介词引介的，40例（睡虎地29，周家台6，岳麓叁5）。如：

(8) 将牧公马牛，马【牛】死者，亟谒死所县……《秦律十八种》16

(9) 夬光日：利以登高、歓（饮）食、遮四方野外。睡《日书》甲12正贰

(10) 禾、刍稾勞（撤）木、荐，辄上石数县廷。《秦律十八种》10

(11) 县上食者籍及它费大（太）仓，与计偕。《秦律十八种》37

(12) 在咸阳者致其衣大内，在它县者致衣从事之县。

《秦律十八种》93

（13）自宵臧（藏）乙复結衣一乙房内中，闭其户，乙独与妻丙晦卧堂上。《封诊式》73

（14）取故丘之土，以为伪人犬，置墙上。 睡《日书》甲29背壹、30背壹

（15）操归，匿屋中，令毋见，见复发。周家台333—334

（16）前置杯水女子前。周家台342

（17）取大白礜，大如母（拇）指，置晋斧（釜）中，涂而燔之，毋下九日，治之，以周家台372

（18）与去疾买铜锡冗募乐一男子所……岳麓叁48

（19）置赤衣死（尸）所，盗取衣器，去买（卖）行道者所。岳麓叁163

在秦简中还有处所成分作为目标终点而位于动词前的例子：

（20）夫盗千钱，妻所匿三百，可（何）以论妻？妻智（知）夫盗而匿之，当以三百论为盗；不智（知），为收。《法律答问》14

（21）夫盗二百钱，妻所匿百一十，可（何）以论妻？妻智（知）夫盗，以百一十为盗；弗智（知），为守臧（赃）。《法律答问》15—16

例（20）前半的问句，整理者语译为："丈夫盗窃一千钱，在其妻处藏匿了三百，妻应该如何论处？"①从前后语意看，"妻所"理解为目标终点似较为合适。这样的例子，在古书里也有，只是比较少见，如：

无非无仪，唯酒食是议论，无父母诒罹。毛传：罹，忧也。郑

_____

① 睡虎地秦墓竹简整理小组编：《睡虎地秦墓竹简》，文物出版社1990年版，第97页。

笺：无遗父母之忧。孔颖达正义：无于父母而遗之以忧也。(《诗经·小雅·斯干》)

蚕事毕，后妃献茧。郑注：后妃献茧者，内命妇献茧于后妃。(《礼记·月令》)①

之所以将"妻所"置于句首，大概是一种强调。②

秦简牍中使用和不使用介词引介动作行为的目标或终点的比例为17∶40，《左传》的比例为412∶89，《史记》的比例为618∶165。

(三)"处所成分"在秦简与传世古书中的异同

表 2.6 是秦简、《左传》《史记》三种材料中处所成分前用和不用介词的统计：

表 2.6

	起点	经由或依傍	活动或存在	目标或终点
秦简	59∶13 81.9%∶18.1%	2∶1 77%∶33%	60∶86 41.7%∶58.3%	17∶40 29.8%∶70.2%
《左传》	180∶4 97.8%∶2.2%	39∶10 79.6%∶20.4%	1259∶26 91.9%∶8.1%	412∶89 82.2%∶17.8%
《史记》	339∶9 97.4%∶2.6%	99∶14 87.6%∶12.4%	1245∶123 91%∶9%	618∶165 78.9%∶21.1%

---

① 参见孙良明：《古代汉语语法变化研究》，语文出版社 1994 年版，第 70 页。

② 高名凯曾指出："古文里为着重起见而把引导者放在(受导者)的前面。"(高名凯：《汉语语法论》，商务印书馆 2011 年版，第 353 页)今按，这里说的"受导者"相当于现在所说的状语。

从表 2.6 统计看，秦简中处所成分前，不用介词引介的比例明显要比史传类的《左传》《史记》高得多。尤其是在处所成分表示目标或终点时，使用介词引介的比例很低。张家山汉简中《奏谳书》也存在类似的现象。据我们初步考察，《奏谳书》里面作状语和补语的处所成分有 60 例左右，使用介词的只有 6 例，皆引在这里：

(1) 律所以禁从诸侯来诱者。《奏谳书》案例 3 简 21

(2) 道戍卒官大夫有署出。《奏谳书》案例 8 简 53

(3) 共贼杀武于校长丙部中。《奏谳书》案例 16 简 80

(4) 道肩下到要(腰)。《奏谳书》案例 17 简 110

(5) 道肩下到要(腰)。《奏谳书》案例 17 简 118

(6) 道市归。《奏谳书》案例 22 简 200

其中"于"字一例，引介动作行为发生的处所，且这一处所成分较为复杂，不是一个光杆处所名词。这个"于"字不是可有可无的，如果不用的话则文意就可能引起歧解。造成这种现象的原因，大概与文献的体例性质有关。裘燮君曾指出，先秦不同文体在语气词的使用上存在差异，其中典制、律令类的文献很少或不用语气词。① 在睡虎地秦简律令类的文献里，就没有用到语气词。另外从语言风格讲，为了语言的简洁及书写的方便，秦简律令类文献在对待介词"可用可不用"的情况时，大概是"能不用就不用"。《里耶秦简[壹]》里面没有发现一例介词"于"，可能也是由其体例性质决定的。

从表 2.7 可以看出，在使用介词引介表"起点""经由"的处所成分时，《左传》以位于动词后为多，而秦简和《史记》则以位于动词前为主。而引介活动或存在场所和目标或终点时都位于动词后。洪波通过对《左传》《史记》的对比研究，已指出在先秦汉语里，介宾结构以位于动词后

---

① 裘燮君：《商周虚词研究》，中华书局 2008 年版，第 165~168 页。

为常，从先秦至汉代，表起点、经由、活动或存在场所的处所成分开始
前移，起点成分的语序变化尤为显著。① 通过我们对秦简的分析，其处
所成分的这种语序变化与传世古书基本是一致的。但就表起点的处所成
分而言，其前移的幅度似乎比《史记》更彻底。这大概与文献的体例性
质有关。秦简中"日书"类文献跟当时的实际用语可能更接近一些，而
《史记》毕竟是书面色彩更浓的语言。

表 2.7 《左传》、秦简、《史记》用介词引介处所成分的语序分布表②

语料 \ 类别	起点		经由		活动或存在处所		目标或终点	
	动词前	动词后	动词前	动词后	动词前	动词后	动词前	动词后
《左传》	79	101	19	29		1259		22
秦简	63	1	2	1		60		19
《史记》	247	102	62	27	20	1225		610

　　根据何乐士的统计，《左传》的介宾短语位于动词前后的比例为
37%：63%，而《史记》（第八册）则正好倒了过来，为 75.3%：
24.7%；③ 据表 2.7 的统计，秦简中表处所的介宾短语位于动词前后比

----

　　① 洪波：《汉语处所成分的语序演变及其机制》，《汉语历史语法研究》，商
务印书馆 2010 年版，第 267 页。
　　② 《左传》《史记》的相关资料用的是洪波的统计，详见洪波：《汉语处所成分
的语序演变及其机制》，《汉语历史语法研究》，商务印书馆 2010 年版，第 266 页。
　　③ 见何乐士：《〈史记〉语法特点研究》，商务印书馆 2007 年版，第 297 页。
为什么选《史记》（第八册）作分析统计，何乐士曾有说明，"1-7 册都有相当一部分
汉以前的内容，其语言难免受前代文献影响；9-10 册除人物列传外还有相当一部
分其他内容，如'南越'、'朝鲜'、'西南夷'、'龟策'、'货殖'等列传，内容不
同，记叙的文体和语言风格也难免有异。而第八册绝大部分内容都是汉代达官名人
的传记，其文体、语言风格都较一致，且记叙人物故事生动活泼，对话也多，较能
反映汉代语言风貌特点，因此选择了它作为统计的样本"（何乐士：《〈史记〉语法特
点研究》，商务印书馆 2007 年版，第 305 页）。

例是 45% : 55%，前后相差不大，正好介于《左传》和《史记》之间。据殷国光的研究，《吕氏春秋》中介词引介处所位于动词前后的比例为 4 : 5，① 与秦简也非常接近。

　　通过表 2.8 可以看出，无论是《左传》《史记》，还是秦简，不用介词引介的处所成分都以位于动词后为常。有一点不同之处，就是表活动或存在场所的处所成分在《左传》和《史记》中都有位于动词前的用例，比例为 8% 和 7%，而秦简则没有用例。

表 2.8　《左传》、秦简、《史记》不用介词引介处所成分的语序分布表②

语料 ＼ 类别	起点		经由		活动或存在场所		目标或终点	
	动词前	动词后	动词前	动词后	动词前	动词后	动词前	动词后
《左传》		4		10	2	24		89
秦简		13		1		86	2	40
《史记》		9		14	8	115		164

　　何乐士通过对《左传》《史记》的比较，指出《史记》的一个重要的语法特征，就是很多动词后的处所成分，不再用"于""於"引介，而直接位于动词之后。③

　　关于处所成分前不用介词引介，现有两种观点，一种认为是省略，如杨树达指出："古书记所在所经所至之地，本当有介字'於'字先者

---

　　① 殷国光：《〈吕氏春秋〉词类研究》，商务印书馆 2008 年版，第 336 页。
　　② 《左传》《史记》的相关数据用的是洪波的意见，其统计范围为：《左传》据僖公元年至三十三年传统计，《史记》据《项羽本纪》《吕后本纪》《孝文本纪》《孝景本纪》《孝武本纪》统计，疑问代词充当处所成分者未计入。见洪波：《汉语处所成分的语序演变及其机制》，《汉语历史语法研究》，商务印书馆 2010 年版，第 266 页。
　　③ 何乐士：《〈史记〉语法特点研究》，商务印书馆 2007 年版，第 29 页。

也。……此类例有介字者，正例也；省介字者变例也。"①吕叔湘指出："方所词在后而不用关系词(今按，相当于现在所说的'介词')，大多数例句可以说是省用'於'字。"②同时又指出："但文言里有一类动词，用'於'和不用'於'一样的普通，我们不能说不用'於'一定是省略。"另一种认为不是省略，而是汉语句式本所无，如潘允中在总结引介处所、时间、人物的"於"时就说："上述用法的'於'，在古代书面语里往往省略不说。也许按照上古的语法，这些介词，本来就是不用的，并无所谓'省略'。"③孙良明则有一系列文章反对"省略说"。④ 为叙述方便以免纷争，本书不使用"介词省略"的说法。有学者指出，古汉语里，言说类动词与趋向类动词后面是以不用介词为常的。杨凤仙就通过对"问""告""谓"等言说类动词的考察，指出"从上古前期到上古后期，言说类动词由'V+于+G'演变为'V+G'是一种大趋势。虽说部分介词(如'于')的使用总趋势是逐渐减少。但是对相关情况还是应该具体分析的，有时即使同类动词，具体个体的发展变化也会有所不同"⑤。通过检索考察，在睡虎地秦简中，共有 24 例"告+G"的例子，没有"告+于(於)+G"的用例。

秦简里，引介处所成分，出现次数最多的介词是"从"(44 例)，其次是"於"(24 例)和"在"(11 例)。而在《吕氏春秋》里面，顺序则是："於"521 例，"从"36 例，"在"4 例。⑥ 秦简里，介词"从"主要出现在

① 杨树达：《马氏文通刊误自序》，《马氏文通刊误》，中华书局 1983 年版，第 1 页。

② 吕叔湘：《中国文法要略》，商务印书馆 1956 年版，第 208 页。

③ 潘允中：《汉语语法史概要》，中州书画社 1982 年版，第 127 页。

④ 孙良明：《关于建立古汉语教学语法体系的意见》，《中国语文》1995 年第 2 期；《汉语句法分析问题》，《语言教学与研究》1983 年第 3 期；《〈马氏文通刊误〉省略说质疑》，《山东师范大学学报》1993 年第 1 期；《关于取消"介词省略"说以及"于"字的用法问题——答谢方平权先生》，《古汉语研究》2002 年第 3 期。

⑤ 杨凤仙：《试论上古介词"於"用法的演变——兼论"V+N2+N1"的归类》，《复印报刊资料·语言文字学》2012 年第 9 期。

⑥ 殷国光：《〈吕氏春秋〉词类研究》，商务印书馆 2008 年版，第 331 页。

"日书"类文献里，而"於"字则是各类文献都有出现。秦简使用"从"和"在"的比例要高。秦简里，还有 2 例"于"和 1 例"於"，其引介的是处所或方位词，但由于竹简断残或文意不明，没有在以上统计之列。

(四)放马滩秦简《日书》中的"禹"

在放马滩秦简里，共有 10 例"禹(在)某处"的句例(详见本节上文)，如下面的例子：

(1)未，羊【殹】，盗者从南方【入】，有(又)从【之】出，禹在牢圈中。其为人小颈、大复(腹)、出目，必得。放《日书》甲 37

(2)申，石殹。盗从西方【入】，禹在山谷。为人美，不牷，名曰"环"，远所殹，不得。放《日书》甲 38

对于"禹"字的解释，一是解释为"藏"义，如施谢捷、宋华强、孙占宇等①；一是解释为拾取之义，如海老根量介②。

宋华强先生在论述"禹"读为"侧"有"藏"义时，举了王家台秦简《归藏》的例子，"☐乘策黄以游嚣风之阳，而支(枚)占夷鸟。夷鸟占之，曰：不吉。不偋于室，而偋于野。☐"其中的"不偋于室，而偋于野"与传世《归藏》佚文"室安处而野安藏"意思相近。今按，二者之中"偋于室"与"室安处"对照，说"偋"有"处"义似也未尝不可。因此看来，海老根量介所说"至今没有发现'禹'字表'藏'意的确切例子，也没有发现任何确凿根据证明'禹'字读为表'藏'意的字"，是有道理的。当

---

① 施谢捷：《简帛文字考释札记》，李学勤、谢桂华主编：《简帛研究》第 3 辑，广西教育出版社 1998 年版，第 175 页；宋华强：《放马滩秦简〈日书〉识小录》，《简帛》第 6 辑，上海古籍出版社 2011 年版，第 72~73 页；孙占宇：《放马滩秦简日书甲种校注》，《出土文献研究》第 10 辑，中华书局 2011 年版，第 123 页。

② 海老根量介：《放马滩秦简〈日书〉中的"禹"字小考》，复旦大学出土文献与图文字研究中心网站，2014 年 1 月 3 日，http://www.gwz.fudan.edu.cn/SrcShow.asp? Src_ID=2204。

然如果将放马滩简中的"再"理解为"处",将"再在牢圈中"一类表述从前后文意的角度解释为"藏在……"的意思似也未尝不可。需要注意的是,孔家坡汉简中的如下一例:

> (3)十月称臧(藏)於子,必请风,忘有大事,受臧(藏)不成。
> **孔家坡汉简 477**①

单纯就这里的"称藏"看,理解为称、藏同义连文,或把"称"看作某类副词似也可以。但考虑到秦简中的"再"明显是作动词用的,那么这里的"称藏"大概是两个动词连用。再联系宋华强先生对"再"字的解释,那么这里的"称藏"当是同义连文。

二、秦简中的"可"和"可以"

《马氏文通》卷四说:"'可''足'两助动字后,所续其他动字,概有受动之意。""……诸'可'字后所有动字,皆受动也。"②后来王力进一步指出,助动词"可"与"可以"有两点区别:③

> ①"可"字后面的动词是被动义的,"可以"后面的动词是主动意义的。
> ②"可"字后面的动词不能带宾语,而"可以"后面的动词经常带宾语。

就传世先秦文献看,这一说法大致来说没什么问题。周法高也有类似

---

① 湖北省文物考古研究所、随州市考古队编:《随州孔家坡汉墓简牍》,文物出版社 2006 年版,第 185 页。
② 马建忠:《马氏文通》,商务印书馆 2008 年版,第 164、165 页。
③ 王力:《汉语语法史》,商务印书馆 1989 年版,第 243~244 页。

的结论：

> 通常用"可"字时，起词往往为"可"字后面动词的止词：换句
> 话说，"可"后动字往往含受动之意。用"可以"时则不然。往往起
> 词即为司词。①

杨伯峻、何乐士则总结为：

> "可"和"不可"后的动词大都不带宾语，受事主语可移位到动
> 词之后而意义基本不变。"可以"和"不可以"后的动词多带宾语，
> 其宾语不是复指主语的"之"。不带宾语者，主语也不能移位到动
> 词之后。②

朱冠明考察得出的结论与王力的观点一致。③ 何乐士对《左传》的考察
也符合王力的看法。④ 殷国光分析认为，《吕氏春秋》中"可"和"可以"
的区别大致符合王力的说法，但也有例外。⑤ 王力又指出，"到了后代，
'能'、'可'、'可以'的分别就逐渐混乱了"⑥。朱冠明指出，这种"混
乱"局面的造成，先是从先秦晚期到魏晋六朝，"可"的句法功能逐渐侵
占了"可以"的领地。在先秦晚期"可"偶尔出现于施事主语句中，而汉

---

① 周法高：《上古语法札记》，《中国语言学论集》，台湾联经出版公司 1975
年版，第 313 页。

② 杨伯峻、何乐士：《古汉语语法及其发展》（修订本），语文出版社 2001 年
版，第 765 页。

③ 朱冠明：《再谈助动词"可以"的形成和发展》，《汉语史研究集刊》第 6 辑，
巴蜀书社 2003 年版，第 51~70 页。

④ 何乐士：《〈左传〉虚词研究》（修订本），商务印书馆 2004 年版，第 162
页。

⑤ 殷国光：《〈吕氏春秋〉词类研究》，商务印书馆 2008 年版，第 361~362
页。

⑥ 王力：《汉语语法史》，商务印书馆 1989 年版，第 245 页。

以后则有逐渐增多之势。① 表 2.9 是其对《论语》《史记》(列传第三十至四十四)、《论衡》(卷一至卷四)、《世说新语》(前十卷)有关的统计:

表 2.9

	《论语》	《史记》	《论衡》	《世说新语》
助动词"可"	131	103	149	128
施事主语	0	24	19	49

而"可以"的句法功能侵占"可"的领地,在《论语》等四书中也有,但比较少见(见表 2.10):

表 2.10

	《论语》	《史记》	《论衡》	《世说新语》
助动词"可以"	25	21	5	7
受事主语	0	1	0	1

古书及出土文献中的"可以"可做双音节助动词,也可指助动词"可"加介词"以"。为了论述的方便,我们将前者称为"可以₁",后者称为"可以₂"。

一般认为,"可以₁"是由"可以₂"发展而来。由于"可以₂"的"以"后极少带宾语,加之"可"与"以"频繁连缀使用,使得"以"介词功能逐渐

① 朱冠明:《再谈助动词"可以"的形成和发展》,《汉语史研究集刊》第 6 辑,巴蜀书社 2003 年版,第 51~70 页。

弱化而与"可"凝固为双音节的助动词"可以₁"。① 另外，根据朱冠明的意见，"可以₁"有一部分可能来源于"可+以(连词)"②，由于这一问题与本书关系不大，所以不做讨论。

《马氏文通》卷四说："助动之后，往往介以'以'字，而直接所助之动字者，明其所以助也。"又说："诸所引句。'可'后'以'字，其司词非其起语，即其前文，故不重书也。"③其观点是将上古汉语的"可以"分析为助动词"可"加介词"以"。王力也持类似的看法，他说："上古汉语的'以为'和'可以'并不等于现代汉语的'以为'和'可以'。现代汉语的'以为'和'可以'都是双音词(单词)；上古的'以为'和'可以'都应该了解为两个词的结合，而'以'字后面还省略了一个宾语。"又说："汉代以后，'以为'和'可以'才逐渐凝固成为复音词。"④但刘利通过对《论语》《国语》《左传》《孟子》《战国策》五部古籍的考察，统计"可以₁"与"可以₂"的出现次数分别为 334 和 107，并认为"与现代汉语相同的复音词'可以'至少在战国初期就已经形成并在先秦文献中得到较为广泛的使用"⑤。

在秦简中，"可"及"可以"的使用情况是什么样呢？我们初步考察发现，在非"日书"类文献中，"可"和"可以"的用法与王力的结论基本一致，而"日书"类文献则有明显差异。另外，《日书》中常见的"可以"

---

① 参郭锡良：《介词"于"的起源和发展》，郭锡良主编：《古汉语语法论集》，语文出版社 1998 年版，第 88~103 页；刘利：《从〈国语〉的用例看先秦汉语的"可以"》，《中国语文》1994 年第 5 期，第 382~388 页；朱冠明：《再谈助动词"可以"的形成和发展》，《汉语史研究集刊》第 6 辑，巴蜀书社 2003 年版，第 51~70 页；[日]大西克也：《再论上古汉语中的"可"和"可以"——古汉语的语态试探之二》，郭锡良、鲁国尧主编：《中国语言学》第 1 辑，山东教育出版社 2008 年版，第 149~164 页。

② 朱冠明：《再谈助动词"可以"的形成和发展》，《汉语史研究集刊》第 6 辑，巴蜀书社 2003 年版，第 51~70 页。

③ 马建忠：《马氏文通》，商务印书馆 2008 年版，第 185、186 页。

④ 王力：《汉语史稿》，中华书局 1980 年版，第 461 页。

⑤ 刘利：《从〈国语〉的用例看先秦汉语的"可以"》，《中国语文》1994 年第 5 期。

应该是双音节的助动词，而非助动词可加介词"以"。下面分别论述之。

（一）非"日书"类文献中的"可""可以"

睡虎地秦简"日书"类以外的文献（包括《语书》《秦律十八种》《效律》《秦律杂抄》《法律答问》《封诊式》《为吏之道》），共计"可"52 例，其主语都是"受事"，完全符合王力的看法。句例如：

（1）恶吏不明法律令……故如此者不<u>可</u>不为罚。《语书》12-13

（2）县、都官以七月粪公器不<u>可</u>缮者。《秦律十八种》86

（3）公甲兵各以其官名刻久之，其不<u>可</u>久刻者，以丹若鐈书之。《秦律十八种》102

（4）令县及都官取柳及木梊（柔）<u>可</u>用书者，方之以书……《秦律十八种》131

（5）禾粟虽败而尚<u>可</u>飤（食）殹，程之。《效律》24

（6）权大一围，袤三尺，西去堪二尺，堪上<u>可</u>道终索。地坚，不<u>可</u>智（知）人迹。《封诊式》67-68

（7）草实<u>可</u>食殹。《法律答问》210

再来看里耶秦简的情况。在《里耶秦简〔壹〕》中，助动词"可"有 10 例，① 有些由于竹简断残文意不清，但就文句较为完整的几例来看，与王力的说法基本相合。

（8）☒未朔己未，巴叚（假）守丞敢告洞庭守主：卒人<u>可</u>令县

---

① 在里耶简中有两例"可不可"的选择问句，分别是："敬讯而负之，可不可？"（8-644 背）"欲令蚩华治狱，可不可？ 报图□☒"（8-1470）这个"可"应该是动词。里耶秦简第 5、6、8 层资料见湖南省文物考古研究所：《里耶秦简〔壹〕》，文物出版社 2012 年版；陈伟主编：《里耶秦简牍校释（第一卷）》，武汉大学出版社 2012 年版。

论……卒人，卒人已论，它如令。敢告主。不疑手。以江州印行事。里耶 8-61+8-293+8-2012

（9）☑□毋物可问者，欲□☑里耶 8-103

（10）卅二年四月丙午朔甲寅，少内守是敢言之：廷下御史书举事可为恒程者、洞庭上帬（裙）直，书到言。今书已到，敢言之。里耶 8-152

（11）☑【寒尽死。今其后多少（小），未可别雌雄。至】五月【有往来者】，□□里耶 8-1495

（12）羽皆已备，今已甲午属司空佐田，可定薄（簿）。敢告主。里耶 8-1515

（13）三月辛亥，旬阳丞滂敢告迁陵丞主：写移，移券，可为报。里耶 8-63

例（12）、（13）的"可"字，参看下文。

岳麓叁中有三例文句比较完整的"可"，也基本符合王力的说法：

（14）达谓敞："巳（已）到前，不得锡。今冢中尚有器，器巳（已）出，买（卖）敞所。"时（旹）告达，请与敞出余器，分敞。达曰："发冢一岁矣，今劈（彻），敞乃来，不可与敞。"达等相将之水旁，有顷，来告敞曰："与敞。敞来后，前者为二面，敞为一面。"岳麓叁 56-57

（15）芮、朵谓更：棺列旁有公空列，可受。岳麓叁 66

（16）（□）佗（施）行出高门，视可盗者。岳麓叁 162

例（14）"不可与敞"，整理者语译为"不能跟他合伙（分赃）"。从简文前后文看，"不可与敞"的主语理解为器物也未尝不可。例（15）"可受"的主语为承前省略的"公空列"。

再来看"可以"的情况，睡虎地秦简《日书》外文献"可以₁"的 1 个句例是：

(17)粪其有物不<u>可以</u>须时，求先买（卖），以书时谒其状内史。
《秦律十八种》87-88

这一例"可以"的主语"有物"，其"施事"特征也不典型。① 在古汉语里"须"也可以是自主动词也可以是非自主动词，从秦简这句话看，"须"的主语为"有物"，因此"须"当是非自主动词。② 但是由于"以"字后面不能补出复指代词"之"，并且"须"带宾语"时"，因此"可以"还是理解为"可以₁"比较合适。

另外还有 3 例，应该是"可以₂"：

(18)隶臣有巧<u>可以</u>为工者，勿以为人仆、养。《秦律十八种》113
(19)木<u>可以</u>伐者为"梃"。《法律答问》91
(20)凡粪其不可买（卖）而<u>可以</u>为薪及盖蘦〈藉〉者，用之……《秦律十八种》88

例(18)"可以为"与"勿以为"相对，并且从句意看"隶臣"当是受事，因此"可以为"当是分析为"可以₂"。例(19)也当如此。其中的"可以"不能改换为"可"，否则意思就全变了。例(20)中的"可以"，徐昌华认为是助动词，"'可以'与助动词'可'有连词'而'加以连接，更说明其已

---

① 参看沈家煊：《不对称和标记论》，江西教育出版社 2008 年版，第 15、208 页。
② 关于"非自主动词"，参陆俭明、沈阳：《汉语和汉语研究十五讲》，北京大学出版社 2003 年版，第 181 页。

是复合助动词,用来修饰其后的并列动宾词组'为薪及盖蘥者'"①。按这里的"可以为"之"可"恰与前面的"不可"相对,因此"可以为"当分析为"可以₂",只是"以"后省略了"之"字而已。这3例中的"可",也符合王力的说法,其主语从句意上说都是受事。睡虎地秦简《日书》外文献中"可"与"可以₁"的使用比例是52:1,与朱冠明统计的先秦古籍的使用情况也是基本一致的。②

里耶秦简有6例"可以",简文较为完整的有4例。为了论述方便,现把相关简文完整地引在下面:

(21)☑朔甲午,尉守偹敢言之:迁陵丞昌曰:屯戍士五(伍)桑唐赵归……日巳,以乃十一月戊寅遣之署。迁陵曰:赵不到,具为报·问审以卅……【署】,不智(知)赵不到故,谒告迁陵以从事。敢言之。/六月甲午,临沮丞秃敢告迁陵丞主:令史<u>可以</u>律令从事。敢告主。/胥手

九月庚戌朔丁卯,迁陵丞昌告尉主:<u>以律令从事</u>。/气手。/九月戊辰旦,手府快行。**里耶8-140**

(22)七月辛巳,上鞋守丞敬敢告迁陵丞主:写移,令史<u>可以律令从</u>【事,移】……**里耶8-1219**

(23)计以具付器计廿八年来报,敢言之。/☑☑☑☑☑☑……写移,令史<u>可以律令从事</u>,敢【告】☑**里耶8-21**

(24)☑署其犯灋【为】非年月日,不<u>可</u>以定课,今写论报**里耶8-746+8-1588**

(25)☑☑杂具廷钱不☑……报……**里耶8-195**

☑不到迁陵,故当……☑☑☑令史<u>可以</u>☑**里耶8-195背**

---

① 熊昌华:《秦简介词"以"浅论》,张显成主编:《简帛语言文字研究》第4辑,巴蜀书社2010年版,第64页。
② 朱冠明:《再谈助动词"可以"的形成和发展》,《汉语史研究集刊》第6辑,巴蜀书社2003年版,第51~70页。

例(25)简文虽然残缺严重,但从"令史可以"四字看,与例(21)~(24)中的"可以"应该用法一致。需要注意的是例(21),其中既有"可以律令从事",又见"以律令从事",仅从二者对比看,"可以律令从事"应该切分为"可/以律令从事",因此"可以"不是双音节的助动词。陈剑在讨论秦简中的"谒令尉以从事"时,将官文书与告地书相对比,指出:"如凤凰山168号汉墓告地书末云'可令吏以从事',与'谒令尉以从事'字字对应,区别只在于因有平级与上下级之不同,故一用'可'字一用'谒'字而已。"①就例(21)看,这件文书可以分几层,"可以律令从事"所在的部分是一件平行文书,而"以律令从事"所在的部分是下行文书。这种"可"的用法,比较明显的,秦简中还有如下一例:②

(26)廿八年八月戊辰朔丁丑,酉阳守丞又敢告迁陵丞主:亭里士五(伍)顺小妾玺余有逮,事己(已),丁丑遣归。**令史可听书从事**,敢告主。/八月甲午迁陵拔谓里耶 **9-984** 正乡啬夫:**以律令从事**。/朝手。即走印行都乡。

八月壬辰水下八刻,隶妾以来。/朝手。樛手。里耶 **9-984** 背

陈剑认为例(26)"令史可听书从事"的"史"读作"吏",根据是下面两个例子:③

(27)十二年八月壬寅朔己未,建乡畴敢告地下主:□阳关内

<hr>

① 陈剑:《读秦汉简札记三篇》,复旦大学出土文献与古文字研究中心编:《出土文献与古文字研究》第2辑,复旦大学出版社2008年版,第373~474页。
② 湖南省文物考古研究所、湘西土家族苗族自治州文物处、龙山县文物管理所:《湖南龙山里耶战国—秦代古城一号井发掘简报》,《文物》2003年第1期,第4~35页。
③ 释文据刘国胜:《西汉丧葬文书札记》,《江汉考古》2011年第3期,第116~119页;刘国胜:《谢家桥一号汉墓〈告地书〉牍的初步考察》,《江汉考古》2009年第3期,第120~122页。

侯寡大女精死，自言以家属、马牛徙。今牒书所与徙者七十三牒移。此家复不事。<u>可令吏受数以从事</u>，它如律令。敢告主。
毛家园 1 号汉墓告地书

（28）五年十一月癸卯朔庚午，西乡辰敢言之：郎中【五】大夫自言：大女子恚死，以衣器、藏具及从者子、妇、偏妻、奴婢、马、牛、物，人一牒，牒百九十七枚，昌家复毋有所与，有诏令。谒告地下丞以从事。敢言之。**谢家桥 1 号汉墓告地书牍 1**

十一月庚午，江陵丞虒移地下丞：<u>可令吏以从事</u>。／臧手。
谢家桥 1 号汉墓告地书牍 2

我们认为，陈剑的说法值得商榷。在例（21）、（22）、（26）中，"令史"应是指代文书的接受者，即迁陵县丞。① 例（25）大概也应如此。收到其他县廷发来的平行文书后，迁陵县丞还会进一步批转给下属执行，如例（21）中的"尉"，例（26）中的"乡啬夫"。例（27）、（28）中的"吏"，与例（21）的"尉"，例（26）的"乡啬夫"相当，而不是与"令史"相当。因此，例（21）～（28）中的"可"用法是一致的。这个"可"字应该是个助动词，表示"应该""应可"一类意思。只是这个"可"字都用在平行文书里面。下面一个例子是贰春乡守发给司空主的平行文书，同样用到"可"：

（29）卅年十月辛卯朔乙未，贰春乡守绰敢告司空主：主令鬼薪耷、小城旦乾人为贰春乡捕鸟及羽。羽皆已备，今已以甲午属司空佐田，<u>可定薄（簿）</u>。敢告主。里耶 8-1515

那么这个"可"字的"主语"是施事还是受事呢？还是以例（21）为例，在这件文书里，"可以律令从事"其主语是被要求或准许"以律令行事"，

———
① 参看陈伟：《秦平行文书中的"令史"与"卒人"》，《古文字研究》第 31 辑，中华书局 2016 年版，第 443～448 页。

因此站在发文者的角度，其主语即收文者可以看作受事。因此，这类"可"字的用法也符合王力的看法。另外，需要说明的是，这类"可"字有些副词的意味。在秦简中与"可"字处在同一语法位置上的，还有"其"字：

(30)【九】月庚辰，迁陵守丞敦狐却之：司空自以二月叚(假)狼船，何故弗蚤辟□，今而誧(甫)日谒问覆狱卒史衷、义。衷、义事已，不智(知)所居，其听书从事。/廌手。即令走□行司空。里耶 8-135

(31)正月戊寅朔丁酉，迁陵丞昌却之启陵：廿七户已有一典，今有(又)除成为典，何律令应？尉已除成、匄为启陵邮人，其以律令从事。/气手。里耶 8-157 背

上两例中的"其听书从事""其以律令从事"都出现在下行文书里，"其"有祈使、命令的语气，可译作"要""一定"。与这个"其"相比，"可"用在平行文书里，似有允许、应当的语气。

(二)《日书》中的"可""可以"

睡虎地《日书》有"可"114 例，"可以"92 例；放马滩秦简《日书》有"可"68 例，"可以"22 例。先来看主语为施事、受事的情况：

(1)犬恒入人室，执丈夫，戏女子，不可得也。睡《日书》甲 47 背壹、48 背壹

(2)大神，其所不可丮(过)也。睡《日书》甲 27 背贰

(3)大袾(魅)恒入人室，不可止，以桃更(梗)毄(击)之，则止矣。睡《日书》甲 27 背叄

(4)灶毋(无)故不可以孰(熟)食。睡《日书》甲 54 背壹

以上四例，"可"字的使用与王力的说法是一致的，主语都是受事。最后一例，"以"语义明显指向"灶"，只能理解为介词。但下面的例子有些例外：

（5）鬼恒责人，<u>不可辞</u>，是暴（暴）鬼，以牡棘之剑之，则不来矣。睡《日书》甲 42 背贰、43 背贰

（6）鬼恒从人游，<u>不可以辞</u>，取女笔以拓之，则不来矣。睡《日书》甲 46 背贰

例（5）"不可辞"，吴小强语译为"鬼经常责备人，不能摆脱它"①；例（6）"不可以辞"，吴小强语译为"鬼经常跟随着人往游，没有办法摆脱掉"②。李家浩则通过与秦简日书《诘咎篇》相关文句的比较，认为："'辞'的意思当与'去'、'止'、'御'类似，疑应当训为'遣'。《左传》襄公二十二年'蓮子冯……辞八人者，而后王安之'，杜预注：'辞，遣也。'《吕氏春秋·士容》'客有见田骈者……田骈听之毕而辞之'，高诱注：'辞，遣也。'"③例（5）、（6）两简文中的"不可辞""不可以辞"的主语应该都是"鬼"，则"可以"已经混同于"可"。下面一例当也是这种情况：

（7）一室中卧者眯也，<u>不可以</u>居，是笃鬼居之。睡《日书》甲 24 背叁

就"不可以居"而言，如果以"一室"为承前省略的主语，"可以"就是"可以₁"；如果以"卧者"为主语，则"可以"就可理解为"可以₂"。从文

---

①　吴小强：《秦简日书集释》，岳麓书社 2000 年版，第 141 页。
②　吴小强：《秦简日书集释》，岳麓书社 2000 年版，第 141 页。
③　李家浩：《读睡虎地秦简〈日书〉"占盗疾"札记三则》，《北京大学古文献研究所集刊》（一），北京燕山出版社 1999 年版，第 335 页。

气的连贯上说，我们倾向于前者。

在秦简里，还有大量"可"和"可以"交错使用的例子：

(8) 欁(彻)，是胃(谓)六甲相逆。利以战伐，不可以见人、取(娶)妇、家(嫁)女，出入货及生(牲)。不可祠祀、哥(歌)乐。以生子，子死。亡者，得，不得必死。系，久不已。不可又(有)为也。睡《日书》甲44正

(9) 柳 …… 可以寇〈冠〉，可请谒，可田邋〈猎〉。睡《日书》甲91正壹

(10) 可始寇〈冠〉，可请谒，可田邋〈猎〉。睡《日书》乙91壹

(11) 不可以垣，必死。睡《日书》甲108正壹

不可垣，必死。睡《日书》甲109正壹

(12) 不可种之及初获出入之。睡《日书》甲21正叁、22正叁

不可以始种及获、赏(尝)。睡《日书》甲151背、152背

(13) 冲日，可以攻军、入城及行，不可祠。睡《日书》乙43壹

(14) 辰不可以哭，穿肂〈肆〉，且有二丧，不可卜算、为屋。睡《日书》乙191贰

(15) 四废日不可以为室屋内，为囷仓及盖。放《日书》乙103

己酉不可以为室。放《日书》乙120

壬辰不可为室。睡《日书》乙122

(16) 建日，良日殹，可为啬夫，可以祝祠，可以畜六生(牲)，不可入黔首。放《日书》甲13

平日，可取(娶)妻，祝祠、赐客，可以入黔首。放《日书》乙16壹

并且"可"后动词也有带宾语的例子，如例(15)的"不可为室"，"可以"后动词又有不带宾语的，如"可以行作"(睡《日书》甲9贰)。皆与以上王力的看法不一致。学者们在讨论秦简中的"可""可以"时都注意过上

述现象。

这些简文的句式比较简单一致，都是"时间，可以/不可以 VP"。其中的"可以"，目前有两种看法，一种认为是"可以₁"，一种认为是"可以₂"。持前一种意见的如段莉芬：

> "可"和"可以"的用例区分不明，有许多相同文意的地方，二者互有使用。……又有照先秦通则用"可以"的地方，《日书》用可。……至于《日书》中"可"或"可以"的意思，因《日书》本是古代日者来候时日宜忌，预测人事休咎以教人如何避凶趋吉的历书，故以"可"（"可以"）、"不可"（"不可以"）表示可行或禁止，与今言"可以"、"不可以"同。①

持后一种意见的，如魏德胜、张玉金、胡波等。② 周守晋认为"可以+VP"和"可+VP"可能各有其源，即"时间，VP"和"时间，以 VP"都可以加入"可"就形成了"时间，可 VP"和"时间，可以 VP"两种形式。如下面一例：

> (17) 以己丑、酉、巳，不可家(嫁)女、取妻，交徙人也，可也。睡《日书》甲 7 背贰

周守晋分析说："'不可家(嫁)女'可以变换为'不可以嫁女'，'交徙人也，可也'可以变换成'以交徙人也，可也'；但是'交徙人也，可

---

① 段莉芬：《秦简释词》，台湾东海大学硕士学位论文，1989 年，第 56 页。
② 魏德胜：《〈睡虎地秦墓竹简〉语法研究》，首都师范大学出版社 2000 年版，第 289 页；张玉金：《出土战国文献虚词研究》，人民出版社 2011 年版，第 182 页；张玉金：《出土战国文献中用"以"作词素的复音词》，《出土文献》第 2 辑，中西书局 2011 年版，第 225 页；胡波：《秦简介词"以"浅论》，张显成主编：《简帛语言文字研究》第 4 辑，巴蜀书社 2010 年版，第 43~73 页。

也'决不能变换为'交徒人也，可以也'。可见，'可'和'可以'并不总是能够自由替换，而'可'是加在'VP'前还是加在'以 VP'前却有一定的自由度。"①其实，用"'交徒人也，可也'决不能变换为'交徒人也，可以也'"来说明秦简中的"可"和"可以"不能自由替换是没有意义的。"可以"能作谓语是明末清初才出现的②，先秦秦汉的古书里面"……，可也"这样的句式是很多的，但不见"……，可以也"的句式。但是作为助动词，"可"和"可以"却是可以互换的。

　　对于《日书》中这类"可以"到底是"可以₁"还是"可以₂"，我们还是费些口舌，从以下两个角度来辨析一下。

　　首先，主语及施事、受事的角度。对于这种"时间，可以/不可以VP"的句式，按照目前结构分析方法，一般把"时间"看作主语。这种主语，在现代汉语里，朱德熙称之为"时间主语"，以"指明事件或状态发生的时间"③。赵元任指出："时间词作主语，常常是提供一个背景。"又说："但汉语句子的主语作用只是引进话题，动作者无须出现，除非防止产生歧义。"④前面已指出，王力在论述"可"和"可以"的区别时，是从语意——"施事"和"受事"、"主动"和"被动"的角度来分析的。因为"时间"作为主语不具备"施事"和"受事"的能力，因此，把秦简中的"时间"词看作主语，再用王力的意见来分析秦简中的"可以"是复合助动词还是助动词"可"加介词"以"就不具备可操作性。如果按照赵元任的看法，不妨认为，秦简中这类"时间，可/可以VP"（否定形式为：时间，不可/不可以VP），"时间"只是个背景，其施事或受事没有出现，那么再来分析其中的"可"和"可以"问题，则可以利用王力对二

　　①　周守晋：《战国简帛中介引时间的"以"》，《古汉语研究》2004年第4期，第45~50页。
　　②　朱冠明：《再谈助动词"可以"的形成和发展》，《汉语史研究集刊》第6辑，巴蜀书社2003年版，第51~70页。
　　③　朱德熙：《语法讲义》，商务印书馆1982年版，第98页。
　　④　赵元任：《汉语口语语法》，商务印书馆1979年版，第245页。

者的区分的意见了。由于《日书》是用来根据日期预测休咎吉凶的，因此秦简中"时间，可/可以 VP"的动作者应该是占卜的"人"，只能理解为施事。作为有生命的人，是最典型的施事。① 因此按照王力的说法，这类句式里的"可以"理解为双音节助动词是最合适的，而"时间，可/不可 VP"中的"可"，可以看作与"可以"用法意义的混同。在秦简的律令类文献里，"可""可以"的混用只占一小部分，而"日书"类文献中的"可""可以"的混用，大概跟所在的"时间，可/可以 VP"句式有关。在这样的句式里，"时间"虽然作为形式上的主语，但其不具备施事和受事的典型性，而"可/可以 VP"的实际施事或受事主语又无法说出，这就使得这样的句式用"可"还是"可以"具有两可性，因此才大量存在二者混用的可能。

类似的问题，在分析《诗经》中的"可以"时也曾出现过。据朱冠明统计，在《诗经》中"可以₂"共出现了 17 次，全是"NP 可以 VP"的句式，NP 是 VP 句子的主语，逻辑上是"以"的宾语，而 VP 的施事都没有出现。②

（18）维南有箕，不可以簸扬；维北有斗，不可以挹酒浆。《诗经·小雅·大东》

这种 NP 表示动作 VP 所凭借工具的共 13 例。

（19）横门之下，可以栖迟。《诗经·陈风·衡门》

这种 NP 表示动作 VP 所凭借的处所的共 4 例。类似的例子，如秦简：

---

① 参看沈家煊：《不对称和标记论》，江西教育出版社 2005 年版，第 208 页。

② 朱冠明：《再谈助动词"可以"的形成和发展》，《汉语史研究集刊》第 6 辑，巴蜀书社 2003 年版，第 51~70 页。

（20）木<u>可以</u>伐者为"梃"。睡虎地《法律答问》91

NP"木"即是 VP"伐"的凭借。

　　其次，"以"的语义指向角度。刘利曾指出，"可以₂"从语义上说，"以"的语义指向是主语；而"可以₁"则没有语义指向。实际上就是可否在"以"后补出复指代词"之"。① 其实《马氏文通》早就指出："诸所引句，'可'后'以'字，其司词非其起词，即其前文，故不重书。'可以'两字，经籍习用有如此者。"②也就是说"可以₂"中，"以"字后面都可以补出一个复指代词"之"，并且补出之后句意才更清楚；而"可以₁"后面无法补出复指代词"之"。秦简中的"时间，可以／不可以 VP"句式里，"以"字后面虽可补出"之"，但却是没必要的；并且在秦简里找不到"时间，可以之／不可以之 VP"的例子。因此把《日书》中的这类"可以"理解为"可以₁"似更合适。从另外一个角度说，正是这类具有两可性的"可以"的大量使用，才促成了"可以₂"的"以"的虚化而凝固成"可以₁"。

　　需要说明的是，段莉芬曾指出，睡虎地秦简中"可以₂"的介词"以"后宾语没有省略的例子只有 4 例，如：

　　（21）丁卯<u>不可以</u>船行，六壬<u>不可以</u>船行，六庚不可以行。睡《日书》甲 97 背贰、98 背贰、99 背贰
　　（22）丁卯<u>不可以</u>船行，六壬<u>不可以</u>船行，六庚不可以行。睡《日书》甲 128 背

其实同样的文句，还有如下一条：

　　（23）丁卯<u>不可以</u>船行，六壬<u>不可以</u>船行，六庚不可以行。

---

① 刘利：《先秦汉语助动词研究》，北京师范大学出版社 2000 年版，第 47 页。
② 马建忠：《马氏文通》，商务印书馆 2008 年版，第 186 页。

睡《日书》乙 44 贰、44 叁、44 肆

以上例(21)~(23)中 6 个画线句子，与我们讨论的"时间，可以/不可以 VP"有很大的不同，"不可以船行"中的"以"字后面引介的是工具凭借"船"，① 与形式上的主语"丁卯"等时间词不存在共指问题，而"时间，可以/不可以 VP"中一般认为"以"后面省略的部分与"时间"是同指的。前已指出，在秦简里面见不到"时间，可以/不可以 VP"句式"以"字后不省略时间词或时间代词的例子。下面是比较特殊的例子：

(24)正月丑，二月戌，三月未，四月辰，五月丑，六月戌，七月未，八月辰，九月辰，十月戌丑，十一月未，十二月辰。凡此日不可以行，不吉。睡《日书》甲 134 壹

(25)役居口若有所远使，千里外顾复归，不可以壬癸到家，以壬癸到家，必死。放《日书》乙 319

例(24)的"此日不可以行"，如果认为"以"后省略了"之"，试着加上会感觉语义重复。例(25)的"不可以壬癸到家"，是因为"壬癸"不可以省略，与"可+介词以(之)"不一样。因此，把"可以"理解为双音节助动词更好。

---

① "船行"是否可以分析为"船"是名词作状语呢？"名词表示工具处所方位时作状语，相当于在这类名词前加上一个表示相应行为的介词或动词。"（俞理明：《名词词类活用的语法—语义分析》，《汉语史研究集刊》第 12 辑，巴蜀书社 2009 年版，第 4 页）在古汉语里有不少名词作工具状语的例子（何乐士：《〈左传〉〈史记〉名词作状语的比较》，《〈史记〉语法特点研究》，商务印书馆 2007 年版；孙良明：《古代汉语语法变化研究》，语文出版社 1994 年版），如：《汉书·霍光传》："群臣后应者，臣请剑斩之。"《淮南子·原道》："陆处宜牛马，舟行宜多水。"所以说将"不可以舟行"分析为"不可以/舟行"也未尝不可。

结　语

在秦简介词中，"以""于/於"出现频率最高且用法最为复杂。秦简"以"用法与传世文献比并无太大差异，只是引介时间的用法比例要高，且都用在动词前。介词"于""於"在不同批次的秦简资料中则有明显的分布差异。其他虚词，在传世秦汉古籍中"至"的出现次数比"到"多得多，相反的是在秦简中"到"的出现次数则明显比"至"多。上古汉语语序的一个重要发展变化，即介宾结构的前移，秦简介宾结构在动词谓语的前后之比介于《左传》和《史记》之间，与《吕氏春秋》非常接近，而在某些方面比《史记》前移得还要彻底。另外，从处所成分的角度看，秦简中不用介词引介的比例明显比传世秦汉古籍高得多，这可能与文献的体例性质有关。秦简中的"可""可以"，在非"日书"类的文献中，其用法与王力对古书的总结基本一致。在"日书"类文献里，"可"的用法虽与王力的看法一致，但"可以"则有较大差距。"日书"类文献的"时间，可以 VP"类句子中的"可以"，应该理解为双音节助动词。

第三章　秦简的连词

连词不受其他词的修饰和支配，也不修饰和支配其他词；连词不独立充当句法结构成分，其功能是连接词、短语、分句和句子，表示它们之间的各种关系。

有些连词又兼有介词用法，如以、与、及等。连词和介词之间的界限，根据杨伯峻、何乐士的意见，① 可概括为以下三点：

(1)连词前面不能有任何附加成分，而介词前面可以有副词。

(2)连词所连接的前后两项若为并列关系，词序一般可以互换而词义不变，介词则不可。

(3)并列连词及其所连接的前后两项共同作句中的一个成分，而介词前面是主语，介词只能是和它的宾语共同作句中的主语或补语。

有时候连词、介词的划分很不易弄清，王力早已指出。② 大西克也就曾指出秦简中的两例"与"，难以辨认是连词还是介词。③

关于连词的分类，目前有很多种，如潘允中将连词分为并列和主从两大类，④ 殷国光同样也分两大类，只是把"并列"称为"联合"，联合

---

① 杨伯峻、何乐士：《古汉语语法及其发展》(修订本)，语文出版社 2001 年版，第 453~454 页。

② 王力：《汉语语法史》，商务印书馆 2010 年版，第 138 页。

③ [日]大西克也：《并列连词"及""与"在出土文献中的分布及上古汉语方言语法》，郭锡良主编：《古汉语语法论集》，语文出版社 1998 年版，第 134 页。

④ 潘允中：《汉语语法史概要》，中州古籍出版社 1982 年版，第 142 页。

连词包括并列、选择、递进、承接 4 小类，主从连词则包括转折、让步、假设、因果、条件等 5 小类①。秦简中的连词，魏德胜把睡虎地秦墓竹简中的连词分为并列、假设、让步、顺承、选择、因果、转折 7 类。② 张玉金则将出土战国文献中的连词分为并列、顺承、选择、递进、让步、条件结果、假设结果、原因结果、目的、结果、方式、时间、修饰等 13 类。③ 由于语料及理论根据的不同，很难说哪一种分类法更好。秦简中的连词，我们不按类来论述。

秦简中的连词，可以分为单音节和双音节两大类：

单音节的有：以、而、及、与、将、若、则、且、句（笱、苟）、当（党、尚）、或、其、耤（籍）、所、今、故、如、因、虽、然、有、乃。

双音节的有：而或、若笱、若或、是以、此以、然而、不然、已故、耤令、因而。

在单音节连词中，"而""以""及"出现的次数最多且用法复杂。有些则用例很少，如"所""因"等。

第一节　连词"以"

"以"是秦简中出现次数最多的虚词，可以作介词也可作连词。关于古汉语中"以"作介词和连词如何区分，何乐士指出介词"以"后面都隐含着一个代词宾语并且其先行词不紧靠在"以"前；而连词"以"只起

① 殷国光：《〈吕氏春秋〉词类研究》，商务印书馆 2008 年版，第 351～360 页。

② 魏德胜：《〈睡虎地秦墓竹简〉语法研究》，首都师范大学出版社 2000 年版，第 213 页。

③ 张玉金：《出土战国文献虚词研究》，人民出版社 2011 年版，第 226～229 页。

连接的作用。在"S 以 VP"的句式里，"以"既可以做介词也可以做连词。主语是施事的"以"为介词，主语是主题的"以"为连词。①

"以"连接的前后两部分(为了论述方便，"以"连接的前后两部分分别用 A、B 指代)可以是词、短语，也可以是句子。

一、连接词或短语

(一)A、B 都是动词和动词结构

此种用法的"以"是连词"以"用例中最多的，约占80%。

1.B 表示前边动作行为 A 的目的

(1)是以圣王作为灋(法)度，以矫端民心，去其邪避(僻)，除其恶俗。《语书》1-2

(2)因恙瞋目扼掮(腕)以视(示)力，吁询疾言以视(示)治，诬訒丑言鹰斫以视(示)险，坑阋强肮(伉)以视(示)强……《语书》11-12

(3)兴徒以为邑中之红(功)者，令結(婼)堵卒岁。《秦律十八种》116

(4)百姓有母及同牲(生)为隶妾，非適(谪)辠(罪)殹而欲为冗边五岁，毋赏(偿)兴日，以免一人为庶人，许之。《秦律十八种》151

(5)禾、刍稾积癗，有赢、不备而匮弗谒，及者(诸)移赢以赏(偿)不备，群它物当负赏(偿)而伪出之以彼赏(偿)，皆与盗同灋(法)。《秦律十八种》174-175

---

① 何乐士:《〈左传〉虚词研究》(修订本)，商务印书馆 2004 年版，第 191 页。

（6）誉適（敌）以恐众心者，磔（戮）。《法律答问》51

（7）伍人相告，且以辟皋（罪），不审，以所辟皋（罪）皋（罪）之。《法律答问》96

（8）民将望表以戾真。《为吏之道》3 伍

（9）审民能，以赁（任）吏，非以官禄央助治。《为吏之道》9 伍

（10）劳以衔（率）之，正以桥（矫）之。《为吏之道》20 壹、21 壹

（11）径詹粟米一石九斗五升六分升五。卅一年正月甲寅朔丁巳，司空守增、佐得出以食春、小城旦渭等卌七人，积卌七日，日四升六分升一。里耶 8-212+8-426+8-1632

（12）钱三百五十。卅五年八月丁巳朔癸亥，少内沈出以购吏养城父士五（伍）得。里耶 8-811+8-1572

（13）粟米三石七斗少半斗。卅二年八月乙巳朔壬戌，贰春乡守福、佐敢、禀人林出以禀隶臣周十月、六月廿六日食。里耶 8-2247

《里耶秦简牍校释（第一卷）》在"出"后加一逗号①，对照例（11）、（12）来看似无必要。"以"字还可省去，如。

（14）☒启陵乡守增、佐盍、禀人小出禀大隶妾徒十二月食。里耶 8-1839

（15）☒□出贷吏以卒戍士五（伍）涪陵戏里去死十一月食。里耶 8-1094

例（11）~（13）"出"后当省略了"粟米""钱"之类的宾语。

_____

① 陈伟主编：《里耶秦简牍校释（第一卷）》，武汉大学出版社 2012 年版，第 451 页。

(16)已有(又)道船中出操枻〈楫〉以走赵,奚詗訾赵。里耶 8-1562

(17)劳以率之,正以挢(矫)之。岳麓壹《为吏》4叁、5叁

2. B 表示动作行为 A 的结果

(1)县、都官坐效、计以负赏(偿)者,已论,啬夫即以其直(值)钱分负其官长及冗吏,而人与参辨券,以效少内,少内以收责之。《秦律十八种》80-81

(2)官啬夫免,效其官而有不备者,令与其稗官分,如其事。吏坐官以负赏(偿),未而死,及有皋(罪)以收,挩出其分。《秦律十八种》83-84

(3)军新论攻城,城陷,尚有栖未到战所,告曰战围以折亡,叚(假)者,耐。《秦律杂抄》35-36

目标、结果有时候是不易分清的。如以下两例:

(4)禾、刍稾积廥,有赢、不备而匿弗谒,及者(诸)移赢以赏(偿)不备,群它物当负赏(偿)而伪出之以彼赏(偿),皆与盗同灋(法)。《秦律十八种》174-175

(5)捕盗律曰:捕人相移以受爵者,耐。《秦律杂抄》38

"捕人相移以受爵者",可以说"捕人相移"的目标即是"受爵","受爵"自然也是"捕人相移"的结果。只是从文意看,"捕人相移"的主动性比较强,把"受爵"看成目标更合适一些。

(6)☐坐奸以论者。里耶 8-1391

3. A、B 之间是前后相承关系

"以"连接的前后两项，无论后项作为结果还是目的，都与前项在时间上有一定的相承性。因此只从语意上判断，后项的目的或结果意味不是很明显的，都归在此类。

（1）其近田恐兽及马牛出食稼者，县啬夫材兴有田其旁者，无贵贱，以田少多出人，以垣缮之，不得为繇（徭）。《秦律十八种》120-121

（2）啬夫之送见它官者，不得除其故官佐、吏以之新官。① 《秦律十八种》159-160

（3）所不当除而敢先见事，及相听以遣之，以律论之。《秦律十八种》159

（4）行传书、受书，必书其起及到日月夙莫（暮），以辄相报殹。《秦律十八种》185

（5）甲盗钱以买丝，寄乙，乙受，弗智（知）盗，乙论可（何）殹？《法律答问》11

（6）今盗盗甲衣，买（卖），以买布衣而得，当以衣及布畀不当？《法律答问》23

整理者认为"以买布衣而得"的"衣"为衍文。② 并语译为"把衣服卖掉，换买了布"，照此理解这个"以"当是连词。

（7）诬人盗直（值）廿，未断，有（又）有它盗，直（值）百，乃后觉，当并臧（赃）以论，且行真皋（罪）、有（又）以诬人论？当赀

---

① "送"，《睡虎地秦墓竹简》注释说："送，疑为徙字之误。徙，调任。"（睡虎地秦墓竹简整理小组编：《睡虎地秦墓竹简》，文物出版社 1990 年版，第 56 页）

② 睡虎地秦墓竹简整理小组编：《睡虎地秦墓竹简》，文物出版社 1990 年版，第 99 页。

二甲一盾。《法律答问》49

（8）将上不仁邑里者而纵之，可（何）论？当鑿（系）作如其所纵，以须其得；有爵，作官府。《法律答问》63

（9）铍、戟、矛有室者，拔以斗，未有伤殴，论比剑。《法律答问》85

（10）把其叚（假）以亡，得及自出，当为盗不当？《法律答问》131

（11）有秩吏捕阑亡者，以畀乙，令诣，约分购，问吏及乙论可（何）殴？《法律答问》139

（12）诘之有（又）尽听书其解辞，有（又）视其他毋（无）解者以复诘之。《封诊式》3

（13）自昼甲见丙阴市庸中，而捕以来自出。《封诊式》18

（14）鬼来阳（扬）灰鼓（击）箕以桌（噪）之，则止。睡《日书》甲 31 背壹

（15）操以禹（过）之，见其神以投之。睡《日书》甲 28 背贰

（16）凡邦中之立丛，其鬼恒夜嘑（呼）焉，是遽鬼执人以自伐〈代〉也。睡《日书》甲 67 背贰、68 背贰

（17）人过于丘虚，女鼠抱子逐人，张伞以乡（向）之，则已矣。睡《日书》甲 45 背参

（18）申之义，以鼓畸，欲令之具下勿议。《为吏之道》11 伍

（19）邑之紤（近）皂及它禁苑者，麛时毋敢将犬以之田。《秦律十八种》5-6

（20）为裼以稟衣：大裼一，用枲十八斤，直（值）六十钱……《秦律十八种》91

（21）大赤【言】曰："鼠【食户】以□，其室空虚，取土地以连之，得财及肉，□□有□殴。"放《日书》乙 122 贰

（22）即午画地，而寂（撮）其土，以靡（摩）其鼻中。周家台 345-346

（23）人所恒炊（吹）者，上臺莫<u>以</u>丸舉，大如扁（蝙）蝠矢（屎）而干之。即发，以□四分升一歆（饮）之。周家台 321-322

（24）令令启陵捕献鸟，得明渠雌一。以鸟及书属尉史夋，令输。夋不肎（肯）受。即发鸟送书，削去其名，<u>以</u>予小史適。里耶 8-1562

（25）复直（置）一束两数<u>以</u>乘兑（税）田……岳麓贰《数》30

（26）不盈斗者，<u>以</u>命之。岳麓贰《数》124

（27）其述（术）曰：直（置）上下数，以少除多，以馀为衰实，直（置）节数除一焉<u>以</u>命之。岳麓贰《数》150-151

需要说明的是，"以"连接的前后两项，当 A 为动宾结构，而它的宾语又恰好是 B 的凭借、工具、方式时，典型的如例（5）、（6）、（17）、（21）、（22），这种结构中的"以"或认为是介词。如：

> 擥木根<u>以</u>结茝兮，贯薜荔之落蕊。（《离骚》）
> 折若木<u>以</u>拂日兮，聊逍遥以相羊。（《离骚》）

这类句子中的"以"，廖序东都归入介词。① 《左传》此类用法的"以"，何乐士认为是连词，② 如：

> 舆嬖袁克杀马毁玉<u>以</u>葬。（《左传》昭公八年）
> 及辅氏之役，颗见老人结草<u>以</u>亢杜回。（《左传》宣公十五年）

杨伯峻注释说："《广雅·释诂》：'亢，遮也。'此谓结草以遮拦其路。

---

① 廖序东：《〈楚辞〉语法研究》，商务印书馆 2009 年版，第 169~171 页。
② 何乐士：《〈左传〉的连词"以"》，《〈左传〉语法研究》（修订本），商务印书馆 2004 年版，第 189~209 页。

杜注谓:'亢, 御也', 不确。"①秦简中这类用法的"以", 我们皆归入连词。

(二)A、B 都是形容词(4 例)

　　(1)一曰夸以迣。②《为吏之道》14 贰
　　(2)二曰贵以大(泰)。《为吏之道》15 贰
　　(3)乙丑生子, 武以攻(工)巧。睡《日书》甲 141 正陆
　　(4)丙寅生子, 武以圣。睡《日书》甲 142 正陆

(三)A 为名词、B 为动词的(17 例)

1. A 作状语, 表示处所、时间和方式

　　(1)戊辰不可祠道□, 道□以死。③ 睡《日书》乙 147
　　(2)癸亥、癸巳、丙子、丙午、丁丑、丁未、乙酉、乙卯、甲寅、甲申、壬戌、壬辰, 日中以行, 有五喜。睡《日书》甲 98 背壹
　　(3)以廷子为平旦而左行, 数东方平旦以杂之, 得其时宿, 即斗所乘也。周家台 243
　　(4)女子二七, 男子七, 以歙(饮)之, 已。周家台 323

---

　　① 杨伯峻:《春秋左传注》(修订本), 中华书局 1990 年版, 第 764 页。
　　② "夸以迣"的解释目前尚有不同看法, 刘云认为, "夸"读为"夸", 有恣纵的意思;"迣"读为"肆", 也是恣纵之义。"夸以肆", 意即穷奢极侈。参刘云:《〈为吏之道〉与〈为吏治官及黔首〉对读札记》, 复旦大学出土文献与古文字研究中心网站, 2011 年 4 月 15 日, http://www.gwz.fudan.edu.cn/Web/Show/1470。
　　③ "踌", 方勇指出可能当释作"蹞", 为"夏"字异体, 读作"庌"(方勇:《读秦简札记三则》, 复旦大学出土文献与古文字研究中心网站, 2009 年 8 月 25 日;《秦简牍文字编》, 福建人民出版社 2012 年版, 第 428 页)。

2. A 作主语

（1）宫曰：卜父及兄以死，子孙燔（蕃）昌。母死，有毁。少者，小有（又）死。放《日书》乙 108A+107 壹

3. A 作主题

（1）凡灋（法）律令者，以教道（导）民……《语书》2-3
（2）夜以桜（接）日。① 《为吏之道》33 肆

4. 其他

（1）户曹令史雑疏书廿八年以尽卅三年见户数牍北（背）、移狱集上，如请史书。里耶 8-487+8-2004

这种"……以尽……"格式表示时间段（详参第二章第三节），其中的"以"可以不用，如：

（2）卅年四月尽九月，仓曹当计禾稼出入券。里耶 8-776

例（1）的"以"当是起一种连接作用，大概有舒缓语气的作用。"以"前的时间词看作状语、主语似都不太合适。

（四）A 为介宾短语（3 例）

（1）一室中卧者容席以旬（陷）。睡《日书》甲 31 背叁

---

① 或认为这种句式中的"以"为介词，"夜"作为"以"的宾语而前置。我们依据何乐士的看法，视为连词。参何乐士：《"政以治民"和"以政治民"两种句式有何不同？》，《古汉语语法研究论文集》，商务印书馆 2000 年版。

"容席以陷",整理者注释说:"连同席子陷下去。"①刘乐贤引郑刚说:"容席以陷,连同席子一起陷下去,容读从,《淮南子·缪称》:'老子学商容。'《汉书·古今人表》同,而《说苑·敬慎》作'常枞',《汉书·艺文志》作'常枞',颜注:'老子师',是容可通从。"②因此"容(从)席"当是介宾结构。

(2)以棘椎桃秉(柄)<u>以</u>意(敲)其心,则不来。睡《日书》甲36背壹

(3)姑先(洗)、夷则、黄钟之卦曰:是=自天<u>以</u>戒,室有大司寿,吾康康发,中宵畏忌。室有灵巫,弗敬戒逢山水□放《日书》乙259+245

(五)A 为副词,作状语(9 例)

(1)过十分以上,先索<u>以</u>稟人,而以律论其不备。《秦律十八种》167

整理者语译说:"先全部发放给领用的人。"③

(2)县啬夫若丞及仓、乡相杂<u>以</u>印之,而遗仓啬夫及离邑仓佐主稟者各一户以气(饩)……《秦律十八种》21-22

---

① 睡虎地秦墓竹简整理小组编:《睡虎地秦墓竹简》,文物出版社 1990 年版,第 218 页。
② 刘乐贤:《睡虎地秦简日书研究》,文津出版社 1994 年版,第 245 页。按,"《汉书·艺文志》作'常枞'"之"枞"当作"从",可参陈国庆:《汉书艺文志注释汇编》,中华书局 1983 年版,第 200 页。
③ 睡虎地秦墓竹简整理小组编:《睡虎地秦墓竹简》,文物出版社 1990 年版,第 58 页。

整理者注释说：“杂，《汉书·隽不疑传》注：‘共也。’”①睡虎地秦简中
“相杂”共 6 见。魏德胜指出从结构看，“杂”为动词，但从语义用法上，
“相杂”相当于一个副词。②

二、连接分句

“以”用在分句的句首，表示原因。

（1）以一曹事不足独治殹，故有公心。《语书》9

（2）不会，治（答）；未盈卒岁得，以将阳有（又）行治（答）。
《法律答问》163

（3）爰书：以某数更言，毋（无）解辞，治（答）讯某。
《封诊式》4-5

（4）君子不病殹，以其病病殹。《为吏之道》44 壹、45 壹

第二节　连词“而”

一、单句中的“而”

在单句中，“而”连接的是两个谓词或谓词性词语时，它们之间可
以是并列、承接、假设、转折、结果、时间、目的等多种语意关系。

一种意见认为是“而”本身可以表达多种语意关系。二是认为“而”

---

① 睡虎地秦墓竹简整理小组编：《睡虎地秦墓竹简》，文物出版社 1990 年
版，第 26 页。

② 魏德胜：《〈睡虎地秦墓竹简〉语法研究》，首都师范大学出版社 2000 年
版，第 177 页。

本身并不表达各种语意关系，所谓"而"字表达的各种语意关系是由上下文的语意关系决定的。如《马氏文通》就说："'而'字之为连字，不惟用以承接，而用为推转者亦习见焉。然此皆上下文义为之。不知'而'字不变之例，惟用以为动静诸字之过递耳。""……不知'而'字之解'若''如'等字者，非其本字，乃上下截之辞气使然耳。"①王力云："其实'而'字只有一种语法功能，那只能是连接。至于是顺接，是逆接，还是把状语连接于谓词，那只是受上下文的影响罢了。"②裘燮君在总结辨析各家说法的基础上指出，"而"并不表示前后两部分的语义关系，这种种语义关系是由"而"字前后两个语言单位之间的语意关系决定的。③

为了讨论的方便，单句的判定，主要依据杨伯峻、何乐士的意见，④ 即主要原则是主语的单一与否。"而"所连接的前后两项属于同一主语的动作、状态，或是对同一主语的说明，并且二者之间没有语音停顿。或者表述为"单谓读"，即谓语作为读只有一个，但该读不一定只有一个谓语结构。

"而"连接的前后两项(A 而 B)，从词性上说，可以是动词或动词性短语，也可以是形容词或名词。从句子结构上说，"而"连接的两项可以共同作句子的复杂谓语，可以是主语和谓语的关系，也可以是状语和谓语的关系。

"而"在睡虎地《日书》之外的文献共有 240 个用例，单句 180 例，复句 44 例，紧缩复句 16 例；而《日书》的 91 个用例中，单句 76 例，复句只有 1 例，紧缩复句有 9 例。岳麓叁 11 例，3 例为复句。

---

① 马建忠：《马氏文通》，商务印书馆 2008 年版，第 282、295 页。
② 王力：《汉语语法史》，商务印书馆 2010 年版，第 143 页。
③ 裘燮君：《商周虚词研究》，中华书局 2008 年版，第 57 页。
④ 杨伯峻、何乐士：《古汉语语法及其发展》(修订本)，语文出版社 2001 年版，第 918~920 页。

（一）"A 而 B"，A、B 为动词或动词短语

睡虎地《日书》外 161 例，睡虎地《日书》47 例；放马滩 20 例；周家台 19 例；里耶有 17 例；岳麓壹有 4 例；岳麓叁 3 例。

"A 而 B"作为句子的复杂谓语，其主语一般在句首或承前省略。"而"的主要作用是把前后两项（A 和 B）连接在一起，王力认为可以分为顺接和逆接两种。前者相当于现在所说的顺承，后者相当于现在所说的转折。① 但有个别例子，顺接还是逆接有不同看法，大概与语境有关。② 所以吕叔湘认为"'而'字联络上下两事，并不注意两事的向背"③。"而"连接的前后两项还可以是并列关系，但比较少见。另外 A、B 还可以是状语和谓语的关系。

1. A、B 之间是并列关系

二者之间时间上无先后之分，事理上又无相因关系。睡虎地秦简中只有 1 例；

（1）轻恶言而易病人，毋（无）公端之心，而有冒柢（抵）之治，是以善斥（诉）事，喜争书。《语书》11

（2）占梦之道，必顺四时而豫亓（其）类。岳麓壹《占梦书》2-3

"顺四时"和"豫亓（其）类"在事理上似无相因关系，故列于此。关于"豫亓（其）类"的解释，可以参看高一致的论述。④

2. A、B 之间是承接关系

A、B 二者前后相承，可以是时间上的，也可以是事理上的；但有

---

① 王力：《汉语语法史》，商务印书馆 2008 年版，第 140 页。
② 详参吕叔湘：《文言虚字》，上海教育出版社 1959 年版，第 61 页。
③ 吕叔湘：《文言虚字》，上海教育出版社 1959 年版，第 58 页。
④ 高一致：《〈岳麓书院藏秦简（壹）〉集释》，武汉大学硕士学位论文，2011 年，第 64 页。

些时候二者是合而为一或难以区分的。睡虎地《日书》外 36 例、睡虎地《日书》31 例，放马滩 16 例，周家台 19 例，岳麓叁 2 例。

（1）其它禁苑杀者，食其肉而入皮。《秦律十八种》7

（2）故腾为是而修灋（法）律令、田令及为间私方而下之……《语书》4

（3）将牧公马牛，马【牛】死者，亟谒死所县，县亟诊而入之，其入之其弗亟而令败者，令以其未败直（值）赏（偿）之。《秦律十八种》16

（4）……县诊而杂卖（卖）其肉，即入其筋、革、角，及索（索）入其贾钱。钱少律者，令其人备之而告官，官告马牛县出之。《秦律十八种》18–19

（5）其已分而死，及恒作官府以负责（债），牧将公畜生而杀、亡之，未赏（偿）及居之未备而死，皆出之，毋责妻、同居。《秦律十八种》84–85

（6）盈期不成学者，籍书而上内史。《秦律十八种》112

（7）及大车辕不胜任，折轫〈轴〉上，皆为用而出之。《秦律十八种》125

（8）以日当刑而不能自衣食者，亦衣食而令居之。《秦律十八种》138–139

（9）实官佐、史被免、徙，官啬夫必与去者效代者。节（即）官啬夫免而效，不备，代者【与】居吏坐之。《秦律十八种》162

（10）官啬夫、冗吏皆共赏（偿）不备之货而入赢。《效律》2

（11）鬉园三岁比殿，赀啬夫二甲而灋（废），令、丞各一甲。《秦律杂抄》21［可参：不当稟军中而稟者，皆赀二甲，灋（废）。《秦律杂抄》11］

（12）甲乙雅不相智（知），甲往盗丙，麑（纕）到，乙亦往盗丙，与甲言，即各盗，其臧（赃）直（值）各四百，已去而偕得。

《法律答问》12

（13）夫盗千钱，妻所匿三百，可（何）以论妻？妻智（知）夫盗<u>而</u>匿之，当以三百论为盗；不智（知），为收。《法律答问》14

（14）将司人<u>而</u>亡，能自捕及亲所智（知）为捕，除毋（无）辠（罪）；已刑者处隐官。《法律答问》125

（15）以其乘车载女子，可（何）论？赀二甲。以乘马驾私车<u>而</u>乘之，毋论。《法律答问》175

（16）凡讯狱，必先尽听其言<u>而</u>书之，各展其辞，虽智（知）其詑，勿庸辄诘。《封诊式》2

（17）丁与此首人强攻群盗人，自昼甲将乙等徼循到某山，见丁与此首人<u>而</u>捕之。《封诊式》25–26

（18）某赏（尝）怀子<u>而</u>变，其前及血出如甲□。《封诊式》90

（19）阴，是胃（谓）乍阴乍阳，先辱<u>而</u>后又（有）庆。睡《日书》甲42正

（20）……以桃为弓，牡棘为矢，羽之鸡羽，见<u>而</u>射之，则已矣。睡《日书》甲27背壹、28背壹

（21）以桑心为杖，鬼来<u>而</u>毄（击）之，畏死矣。睡《日书》甲32背壹、33背壹

（22）票（飘）风入人宫<u>而</u>有取焉，乃投以屦，得其所，取益之中道。睡《日书》甲57背叁、58背叁

（23）以坐<u>而</u>歙（饮）酉（酒）。睡《日书》甲118背

（24）□胃（谓）登於上<u>而</u>望於下，吾心且忧，吾肠且□，□□□□若□□□，室毋（无）大正，必有□者。放《日书》乙290

（25）节（即）有生者而欲智（知）其男女，投日、辰、星<u>而</u>参（三）合之，奇者男殹，禺（偶）者女殹。因而参（三）之，即以所中钟数为卜□放《日书》乙293

（26）取十餘叔（菽）置鬻（粥）中<u>而</u>歙（饮）之，已肠辟。周家台309

（27）燔以为炭火，而取牛肉剥之……周家台 316-317

（28）从皇帝而行及舍禁苑中而□□□□□☑龙岗 15A

（29）华购而出之。里耶 8-650+8-1462

（30）吏令徒守器而亡之，徒当独负。里耶 8-644

（31）敬讯而负之，可不可？里耶 8-644 背

（32）谦（廉）求而得之。岳麓叁 148

A 可以表示时间或状态。其中大多数为时间状语，A 可以是名词、介宾短语和动宾短语。睡虎地21例，放马滩5例，岳麓壹1例。

（33）夏月，毋敢夜草为灰，取生荔麛鷇（卵）鷇，毋□□□□□毒鱼鳖，置穽罔（网），到七月而纵之。《秦律十八种》4-5

（34）妾未使而衣食公，百姓有欲叚（假）者，叚（假）之，令就衣食焉，吏辄被事之。《秦律十八种》48（整理者语译说："未到役使年龄而由官府给予衣食的妾"。①）

（35）隶臣田者，以二月月禀二石半石，到九月尽而止其半石。《秦律十八种》51

（36）其责（债）毋敢隃（逾）岁，隃（逾）岁而弗入及不如令者，皆以律论之。《秦律十八种》81

（37）官作居赀赎责（债）而远其计所官者，尽八月各以其作日及衣数告其计所官，毋过九月而齌（毕）到其官；官相絉（近）者，尽九月而告其计所官，计之其作年。《秦律十八种》139-140

（38）终岁而为出凡曰："某会出禾若干石，其馀禾若干石。"《秦律十八种》171-172

① 睡虎地秦墓竹简整理小组编：《睡虎地秦墓竹简》，文物出版社1990年版，第32页。

（39）卒岁而或陕（决）坏，过三堵以上，县葆者补缮之；三堵以下，及虽未盈卒岁而或盗陕（决）道出入，令苑辄自补缮之。《秦律十八种》118-119

（40）会赦未论，有（又）亡，赦期已尽六月而得，当耐。《法律答问》153

（41）县所葆禁苑之傅山、远山，其土恶不能雨，夏有坏者，勿稍补缮，至秋毋（无）雨时而以繇（徭）为之。《秦律十八种》119-120

（42）终岁而为出凡曰："某廥出禾若干石，其馀禾若干石。"《效律》30-31

（43）……【至於】五而止。【六以】三倍之，至於六而止。七以五【倍】之，至於七而【止】。八以八【倍】之，至於八而止。九以三倍【之】，至於九　放《日书》乙170+325叁、361叁

（44）晦而梦三年至，夜半梦者二年而至。岳麓壹《占梦书》5

例（33）的"到七月"、例（37）的"尽九月"、例（38）的"终岁"、例（41）的"至秋毋（无）雨时"等，或以为是介宾结构。对于"到""尽""终""至"等是否为介词，目前尚有不同看法。除"终"外，其他我们暂以介词视之。

（45）不盈十斗以下及稟鬠县中而负者，负之如故。《效律》47-48

（46）害盗别徼而盗，驾（加）辠（罪）之。《法律答问》1（整理者语译为："害盗背着游徼去盗窃"。①）

上两例的 A 可以认为是一种状态或方式。

---

① 睡虎地秦墓竹简整理小组编：《睡虎地秦墓竹简》，文物出版社1990年版，第94页。

(47)醉饱而梦雨、变气，不占。岳麓壹《占梦书》1

"醉饱"可以看作状语，表示一种状态。当然把"醉饱""梦雨、变气"看作时间上先后相承也未尝不可。①

(48)夌告：为得之妻而弃。岳麓叁 173

B 为 A 的结果或目的。睡虎地《日书》外 24 例、睡虎地《日书》5 例，岳麓叁 1 例。

(49)春二月，毋敢伐材木山林及雍(壅)堤水不〈泉〉。……唯不幸死而伐绾(棺)享(椁)者，是不用时。《秦律十八种》4–5

"不幸死"和"伐绾(棺)享(椁)"，虽然时间上也具有先后相承关系，但从简义看更重要的应该是二者的因果关系。

(50)叚(假)铁器，销敝不胜而毁者，为用书，受勿责。《秦律十八种》15

(51)将牧公马牛，马【牛】死者，亟谒死所县，县亟诊而入之，其入之其弗亟而令败者，令以其未败直(值)赏(偿)之。《秦律十八种》16

(52)官啬夫免，效其官而有不备者，令与其稗官分，如其事。《秦律十八种》83

---

① 此据凡国栋的解释，见《岳麓秦简〈占梦书〉校读拾补》，张德芳主编：《甘肃省第二届简牍学国际学术研讨会论文集》，上海古籍出版社 2012 年版，第 581 页。此简文还可有其他解释，可参看鲁家亮：《岳麓秦简〈占梦书〉零拾之二》，张德芳主编：《甘肃省第二届简牍学国际学术研讨会论文集》，上海古籍出版社 2012 年版，第 603~604 页。

（53）县、都官用贞（桢）、栽为俑（棚）楡，及载县（悬）钟虡（虡）用轀（膈），皆不胜任而折……《秦律十八种》125

（54）欲归爵二级以免亲父母为隶臣妾者一人，及隶臣斩首为公士，谒归公士而免故妻隶妾一人者，许之，免以为庶人。《秦律十八种》155-156

（55）有不从令而亡、有败、失火，官吏有重辠（罪），大啬夫、丞任之。《秦律十八种》196

（56）县料而不备者，钦书其县料殿之数。《效律》11

（57）计用律不审而赢、不备，以效赢、不备之律赀之，而勿令赏（偿）。《效律》50

（58）擅杀子，黥为城旦舂。其子新生而有怪物其身及不全而杀之，勿辠（罪）。《法律答问》69

（59）一室二人以上居赀赎责（债）而莫见其室者，出其一人，令相为兼居之。《秦律十八种》136-137

（60）可（何）谓"亡券而害"？亡校券右为害。《法律答问》179

（61）【度】禾、刍稾而不备十分一以下，令复其故数。《秦律十八种》167

（62）夏大暑，室毋（无）故而寒，幼蠠处之。睡《日书》甲50背壹

（63）人之六畜毋（无）故而皆死，钦鬼之气入焉。睡《日书》甲56背壹

（64）诚畏覎而与偕环（还）走可十二步。岳麓叁241

（65）昼言而莫（暮）梦之，有☐岳麓壹《占梦书》1

例（65）由于简文断残，暂附于此。

3. A、B 之间是转折关系

睡虎地《日书》外63例、睡虎地《日书》11例，放马滩《日书》3例，岳麓叁1例。

A 和 B 在意义上有转折关系，只是有轻重的差别，有的则是正好相对的。有的形式上 A、B 前或有否定词使二者意义相对。

"无 A 而有 B"。

　　(1)轻恶言而易病人，毋(无)公端之心，而有冒柢(抵)之治，是以善斥(诉)事，喜争书。《语书》11

"毋(无)公端之心""有冒柢(抵)之治"，在逻辑上看不出明显有相因关系，因此也可以看作并列关系。由于"毋(无)""有"词义正相对，因此姑且把"而"连接的两项看作转折关系。

"A 而不/弗/毋 B"。

　　(2)百姓犬入禁苑中而不追兽及捕兽者，勿敢杀；其追兽及捕兽者，杀之。《秦律十八种》6-7

　　(3)郡县除佐，事它郡县而不视其事者，可(何)论?《法律答问》144

　　(4)以日当刑而不能自衣食者，亦衣食而令居之。《秦律十八种》138-139

　　(5)大啬夫、丞智(知)而弗辠(罪)，以平辠(罪)人律论之，有(又)与主膚者共赏(偿)不备。《秦律十八种》175

　　(6)稟大田而毋(无)恒籍者，以其致到口稟之，勿深致。《秦律十八种》11

　　(7)戊申、己酉，牵牛以取织女而不果，不出三岁，弃若亡。睡《日书》甲3背壹

　　(8)鬼恒为人恶瞢(梦)，瞢(觉)而弗占，是图夫……睡《日书》甲44背贰

　　(9)丁未帝(帝)筑丹宫而不成。放《日书》乙117壹

　　(10)妇是荧荧，施(弛)登於城，朝作而夕不成。放《日书》

乙 252、351

（11）梦□入井冀（阱）中及没渊，居室而毋户，封死，大吉。
岳麓壹《占梦书》38 壹

"未/不/弗/非/毋 A 而 B"，以"未""不"使用最多。

（12）葆子以上，未狱而死若已葬，而誧（甫）告之，亦不当听
治，勿收，皆如家皋（罪）。《法律答问》107

（13）客未布吏而与贾，赀一甲。《法律答问》184

（14）今内（纳）人，人未蚀奸而得，可（何）论？《法律答问》65

（15）欲贼杀主，未杀而得，为牧。《法律答问》76

（16）吏坐官以负赏（偿），未而死，及有罪以收，执出其
分。《秦律十八种》83-84

（17）凡粪其不可买（卖）而可以为薪及盖蘥〈蘥〉者，用之；毋
（无）用，乃燔之。《秦律十八种》88

（18）不当禀军中而禀者，皆赀二甲，灋（废）。《秦律杂抄》11

（19）臣邦人不安其主长而欲去夏者，勿许。《法律答问》176

（20）今生子，子身全殹，毋（无）怪物，直以多子故，不欲其
生，即弗举而杀之，可（何）论？《法律答问》69-70

（21）或自杀，其室人弗言吏，即葬狸（薶）之，问死者有妻、
子当收，弗言而葬，当赀一甲。《法律答问》77

（22）百姓有母及同牲（生）为隶妾，非適（谪）皋（罪）殹而欲为
冗边五岁，毋赏（偿）兴日，以免一人为庶人，许之。《秦律十八
种》151

（23）治狱能以书从迹其言，毋治（笞）谅（掠）而得人请（情）为
上。《封诊式》1

（24）人生子未能行而死，恒然，是不辜鬼处之。睡《日书》
甲 52 背贰

（25）窦出入及毋（无）符传而阑入门者，斩其男子左止（趾），□女【子】☑龙岗 2

（26）有不当入而阑入，及以它詐（诈）伪入而□□□☑龙岗 12

（27）不可又（有）为也，而可以葬狸（埋）。睡《日书》甲 46 正

（28）☑田大事殹，不务田而为它事，亟论当田不□☑里耶 8-1699、8-1622

（29）所不能自给而求输。里耶 8-454

（30）弗瘾（应）而云当坐之状何如？里耶 8-1564

（31）仓毋米而有糙。岳麓贰《数》153

（32）未蚀而得。岳麓叁 164

4. 其他

（1）入禾未盈万石而欲增积焉，其前入者是增积，可殹……《秦律十八种》24

（2）出之未索（索）而已备者，言县廷，廷令长吏杂封其廥，与出之，辄上数廷……《秦律十八种》29-30

（3）月食者已致禀而公使有传食，及告归尽月不来者，止其后朔食，而以其来日致其食……《秦律十八种》46

（4）虽有母而与其母冗居公者，亦禀之，禾月半石。《秦律十八种》50-51

（5）官作居赀赎责（债）而远其计所官者，尽八月各以其作日及衣数告其计所官，毋过九月而膚（毕）到其官……《秦律十八种》139-140

（6）禾粟虽败而尚可食殹，程之，以其秏（耗）石数论负之。《秦律十八种》165-166

（7）甲有辠（罪），吏智（知）而端重若轻之，论可（何）殹？《法律答问》36

（8）将上不仁邑里者而纵之，可（何）论？《法律答问》63

（9）葆子狱未断而诬告人，其辠（罪）当刑为隶臣，勿刑，行其耐，有（又）毄（系）城旦六岁。《法律答问》109

（10）当耐司寇而以耐隶臣诬人，可（何）论？《法律答问》117

（11）智（知）人通钱而为臧（藏），其主已取钱，人后告臧（藏）者，臧（藏）者论不论？《法律答问》182

（12）百姓有赀赎责（债）而有一臣若一妾，有一马若一牛，而欲居者，许。《秦律十八种》140

（13）五曰贱土而贵货贝。《为吏之道》18 贰

（14）享（烹）牛食士，赐之叁饭而勿鼠（予）肴。《为吏之道》26 伍、27 伍

（二）A 为形容词，B 为动词性短语（睡虎地《日书》外 3 例、睡虎地《日书》2 例）

（1）有（又）廉絜（洁）敦悫而好佐上，以一曹事不足独治殹，故有公心。《语书》9

（2）廉而毋刖。《为吏之道》9 壹

（3）廉而毋佖。岳麓壹《为吏》51 贰

（4）壬辰生子，武而好衣剑。睡《日书》甲 148 正贰

（5）甲辰生子，穀（谷）且武而利弟。睡《日书》甲 140 正肆

以上例子，"而"连接的前后两项可以看成并列关系。

（6）敝而粪者，靡蚩其久。《秦律十八种》104

"敝"当是"粪"的原因或条件。

(三) A 为名词性词语，B 动词性词语

1. A、B 之间是主谓关系

杨伯峻认为可以加重语气。① 睡虎地 14 例。

　　(1) 其乘服公马牛亡马者<u>而</u>死县，县诊而杂买(卖)其肉……《秦律十八种》18
　　(2) 城旦之垣及它事<u>而</u>劳与垣等者，旦半夕参。《秦律十八种》55

"劳与垣等"是对"它事"的陈述说明。简文中，"垣"和"它事"由并列连词"及"连接，"它事"和"垣"一样也应该是动词。还可以对比下面的简文：

　　(3) 免隶臣妾、隶臣妾垣及<u>为它事</u>与垣等者，食男子旦半夕参，女子参。《秦律十八种》59

可知例(2)的"它事"在简文中也是作动词用的，指的是"为它事"。

　　(4) 丙<u>而</u>不把毒，毋(无)它坐。《封诊式》94

例(4)的"而"仅仅是一种连接，魏德胜认为是助词。②

　　(5) 三年，丹<u>而</u>复生。放《丹》2

---

①　杨伯峻：《古汉语虚词》，上海教育出版社 1959 年版，第 28 页。
②　魏德胜：《〈睡虎地秦墓竹简〉语法研究》，首都师范大学出版社 2000 年版，第 234 页。

例(5)的"而"，宋华强认为相当于"乃"。①

(6)毋(无)气之徒而㠉(动)，终日，大事也；不终日，小事
也。睡《日书》甲 61 背壹

例(6)，整理者注释说："无气之徒，不属于动物之类。"②照此理解，
"而"连接的两项当是主谓关系。

(7)丙亡，为间者不寡夫乃寡妇，其室在西方，疵而在耳，乃
折齿。睡《日书》乙 255

与"疵在耳"(睡《日书》69 背壹)、"疵在肩"(睡《日书》甲 79 背)、"其
疵在足"(放《日书》甲 25 壹)相对照，可知"疵而在耳"的"而"也是用在
主谓之间。

裘燮君认为一般说的"而"连接的主语和谓语，应该是连谓短语或
分句中的谓词(或谓词性短语)。③ 张玉金则认为无论是战国简牍还是
传世文献，都见不到主谓之间的"而"，学者们举出的连接主语和谓语
的"而"都是出于误解。④ 但是就例(1)、(2)、(4)、(6)来看，"而"连
接的前后部分看成主谓关系则是很合适的，因此怕是不能轻易否定
"而"的这种用法。主谓之间的"而"字，吕叔湘认为仍是转折的用法。⑤

---

① 宋华强：《放马滩秦简〈邸丞谒御史书〉释读札记》，《出土文献研究》第 10
辑，中华书局 2011 年版，第 139 页。
② 睡虎地秦墓竹简整理小组编：《睡虎地秦墓竹简》，文物出版社 1990 年
版，第 217 页。
③ 裘燮君：《商周虚词研究》，中华书局 2008 年版，第 42 页。
④ 张玉金：《出土战国文献虚词研究》，人民出版社 2011 年版，第 306 页。
⑤ 吕叔湘：《中国文法要略》，商务印书馆 1956 年版，第 420 页。

方有国认为"主而谓"独立成句时，连词"而"有重顿之感，① 并且举了
两个例子：

> 王室而既卑矣，周之子孙日失其序。(《左传》隐公十一年)
> 子而说子之执政而后人者也？(《庄子·德充符》)

就例(1)、(2)、(4)、(5)、(6)似乎有一种"重顿"且强调的意味。

2. A 作为 B 的状语

杨伯峻认为可以缓和句读。② 睡虎地《日书》外 7 例、睡虎地《日
书》2 例，放马滩 7 例，如：

> (1)新工初工事，一岁半红(功)，其后岁赋红(功)与故等。
> 工师善教之，故工一岁而成，新工二岁而成。能先期成学者谒上，
> 上且有以赏之。《秦律十八种》111-112
> (2)抉之弗能启即去，一日而得，论皆可(何)殹？《法律
> 答问》30
> (3)豤生者，食其毌〈母〉日粟一斗，旬五日而止之，别縶以叚
> (假)之。《秦律十八种》74-75
> (4)司空白以二月叚(假)狼船，何故弗蚤辟□，今而誧(甫)
> 日谒问覆狱卒史衰、义。里耶 8-135

以上 4 例，"而"的前项都是时间词作状语。

> (5)今课县、都官公服牛各一课，卒岁，十牛以上而三分一

---

① 方有国：《古汉语主谓间"而"字研究》，《上古汉语语法研究》，巴蜀书社
2007 年版，第 182 页。
② 杨伯峻：《古汉语虚词》，上海教育出版社 1959 年版，第 28 页。

死……《秦律十八种》19

（6）入禾仓，万石一积<u>而</u>比黎之。①《秦律十八种》21

（7）入禾，万【石一积<u>而</u>】比黎之。《秦律十八种》168

（8）入禾，万石一积<u>而</u>比黎之。《效律》27

以上 4 例，"而"的前项表示一种条件状态。

（9）隶臣、下吏、城旦与工从事者冬作，为矢程，赋之三日<u>而</u>当夏二日。《秦律十八种》108（整理者语译为"三天收取相当夏季两天的产品"。②）

（10）生子，旬<u>而</u>死。睡《日书》甲 89 正壹

（11）旦<u>而</u>最（撮）之，苞以白茅，果（裹）以贲（黄）<u>而</u>远去之，则止矣。睡《日书》甲 55 背叁、56 背叁

（12）【获】门，□□临邦，八岁<u>而</u>更。弗更，井居左，困居右。放《日书》乙 20 叁下、24 叁下

（13）戍亡，盗在南方，食者五口一于（宇）间，男子殹。亡蚤（早）不得，亡莫（暮）<u>而</u>得。放《日书》乙 59 壹

3. A 活用为动词

（1）口者，关；舌者，符玺也。玺<u>而</u>不发，身亦毋薛（辥）。《为吏之道》32 伍、33 伍、34 伍

---

① 整理者将"万石一积而比黎之"与下文"为户"连读，此据陈伟师说（陈伟：《云梦睡虎地秦简〈秦律十八种〉校读（五则）》，《简帛》第 8 辑，上海古籍出版社 2013 年版，第 346~347 页）。

② 睡虎地秦墓竹简整理小组编：《睡虎地秦墓竹简》，文物出版社 1990 年版，第 45 页。

4. A、B 可以看作并列关系,是对主语的描写说明

(1)盗者长颈,小胻,其身不全,长耳而操蔡,疵在肩。①
睡《日书》甲 75 背
(2)盗者大鼻而票(剽)行,长脊,其面不全。睡《日书》
甲 80 背

(四)A 可以是介宾结构

由于古汉语中有些动词和介词不易区分,因此对"介宾"的判定也就有所不同。睡虎地《日书》外 2 例、睡虎地《日书》3 例,周家台 2 例。

(1)故腾为是而修灋(法)律令、田令及为间私方而下之……
《语书》4
(2)今盗盗甲衣,买(卖),以买布衣而得,当以衣及布畀不
当?《法律答问》23
(3)以望之日日始出而食之,已乃庸(餔),则止矣。
睡《日书》甲 68 背壹
(4)以戌日日中而食黍於道,遽则止矣。睡《日书》甲 56 背贰
(5)治瘘(瘘)病 以羊矢(屎)三斗,乌头二七,牛脂大如手,
而三温鬻(煮)之,洗其□,已瘘(瘘)病亟甚。周家台 324—325
(6)即以所操瓦而盖□。周家台 330

(五)A 为动词短语,B 为形容词

睡虎地《日书》外 1 例、睡虎地《日书》3 例,放马滩《日书》1 例,周

---

① 方勇认为"蔡"为"然"字之误,"操蔡〈然〉"应是"躁躁然"之省写(方勇:
《读睡虎地秦简札记十则》,张德芳主编:《甘肃省第二届简牍学国际学术研讨会论文集》,上海古籍出版社 2012 年版,第 588 页)。

家台 1 例。

(1)令隶妾数字者某某诊甲,皆言甲前旁有干血,今尚血出<u>而</u>少,非朔事殹。《封诊式》89-90

(2)有行<u>而</u>急,不得须良日。周家台 363

以上两例"而"的后项是对前项的补充说明。

(3)连面,不倍<u>而</u>长。放《日书》乙 234 壹

"而"连接的前后两项在意义上有很强的转折关系,"长"理解为动词也未尝不可。

(4)丙辰生子,有疵於膣(体)<u>而</u>悳(勇)。 睡《日书》甲 142 正伍

(5)庚寅生子,女为贾,男好衣佩<u>而</u>贵。睡《日书》甲 146 正贰

上两例"而"的前后两项看不出在时间或事理上有什么关系,应该是并列的关系。

(6)一室井血(洫)<u>而</u>星(腥)臭……睡《日书》甲 53 背叁

"井血",刘乐贤:"郑刚读井为形,认为'一室井血即一室见血'。此简旨在描述井中出现血的异常现象,故下文云'更为井'。句中'井'为主语,'血而星(腥)臭为谓语',井不必读为形。"①陈伟师认为"井血"当读作"井洫","洫"可训为"溢"。②

---

① 刘乐贤:《睡虎地秦简日书研究》,文津出版社 1994 年版,第 247 页。
② 陈伟:《岳麓秦简〈占梦书〉臆说(续)》,简帛网,2014 年 3 月 29 日,http://www.bsm.org.cn/show_article.php? id=2004。

(六)A、B 为形容词(睡虎地《日书》6 例，放马滩 1 例)

(1)乙亥生子，穀(谷)而富。睡《日书》甲 141 正壹

(2)辛巳生子，吉而富。睡《日书》甲 147 正壹

(3)壬午生子，穀(谷)而武。睡《日书》甲 148 正壹

(4)庚戌生子，武而贫。睡《日书》甲 146 正肆

(5)丁巳生子，穀(谷)而美，有欧。睡《日书》甲 143 正伍

(6)盗者长而黑。睡《日书》甲 74 背

以上例子，"而"连接的两项没有时间或事理上的关系，共同作句子的谓语，是对主语的描写说明。

(7)不死，厚而□，主台(始)有□殹，后【智】(知)其请(情)。有【命且】□，【殳】自鸡鸣。直(值)此卦者有君子之贞。放《日书》乙 356

例(7)"厚而□"中的缺释字，整理者原释为"宽"，其前后文意不是很清楚。

(七)A 为形容词，B 为名词

(1)己丑生子，贫而疾。睡《日书》甲 145 正贰

(2)宇最邦之下，富而瘩(癃)。睡《日书》甲 16 背壹

"而"连接的两项为并列关系。

（八）A 为动词，B 为名词

（1）丙午生子，耆（嗜）酉（酒）而疾，后富。 睡《日书》甲 142 正肆

"而"连接的两项为并列关系。

（九）A 为名词，B 为形容词。

（1）赤色，小头，圜目而□。放《日书》乙 233 壹

"而"后一字整理者释为"晢"。

（十）文意不清，暂附于此。

睡虎地秦简《为吏之道》中，共 14 例：

（1）施而喜之，51 叁敬而起之，1 肆惠以聚之，1 肆宽以治之。3 肆

（2）与民有期，5 肆安骀而步，6 肆毋使民惧。7 肆

（3）疾而毋諰，8 肆简而毋鄙。9 肆当务而治，10 肆不有可茞。10 肆

（4）敬自赖之，15 肆施而息之。16 肆懽而牧之；17 肆

（5）从而贼（则）之；19 肆因而征之，20 肆将而兴之，21 肆虽有高山，鼓而22 肆乘之。23 肆

（6）安而行之，28 肆使民望之。29 肆

（7）道伤（易）车利，30 肆精而勿致，31 肆

睡虎地秦简《日书》中，如：

（8）辱者，不埶而为囗人矢囗。睡《日书》甲 63 正

（9）有病者必五病而囗，有间，不间，死。烦 睡《日书》乙 181-182A

放马滩秦简《日书》意义不清的，如：

（10）囗日到行日，星道角若奎到行日，星及日、辰、时数皆并其数以除母，而以馀期之。放《日书》乙 177 叁、172 叁

（11）☑囗囗冬而喜之。放《日书》乙 303C

（12）殳（投）者参（三）合日辰星从，期三而一，·中期如参（三）合之数，远数有（又）参（三）之，即以钟音之数矣。放《日书》乙 321

（13）……【至於】五而止。【六以】三倍之，至於六而止。放《日书》乙 170+325 叁

（14）二，西北二。一而东北一。放《日书》乙 326

（15）日、辰、星各有勿（物）数，而各三合。令三而一，盈三者为死若矢（失）殹。放《日书》乙 327B

（16）……三 囗 并而五【之】，囗囗囗之起囗囗……放《日书》乙 331

（17）生黄钟，置一而自十二之，上三益一，下三夺一。·占囗放《日书》乙 333

（18）☑入而幸其出而囗不利☑放《日书》乙 378

(十一)《为吏之道》中的"同能而异"

（1）同能而异 **46** 壹。毋穷穷 **47** 壹，毋岑岑 **48** 壹，毋衰衰 **49** 壹。

关于"同能而异"一句，整理者无说。戴世君："'毋穷穷，毋岑岑，毋衰衰。'三句承接前句'同能而异'文义，是说穷者、岑者、衰者同样有能，不要因其穷、岑、衰而轻视他们。法家思想在《为吏之道》中多有体现，此四句与慎子的民各有能、不以一方求人思想相通。《慎子·民杂》：'民杂处而各有所能，所能者不同，此民之情也。大君者，太上也，兼畜下者也。下之所能不同，而皆上之用也。是以大君因民之能为资，尽包而畜之，无能去取焉。是故不设一方以求于人，故所求者无不足也。大君不择其下，故足。不择其下，则易为下矣。'两相对照，简中'同能而异'显然与《慎子》的民'各有所能，所能者不同'只有文字上的差异，而'毋穷穷，毋岑岑，毋衰衰'则系发挥'不设一方以求于人'之旨。"①戴先生明显是将"能"理解为"能力"一类意思。王辉指出此句与《周易·睽卦》《象》"上火下泽，睽。君子以同而异"有关，但无进一步解释。②

今按，《论衡·乱龙篇》："夫土虎不能而致风，土龙安能致雨。"马宗霍先生云："此处'能而'连文，'而'犹'以'也。……《书·顾命》曰：'眇眇予末小子，其能而乱四方。'王引之《经传释词》述其父念孙之说：'而犹以也，言其能以治四方也。'此文之'能而'正与《顾命》词例合。"③"同能而异"的"能而"，也当与上引《论衡》《尚书》中的"能而"相同。需要注意的是，在《为吏之道》中还有如下几句：

① 戴世君：《云梦秦律注释商兑（续三）》，简帛网，2008 年 7 月 19 日，http：//www.bsm.org.cn/show_article.php？id＝854。

② 王辉：《秦简〈吏道〉、〈为吏〉所见格言疏解》，《中山大学学报》（社会科学版）2014 年第 1 期。

③ 马宗霍：《论衡校释笺识》，中华书局 2010 年版，第 216 页。

（2）怒能喜30 壹，乐能哀31 壹，智能愚32 壹，壮能衰33 壹，勇能屈34 壹，刚能柔35 壹，仁能忍36 壹。

以上几句，王辉先生指出："文献中最能与此参照的却是孔子的话，见于《说苑·敬慎》：'高而能下，满而能虚，富而能俭，贵而能卑，智而能愚，勇而能怯，辩而能讷，博而能浅，明而能暗，是谓损而不极。'此外，《孔子家语·六本》孔子曰：'夫回能信而不能反，赐能敏而不能诎，由能勇而不能怯，师能庄而不能同。'又《屈节解》孔子曰：'君子之行己，期于必达于己，可以屈则屈，可以伸则伸。'王中江先生认为简文整体上老子那种明显的贵弱、贵柔的倾向，而主要是规劝人们将彼此对立的特性结合起来，以使一方得到另一方的补充。其说较为公允。"① 其实，与例（2）在文意及句式上可以参照的，还有如下例子。《淮南子·人间》："孔子曰：丘能仁且忍，辩且讷，勇且怯。"（又见《论衡·定贤》："或问孔子曰：'颜渊何人也?'曰：'仁人也，丘不如也。''子贡何人也?'曰：'辩人也，丘弗如也。''子路何人也?'曰：'勇人也，丘弗如也。'客曰：'三子者皆贤于夫子，而为夫子服役，何也?'孔子曰：'丘能仁且忍，辩且诎，勇且怯。以三子之能，易丘之道，弗为也。'"）又银雀山汉墓竹简《君臣答问·文王与太公》简 1353–1354："胗（贪）而廉，龙而敬，弱而强，柔而【刚】。"② 返回来看例（1）中的"同能而异"与例（2）及上引古书的例子，意思上有相近之处，也是说的"同""异"这两种对立特性的结合转化关系，因此"同能而异"即"同能异"或"同而异"的意思，与其后的"毋穷穷"等在文意上也可能没有关系，而与例（2）关系似更为密切。

_____

① 原注：王中江：《简帛文明与古代思想世界》，北京大学出版社 2011 年版，第 492 页。
② 银雀山汉墓竹简整理小组编：《银雀山汉墓竹简（贰）》，文物出版社 2010 年版，第 174 页。

二、复句及紧缩复句中的"而"

根据杨伯峻、何乐士的意见，紧缩复句是指由两个或两个以上分句或谓语组成的意义相对完整的句子。① 分句在意义上相关，但又互不作为句子成分。各个分句的主语可以相同也可以不同；可以省略也可不省略。各分句之间可以用关联词来表达，也可不用。有没有停顿是判断单句和分句的重要标志。复句可以只有一个主语，可以主语不同，但分句间必须是有语音停顿的。如果两个分句之间在习惯上没有语音停顿的，归为紧缩复句。

秦简用在复句中的"而"，一般用在后一分句的句首，"而"连接的前后两个分句间的语意关系，是由二者语意决定的，"而"只是起一个连接作用，这与单句中"而"连接前后两项是一致的。还有少数"而"字用在前一分句的句首，前后两个分句之间一般是因果关系，所以对这类"而"字目前有不同的看法。一种意见认为这种因果关系是由前后两个分句的句意决定的，与"而"字无关；一种则认为"而"自身表示一定的语意关系，与"如""若"音近义通。睡虎地《日书》外有复句 44 例、紧缩复句 16 例，岳麓贰《数》1 例，岳麓叁 4 例。

（一）并列复句

（1）今灋（法）律令已具矣，而吏民莫用，乡俗淫失（泆）之民不止，是即灋（废）主之明法殹，而长邪避（僻）淫失（泆）之民，甚害於邦，不便於民。《语书》3-4

（2）甲、旅札赢其籍及不备者，入其赢旅、旅札，而责其不备旅、旅札。②《效律》41

---

① 杨伯峻、何乐士：《古汉语语法及其发展》（修订本），语文出版社 2001 年版，第 921 页。

② 释文依据赵平安的意见（赵平安：《睡虎地秦简"伊閒""旅＝札"新诠》，《新出简帛与古文字古文献研究》，商务印书馆 2009 年版）。

这条简文整理者语译为"甲的旅札数超过或不足簿籍登记数的，多馀的应上缴，不足的责令补赔"①。"赢其籍及不备"两种不同的情况，对应与"入其赢旅、旅札，而责其不备旅、旅札"两种结果，"及""而"处于相同的语法位置，也可看出"而"连接的两个分句的并列关系。

(二)顺承复句

(1)县啬夫若丞及仓、乡相杂以印之，而遣仓啬夫及离邑仓佐主禀者各一户以气(饩)，自封印，皆辄出、馀之，索而更为发户。②《秦律十八种》21-22

(2)啬夫免，效者发，见杂封者，以堤(题)效之，而复杂封之，勿度县，唯仓自封印者是度县。《秦律十八种》22-23

(3)禾赢，入之，而以律论不备者。《秦律十八种》173

(4)自昼甲见丙阴市庸中，而捕以来自出。《封诊式》18

(5)欲复之，复直(置)一束两数以乘兑(税)田，而令以一为八十一为实，亦【令所奔步一为八十一，不分者，从之以为】法，实如法一两。岳麓贰《数》30-31

(三)转折复句

(1)此皆大辠(罪)殹，而令、丞弗明智(知)，甚不便。《语书》7

---

①　睡虎地秦墓竹简整理小组编：《睡虎地秦墓竹简》，文物出版社 1990 年版，第 73 页。

②　"皆辄出、馀之，索而更为发户"的标点依据陈伟师的意见(陈伟：《云梦睡虎地秦简〈秦律十八种〉校读(五则)》，《简帛》第 8 辑，上海古籍出版社 2013 年版，第 347 页)。

（2）计用律不审而赢、不备，以效赢、不备之律赀之，而勿令赏（偿）。《效律》50

（3）律所谓者，令曰勿为，而为之，是谓"犯令"……《法律答问》142

（4）其头、身、臂、手指、股以下到足、足指类人，而不可智（知）目、耳、鼻、男女。《封诊式》88-89

（5）士五（伍）甲毋（无）子，其弟子以为后，与同居，而擅杀之，当弃市。《法律答问》71

"擅杀之"，与前面的"毋（无）子，其弟子以为后，与同居"可以认为是一种转折关系，但就后面的"当弃市"而言，看成假设或原因也未尝不可。

（6）士五（伍）甲盗一羊，羊颈有索，索直（值）一钱，问可（何）论？甲意所盗羊殹，而索系羊，甲即牵羊去，议不为过羊。《法律答问》29

"索系羊"与"甲意所盗羊殹"在语意上看不出明显的转折关系，"而"似有一种强调说明的意味。

（7）媛即以其故鼠（予）识，是劫媛，而云非劫，何解？岳麓叁129

（8）田不服，而毋（无）以解市、毋智言。岳麓叁206

（9）有（又）且课县官独多犯令而令、丞弗得者，以令、丞闻。《语书》8

"而"所在句子可以认为是紧缩复句。

(四)递进复句

(1)凡灋(法)律令者,以教道(导)民,去其淫避(僻),除其恶俗,而使之之於为善殹。《语书》2-3

(五)假设复句

(1)官啬夫免,复为啬夫,而坐其故官以赀赏(偿)及有它责(债),贫窭毋(无)以赏(偿)者,稍减其秩、月食以赏(偿)之,弗得居;其免殹,令以律居之。《秦律十八种》82-83

(2)顷半(畔)"封"殹,且非是?而盗徙之,赎耐,可(何)重也?《法律答问》64

(3)田五十五亩,租四石三斗,而三室共叚(假)之,一室十七亩,一室十五亩,一室廿三亩,今欲分其租。岳麓贰《数》47

(4)窀、罗之日,利以说孟(盟)詶(诅)、弃疾,凿宇、葬,吉。而遇(寓)人,人必夺其室。睡《日书》乙17

例(4),整理者注释说:"而,如。"①

(六)其他

吕叔湘在谈到古汉语中的"而"时,曾说:"问题不是何处可用'而'字,而是何处不可用'而'字。"②因此,上面的分类只能是大概的。如下面1例:

---

① 睡虎地秦墓竹简整理小组编:《睡虎地秦墓竹简》,文物出版社1990年版,第232页。

② 吕叔湘:《文言虚字》,上海教育出版社1978年版,第56页。

（1）臣邦父母产子及产它邦<u>而</u>是谓"真"。《法律答问》178

张玉金认为是按断复句，"而"连接的前后分句之间是按断关系，并解释说："前面的分句叙述情况，叫做'按'；后面的分句对前面的叙述作出评断，叫做'断'。"①在睡虎地秦简中，还有 17 例这种"A（，）是谓 B"的句子，如：

（2）论狱可（何）谓"不直"？可（何）谓"纵囚"？辠（罪）当重而端轻之，当轻而端重之，是谓"不直"。当论而端弗论，及傷其狱，端令不致，论出之，是谓"纵囚"。《法律答问》93

但都没有用"而"。我们检索了《左传》《吕氏春秋》《史记》皆未见到此种用例，可见"而"字的这种用法极其少见，是否反映了语言的实际尚值得考虑。

第三节　连词"及"

秦简"及"可以连接名词性词语、动词性词语和句子等。大西克也指出，秦简并列连词主要用"及"而楚简用"与"，反映了一种方言现象。②张玉金则认为，除了地域的因素外还有实词虚化的因素。③

---

① 张玉金：《出土战国文献虚词研究》，人民出版社 2011 年版，第 308 页。
② ［日］大西克也：《并列连词"及""与"在出土文献中的分布及上古汉语方言语法》，郭锡良主编：《古汉语语法论集》，语文出版社 1998 年版。
③ 张玉金：《出土战国文献虚词研究》，人民出版社 2011 年版，第 280 页。

一、连接名词性词语

秦简中，"及"用于连接名词性词语的，共约 243 例。睡虎地 141 例，放马滩 14 例，周家台 1 例。龙岗 24 例，另有 11 例因简文断残不好确定。在《里耶秦简》第一卷里，"及"约有 50 例，连接名词的有 10 例。岳麓壹 1 例，岳麓贰《数》2 例，岳麓叁 10 例。

"及"连接后的两项(或与其他并列项)可以在句中作主语、宾语、介词宾语及补语、中心语、定语等各种成分。

（一）作主语

(1) 古者，民各有乡俗，其所利及好恶不同，或不便於民，害於邦。《语书》1

(2) 县啬夫若丞及仓、乡相杂以印之……《秦律十八种》21

(3) 军吏及乡官弗当听。里耶 8 198+8-213+8-2013

(4) 问仓积尺及容粟各几可(何)？岳麓贰《数》177-178

(5) 它及朵言如芮、材。岳麓叁 79

(6) 筑外垣，牛马及羊死之。放《日书》乙 101 壹

（二）作宾语

(1) 邑之近(近)皂及它禁苑者，麛时毋敢将犬以之田。《秦律十八种》5-6

(2) 县上食者籍及它费大(太)仓，与计偕。《秦律十八种》37

(3) 县毋敢擅坏更公舍官府及廷，其有欲坏更殹，必瀛之。《秦律十八种》121-122

(4) 县、都官、十二郡免除吏及佐、群官属，以十二月朔日免

除，尽三月而止之。《秦律十八种》157

（5）某里士五(伍)甲、乙缚诣男子丙、丁**及**新钱百一十钱、容(镕)二合。《封诊式》19

（6）不可取(娶)妇、家(嫁)女、出入货**及**生(牲)。睡《日书》甲38正

（7）九月，大除道**及**阪险。郝家坪16号木牍正

（8）户忌丁**及**五丑，凶。放《日书》乙134贰

（9）上五月作徒薄**及**最世牒。里耶8-1559

（10）主令鬼薪轮、小城旦乾人为贰春乡捕鸟**及**羽。里耶8-1515

（11）为吏治官**及**黔首。岳麓壹《为吏》87背

例（11），陈松长认为"为吏"与"治官"都是动宾结构，语意也基本相同。① 今按，传世古书及出土文献常见"治官民"的说法，《史记·儒林列传》："其治官民皆有廉节，称其好学。"《汉书·汲黯传》："黯学黄老言，治官民，好清静。"居延汉简则多见"能书会计治官民颇知律令"（如居延汉简13.7）一类的话。"治官及黔首"应与"治官民"相当，"官"与"黔首"当是并列关系，岳麓壹《为吏》简87："此治官、黔首及身之要也与(欤)?"可参证。

（12）其以求高**及**广皆如此。岳麓贰《数》176

（三）作介词宾语

（1）刍自黄鞣**及**蘑束以上皆受之。《秦律十八种》8

（2）捕赀辠(罪)，即端以剑**及**兵刃刺杀之，可(何)论?

---

① 陈松长：《岳麓书院藏秦简〈为吏治官及黔首〉略说》，《出土文献研究》第9辑，中华书局2010年版，第33~34页。

《法律答问》124

（3）今盗盗甲衣，买（卖），以买布衣而得，当以衣及布畀不当？《法律答问》23

（4）盗者中人殴，毋在屏圂方及矢。放《日书》甲41

"屏圂方及矢"，孙占宇指出，"屏圂"即厕所；"方"，方位、方向；矢，通"屎"。① 我们认为，"方"也可能读作"旁"，《韩非子·外储说右上》："齐尝大饥，道旁饿死者不可胜数也。"《吕氏春秋·乐成》："决漳水，灌邺旁。"虽然先秦表示"在某物旁边"的方位词时，主要用"侧"，但也偶尔用"旁"，② 因此从时代上说"屏圂方（旁）"也解释得通。

（5）以鸟及书属尉史夔，令输。里耶8-1562

（四）作中心语

（1）【以】孤虚循求盗所道入者及臧（藏）处。周家台260

"盗所道入者及藏处"，"盗"作为定语修饰中心语"所道入者及藏处"。

（2）癃（应）令及书所问且弗癃（应）……里耶8-1564

（3）谮（潜）讯同归义状及邑里居处状。岳麓叁143

① 孙占宇：《放马滩秦简甲种〈日书〉校注》，《出土文献研究》第10辑，中华书局2011年版，第124页。
② 参看汪维辉：《东汉—隋常用词演变研究》，南京大学出版社2000年版，第93页。

（五）作定语

（1）安、宜<u>及</u>不智（知）可（何）一女子死（尸）皆在内中。
岳麓叁 151

（六）作谓语

（1）此过误失<u>及</u>坐官殿。岳麓叁 95

（七）作处所补语

（1）军人买（卖）禀禀所<u>及</u>过县，赀戍二岁……《秦律杂抄》12—13
（2）日夜谦（廉）求栎阳<u>及</u>它县。岳麓叁 156

以下两例"及"连接的时间词，看作"主题"似更合适一些：

（3）弦望<u>及</u>五辰不可以兴乐囗。五丑不可以巫，啻（帝）以杀巫
减（咸）。睡《日书》甲 27 正贰
（4）凡入月七日<u>及</u>春戌、夏丑、秋辰、冬未，不可垣及囗囗。
放《日书》乙 363

《公羊传》曾对"及"字有过一番辨析：

《春秋》经：定公二年，夏五月，壬辰，雉门<u>及</u>两观灾。《公
羊传》：其言雉门<u>及</u>两观灾何？两观微也？然则曷为不言雉门灾

及两观？主灾者两观也。主灾者两观，则曷为后言之？不以微及大也。

《春秋》经：哀公三年，五月辛卯，桓宫僖宫灾。《公羊传》：何以不言及？敌也。

对这两段传文，洪诚曾有过很好的论析。① 其中很重要的一点，"及"连接的前后两项在语意上并不平等，而是前重后轻，《春秋》经二十九年"城诸及防"，贾逵说："言及，先后之词"，也是这样的看法。"及"字的这种用法在后世一直存在。② 但从秦简看，在连接职官时有明显的轻重之序，如作主语的例（2）、作宾语的例（4）；其他如物品、时间，似看不出轻重之别，如作宾语的例（6）~（9）。

（八）句子成分不明，例如：

（1）史牟、黔首及奴婢□里耶 8-389丨8-404

（2）作徒薄（簿）及取世一 ☑里耶 8-815

（3）不智（知）器及左券在所未 里耶 8-435

例（3）可能是一个问句，即"不智（知）器及左券在所未？"（参第五章第三节）。

二、连接动词性词语

秦简中，"及"用于连接动词性词语的，共约 160 例（睡虎地 134，

① 洪诚：《中国历代语言文字学文选》，《洪诚文集》，江苏古籍出版社 2000 年版，第 52~54 页。

② 吴福祥：《敦煌变文 12 种语法研究》，河南大学出版社 2004 年版，第 119 页；吕叔湘：《现代汉语八百词》（增订本），商务印书馆 1980 年版，第 286 页；吕叔湘、朱德熙：《语法修辞讲话》，商务印书馆 2013 年版，第 86 页。

放马滩12，周家台2，郝家坪2，岳山2，岳麓壹3，岳麓叁5）。

（1）春二月，毋敢伐材木山林<u>及</u>雍（壅）堤水不〈泉〉。《秦律十八种》4

（2）百姓犬入禁苑中而不追兽<u>及</u>捕兽者，勿敢杀；其追兽<u>及</u>捕兽者，杀之。《秦律十八种》6-7

（3）不【盈】十牛以下，<u>及</u>受服牛者卒岁死牛三以上，吏主者、徒食牛者<u>及</u>令、丞皆有辠（罪）。《秦律十八种》19-20

（4）长吏相杂以入禾仓<u>及</u>发，见屚之粟积，义积之，勿令败。《秦律十八种》26-27

（5）城旦之垣<u>及</u>它事而劳与垣等者，旦半夕参。《秦律十八种》55

（6）县、都官用贞（桢）、栽为偝（棚）褕，<u>及</u>载县（悬）钟虡（虡）用輠（膈），皆不胜任而折；<u>及</u>大车辕不胜任，折軸〈轴〉上，皆为用而出之。《秦律十八种》125

（7）赋岁红（功），未取省而亡之，<u>及</u>弗备，赀其曹长一盾。《秦律杂抄》22-23

（8）其·子新生而有怪物其身<u>及</u>不全而杀之，勿辠（罪）。《法律答问》69

（9）臣邦父母产子<u>及</u>产它邦而是谓"真"。《法律答问》178

（10）离日不可以家（嫁）女、取（娶）妇<u>及</u>入人民畜生，唯利以分异。睡《日书》甲49正叁、50正叁、51正叁、52正叁

（11）成日：可以谋事，可起众<u>及</u>作有为殹，皆［吉］。放《日书》乙21壹

（12）丁未、癸亥、酉、五月申，不可之山谷亲（新）以材木<u>及</u>伐空桑。放《日书》乙305

（13）以此见人<u>及</u>战斲（斗）皆可。周家台265

（14）毋令人见之及毋与人言。周家台 333

（15）以秋八月，修封捋(埒)，正强(疆)畔，及登(发)千(阡)百(陌)之大草。郝家坪 16 号木牍正

（16）丙寅，羿射封豕，不可入豕及杀之。岳山秦牍 1 反

（17）壬戌、癸亥不可以之远役及来归入室，必见【大咎】。岳山秦牍 2

（18）言事守府及移书它县须报。里耶 8-122

（19）卒可令县官有辟，吏卒衣用及卒有物故当辟征遝☐里耶 8-657

（20）徒少及毋徒，薄(簿)移治虏御史。里耶 8-757

（21）梦☐入井莫(韩)中及没渊，居室而毋户，封死，大吉。岳麓壹《占梦书》38 壹

（22）……安取钱以补袍及买鞞刀？岳麓叁 159

（23）监御史康劾以为：不当，钱不处，当更论。更论及论失者言夬(决)。岳麓叁 14

（24）疑媛为大夫妻、为庶人及识辠(罪)。岳麓叁 134-135

三、连接名词性词语和动词性词语

（1）邦中之繇(徭)及公事官(馆)舍，其段(假)公，段(假)而有死亡者，亦令其徒、舍人任其段(假)，如从兴戍然。《秦律十八种》101

（2）月食者已致稟而公使有传食，及告归尽月不来者，止其后朔食，而以其来日致其食；有秩吏不止。《秦律十八种》46

第四节　其他连词

一、单音节连词

（一）与

　　王克仲曾指出连词"与"的突出特征是，"在它的前后不能有任何附加语；所连接的前后两部分，词序可以变换；所连接的两部分必须共同充当句子中的某一个成分"①。魏德胜指出睡虎地秦简中有 11 例。② 但张玉金认为秦简中共 4 例，③ 皆引在下面：

　　（1）群盗　爰书：某亭校长甲、求盗才（在）某里曰乙、丙缚诣男子丁，斩首一，具弩二、矢廿，告曰："丁与此首人强攻群盗人，自昼甲将乙等徼循到某山，见丁与此首人而捕之。此弩矢丁及首人弩矢殹……"《封诊式》25-27

　　（2）戌兴〈与〉亥是胃（谓）分离日，不可取（娶）妻，取（娶）妻，不终，死若弃。睡《日书》甲 10 背壹

　　（3）日与枳（支）刺艮山之胃（谓）离日。④　睡《日书》甲 48 正叁、49 正叁

　　（4）坐其所匿税臧（赃），与灋（法）没入其匿田之稼。☒

---

　　①　王克仲：《先秦虚词"与"字的调查报告》，中国社会科学院语言研究所古代汉语研究室编：《古汉语语法论文集》（二），北京出版社 1984 年版，第 148 页。

　　②　魏德胜：《〈睡虎地秦墓竹简〉语法研究》，首都师范大学出版社 2000 年版，第 217 页。

　　③　张玉金：《出土战国文献虚词研究》，人民出版社 2011 年版，第 260 页。

　　④　关于"刺〈夹〉"的释读，参看李学勤：《简帛佚籍与学术史》，江西教育出版社 2001 年版，第 147~148 页。

龙岗 147

张玉金认为例(1)中第一个"与"为介词,第二个是连词。但此段简文中"及"与"与"交替使用,所以很难说第一个"与"和第二个"与"有什么不同。

例(2)的"兴",整理认为是"与"之讹,刘乐贤、吴小强、魏德胜张玉金等皆从之。① 今按,需要注意的是,新蔡葛陵楚简"甲戌兴乙亥祷楚先与五山"(甲三 134)。② 还有与"兴"语法位置相同的"起"(或作"迟"),如:"庚申之昏以起辛酉之日祷之"(甲三 109)、"☐戌申夕(之夕)以迟(起)己[酉]☐"(甲三 126、零 95)。古书里"兴""起"常互训,新蔡简中的"兴""起"当词义相同。③ 起,李天虹读作"极",至也。因此秦简中的"兴"是否可以看作"与"的讹字还可以进一步讨论。④

例(4),《龙岗秦简》一书译为"按其所隐瞒租税获赃数额定罪,并依法没收其隐瞒的田地上的庄稼"⑤。照此理解,"与"连接两个并列的分句。但张玉金认为此例很值得怀疑。⑥

大西克也认为秦简中"与"的连词用法只有 3 例,都见于《封诊式》中,⑦ 除例(1)的两例外,另 1 例则没有指出。我们推测可能是如

---

① 刘乐贤:《睡虎地秦简日书研究》,文津出版社 1994 年版,第 204 页;吴小强:《秦简日书集释》,岳麓书社 2000 年版,第 113 页;魏德胜:《〈睡虎地秦墓竹简〉语法研究》,首都师范大学出版社 2000 年版,第 217 页;张玉金:《出土战国文献虚词研究》,人民出版社 2011 年版,第 260 页。

② 陈伟等:《楚地出土战国简册[十四种]》,注释 293,经济科学出版社 2009 年版,第 443 页。

③ 参见宋华强:《新蔡葛陵楚简初探》,武汉大学出版社 2010 年版,第 431 页;陈伟等:《楚地出土战国简册[十四种]》,注释 154,经济科学出版社 2009 年版,第 435 页。

④ 李天虹:《新蔡楚简补释四则》,简帛研究网,2003 年 12 月 17 日。

⑤ 中国文物研究所、湖北省文物考古研究所编:《龙岗秦简》,中华书局 2001 年版,第 121 页。

⑥ 张玉金:《出土战国文献虚词研究》,人民出版社 2011 年版,第 261 页。

⑦ [日]大西克也:《并列连词"及""与"在出土文献中的分布及上古汉语方言语法》,郭锡良主编:《古汉语语法论集》,语文出版社 2001 年版,第 133 页。

下1例：

　　（5）丁与戊去亡，流行毋（无）所主舍。《封诊式》29

这1例与例(1)见于同一件爰书中。

　　另外在睡虎地秦简中还有两例"与"，大西克也认为难于判断其词性：

　　（6）削（宵）盗，臧（赃）直（值）百五十，告甲，甲与其妻、子智（知），共食肉，甲妻、子与甲同辠（罪）。《法律答问》18

我们认为把例(6)的两个"与"看成连词比较合适。在放马滩秦简中，还有3例"与"应该是连词：

　　（7）九与八、七与六、五与四，皆妻夫殴。放《日书》乙344

以上例(5)、(6)、(7)中"与"字，从字面看理解为连词还是比较清楚的。

　　（8）廷下令书曰：取鲛鱼与山今卢（鲈）鱼献之。里耶 8-769
　　（9）尉敬敢再拜谒丞公：校长宽以迁陵船徒卒史【酉阳，酉阳】□□【船】□元（沅）陵，宽以船属酉阳校长徐。今司空□□□□□丞公令吏徒往取之，及以书告酉阳令来归之。盗贼事急，敬已遣宽与校长囚吾追求盗发田官不得者。敢再拜谒之。里耶 8-167+8-194+8-472+8-1011、8-167 背+8-194 背+8-1011 背

例(8)的"与"作为并列连词应该是比较确定的，例(9)从上文似看不出"宽"与"校长囚吾"的主次关系，因此看作并列连词也未尝不可。但在

《里耶秦简〔壹〕》里只此 2 例，而作为连词的"及"却有 50 例左右。

岳麓叁如下几例"与"理解为连词似也未尝不可：

> （10）州陵守绾令癸与令佐士五（伍）行将柳等追。4
>
> （11）治等杀人，癸与佐行将徒追。26
>
> （12）公卒芮与大夫材共盖受棺列，吏后弗鼠（予）。62
>
> （13）尝见死女子与安等作，不智（知）可（何）人。152
>
> （14）多与女邦亡荆，年十二岁，小未能傅。92

尤其是例（12）"公卒芮与大夫材"后用了副词"共"，可见二者是共同做一句法成分，且不易区分主次，因此把"与"看作连词似更合适。

以上（1）~（14）例中，例（2）"与"词义不明确，除了例（4）、（8）之外，例（9）、（10）的"与"连接的两个成分作兼语，其他则作句子的主语或主题。可见从句子成分角度看，"与"连接的部分用法比较简单，而连词"及"则复杂得多。

综合来看，在秦简中"与"字很少用作连词而主要用作介词，与之互补的是"及"主要用作连词而极少用作介词。与之相反，在战国楚简中，"与"主要用作连词。大西克也认为"与"主要用作介词是秦方言的特点。① 殷国光认为，《吕氏春秋》中连词"及""与"混用的，反映的是通语的现象。②

（二）将

> （1）卯，会众，其后必有子将弟也死，有外丧。睡《日书》
> 甲 86 背壹

---

① ［日］大西克也：《并列连词"及""与"在出土文献中的分布及上古汉语方言语法》，郭锡良主编：《古汉语语法论集》，语文出版社 1998 年版，第 138 页。

② 殷国光：《〈吕氏春秋〉词类研究》，商务印书馆 2008 年版，第 370 页。

魏德胜认为是选择关系的连词，并说："'将'在典籍中表示选择关系的连词时，都是用来连接选择疑问句，如《孟子·告子上》：'孟子曰："子能顺杞柳之性，而以为栝桊乎？将戕杞柳而后以为栝桊乎？"'《战国策·楚四》：'襄王曰："先王老悖乎？将以为楚国妖祥乎？"'《睡简》用于连接两个名词，表选择，也是新用法。"①随州孔家坡汉简303号简："卯死，其室必有弟苐若子死。"整理者认为："弟苐，似指同辈中的年幼者。若，或。"②将此与例(1)对照来看，"将"明显与"若"相当，因此魏德胜的说法大概是对的。在传世上古文献里，作为选择连词"将"连接的一般是分句。秦简中的这个用例，"子将弟也"明显是作为句子成分来用的，因此与传世文献的用法有异。

(三)若

1. "若"可以连接名词性词语，也可以连接动词性词语

"若"连接的前后两项都是选择关系。50例(睡虎地36，周家台3，睡虎地秦牍1，龙岗1，里耶6，岳麓壹2，岳麓贰《数》1)。

连接名词性词语的，如：

(1)县啬夫若丞及仓、乡相杂以印之，而遣仓啬夫及离邑仓佐主稟者各一户以气(饩)……《秦律十八种》21-22

(2)公甲兵各以其官名刻久之，其不可刻久者，以丹若鬃书之。《秦律十八种》102

(3)百姓有赀赎责(债)而有一臣若一妾，有一马若一牛，而欲居者，许。《秦律十八种》140

(4)或鬬、啮断人鼻若耳若指若唇(脣)，论各可(何)殹？

① 魏德胜：《〈睡虎地秦墓竹简〉语法研究》，首都师范大学出版社2000年版，第230页。

② 湖北省文物考古研究所、随州市考古队编：《随州孔家坡汉墓简牍》，文物出版社2008年版，第168页。此条材料承陈伟师提示。

《法律答问》83

（5）人妻妾若朋友死，其鬼归之者，以莎芾、牡棘枋（柄），热（爇）以寺（待）之，则不来矣。睡《日书》甲 65 背壹、66 背壹

（6）段（瘕）者 燔剑若有方之端，卒（淬）之醇酒中。周家台 323

（7）誂（诈）一程若二程□□□□□龙岗 128A

例（7）虽然简文不完，但就"若"字看，选择连词的可能性比较大。

（8）符到为报，署主符、令若丞发。里耶 8-462+8-685

（9）□令若丞 里耶 8-2346

例（9）虽然简文断残，把"若"看作表选择的连词应该是可以的。

（10）梦夫妻相反负者，妻若女必有死者。 岳麓壹《占梦书》9 贰

（11）梦身柀枯，妻若女必有死者，丈夫吉。 岳麓壹《占梦书》10 贰

连接动词性词语的，如：

（12）甲有辠（罪），吏智（知）而端重若轻之，论可（何）殹？为不直。《法律答问》36

（13）甲告乙盗牛若贼伤人，今乙不盗牛、不伤人，问甲可（何）论？《法律答问》43

（14）惊远家故，衷教诏娿，令毋敢远就若取新（薪），衷（中）令□。睡虎地秦牍 6 背

连接分句的:

（15）抉之且欲有盗，弗能启即去，若未启而得，当赎黥。《法律答问》30-31

（16）妻悍，夫殴治(笞)之，夬(决)其耳，若折支(肢)指、肤膻(体)，问夫可(何)论？当耐。《法律答问》79

（17）治林(术)，暴(曝)若有所燥，冶。里耶 8-1243

《里耶秦简牍校释(第一卷)》注释说："'曝'、'燥'都是'冶'之前对药物进行干燥的方法。"①

（18）若有所燥，冶。冶已☐里耶 8-1772

例(18)上文已缺，但比照例(17)来看，"若"也当是连词。

（19）☐若已闻令，舖不行半 里耶 8-2213

例(19)中的"若"字依据的是何有祖的说法。②

（20）☐令见丞公，公曰：若而不里耶 8-1430

例(20)文意不清，"若"是否为连词不易确定，暂附于此。

根据张玉金的考察，"若"作为选择连词，都出现在出土秦文献中，

_____

① 陈伟主编：《里耶秦简牍校释(第一卷)》，武汉大学出版社 2012 年版，第299 页。

② 何有祖：《读秦简札记(二则)》，简帛网，2013 年 4 月 13 日，http: //www. bsm. org. cn/show_article. php? id=1844。

在其他出土战国文献中没有见到。① 张玉金曾指出在放马滩秦简中有 1
例"若"作选择连词的用例，但没有具体指出。由于放马滩秦简断残比
较严重，有可能是下面一例：

(21)□日到行日，星道角<u>若</u>奎到行日，星及日、辰、时数皆
并其数而以除母，而以馀期之。放《日书》乙 177 叁、172 叁

可以连接形容词，只有两例：

(22)令曰：诸有吏治已决而更治者，其罪节(即)重<u>若</u>益轻，
吏前治者皆当以纵不直论。里耶 8-1832+8-1418+8-1133
(23)租误券。田多<u>若</u>少，耤令田十亩，税田二百卌步，三步
一斗，租八石。岳麓贰《数》11

2. 用在复句前一分句的句首，表示一种假设关系
共 27 例(睡虎地 13，龙岗 1，睡虎地秦牍 1，放马滩秦简 10，里耶
1，岳麓壹 1)。

(1)<u>若</u>弗智(知)，是即不胜任、不智殹……《语书》6-7
(2)表<u>若</u>不正，民心皆移乃难亲。《为吏之道》3 伍、4 伍

睡虎地秦简的律令类文献里，未见到"若"表假设的例子。

(3)斗以箴(针)、铢、锥，<u>若</u>箴(针)、铢、锥伤人，各可
(何)论？《法律答问》86

---

① 张玉金：《出土战国文献虚词研究》，人民出版社 2011 年版，第 388 页。

魏德胜将例(3)"若"看作假设连词,① 张玉金则认为是选择连词,② 当以张说为是。其他 11 例都出现在《日书》里:

(4)正月五月九月,北徙大吉,东北少(小)吉,若以是月殹东送〈徙〉,毄。睡《日书》甲 59 正壹

(5)戊己病,庚有【间】,辛酢。若不【酢】,烦居东方,岁在东方,青色死。睡《日书》甲 68 正贰、69 正贰

(6)一室井血(洫)而星(腥)臭,地虫斳(斗)于下,血上屚(漏),以沙垫之,更为井,食之以喷,歓(饮)以爽(霜)路(露),三日乃能人矣。若不三月食之若傅之,而非人也,必枯骨也。睡《日书》甲 53 背叁、54 背叁、55 背叁

(7)壬亡,其盗可得殹。若得,必有死者。男子殹,青色。放《日书》甲 29 贰

(8)是＝夫妇皆居,若不居□,□其居家,卦类杂虚,孰为大祝、灵巫,畜生(牲)之放《日书》乙 250

另有几例,因简文断残不好判断的:

(9)夷则、黄钟、古先(姑洗)之卦曰:是谓可(何)亡不复,可(何)求弗得,中闻不乐,又若席□,上下行往,莫中吾步。放《日书》乙 246

(10)□□□□若【有】□妄前日家有丧殹。居家若有不□放《日书》乙 298

(11)有二□□,有女□【环,旦】欲□□□□□【间】□□见

① 魏德胜:《〈睡虎地秦墓竹简〉语法研究》,首都师范大学出版社 2000 年版,第 221 页。
② 张玉金:《出土战国文献虚词研究》,人民出版社 2011 年版,第 385 页。

殴，居邦而【环】，居室若□□□□ 放《日书》乙 341

（12）骑作乘舆御，骑马於它驰道，若吏【徒】☑龙岗 59

（13）为惊 □□ 若大发（废）殹，以惊居反城中故。
睡虎地秦牍 6 背

（14）若昼梦亟发，不得其日，以来为日。岳麓壹《占梦书》1

（15）☑令见丞公，公曰：若而不 里耶 8-1430

（四）则

"则"主要连接分句，也可以连接动词性词语。连接的前后两项或时间上有相承关系；或是前项表示条件或假设，后项表示某种结果。李佐丰对二者曾有很好的归纳说明："'则'连接的前后两件事，或是在时间上相距很近。或是前事出现后就会导致后事的发生。前一部分如果是事实，则是现实中的紧承；前一部分所表示的内容如果是未曾发生的，便是假设的意思。"①共 88 例（睡虎地 76，放马滩 10，岳麓壹 2）。

（1）如此，则为人臣亦不忠矣。《语书》6

（2）不察所亲，则怨数至。《为吏之道》24 贰、25 贰

（3）四曰善言隋（惰）行，则士毋（无）所比。《为吏之道》30 贰、31 贰

（4）以此为人君则鬼（惠），为人臣则忠，为人父则兹（慈），为人子则孝……《为吏之道》38 贰、39 贰、40 贰、41 贰

（5）人毋（无）故鬼攻之不已，是＝刺鬼，以桃为弓，牝棘为矢，羽之鸡羽，见而射之，则已矣。睡《日书》甲 27 背壹、28 背壹

（6）杀虫豸，断而能属者，渍以灰，则不属矣。睡《日书》

---

① 李佐丰：《上古汉语语法研究》，北京广播学院出版社 2003 年版，第 212 页。

甲 62 背壹

（7）鬼恒夜鼓人门，以歌若哭，人见之，是兇（凶）鬼，焉（弋）以乌矢，则不来矣。睡《日书》甲 30 背贰

（8）人毋（无）故一室人皆垂（垂）延（涎），爰母处其室，大如杵，赤白，其居所水则干，旱则淳，屈（掘）其室中三尺，燔豕矢焉，则止矣。睡《日书》甲 50 背参、51 背参

（9）鼠食寇〈冠〉则□，□□则有央（殃），食领则有朋。放《日书》乙 121 贰

例（8）的"水则干，旱则淳"，虽"水"及"旱"为名词，在文中表示的则是一种假设的叙述；"食寇〈冠〉则□"，虽末一字不清，但从后面"食领则有朋"看，也是叙述一种结果。

（10）人毋（无）故而鬼祠（伺）其宫，不可去。是祖□游，以犬矢投之，不来矣。睡《日书》甲 49 背贰

例（10）与例（5）～（7）对比来看，后者用"则"字连接似乎有一种强调确定的意味。

（11）一曰不祭（察）所亲则韦（违）数至。岳麓壹《为吏》48 参

另外有意思的是，在睡虎地秦简中，"则"不见于《秦律十八种》《效律》《法律答问》《秦律杂抄》《封诊氏》等法律类文献，或许与文体风格有关。

"则"还可以和"不"搭配使用，秦简有 2 例：

（12）赐某大畐（福），不钱则布，不璽（茧）则絮。睡《日书》乙 195 壹

在睡虎地《日书》甲中，类似的文句用的则是"乃"：

(13) 赐某大幅(富)，非钱乃布，非茧乃絮。睡《日书》
甲 13 背、14 背壹

(五)且

可以用来连接动词性词语，也可以连接分句。

连接动词性词语的，前后两项是并列关系。

(1) 弗令田即有徒而弗令田且徒少不傅于奏。里耶 8-758

《里耶秦简牍校释(第一卷)》解释说"本句是对'弗令田'的解释，即包
括'有徒而弗令'与'徒少而不奏'两种情形"①。前后两项在语义上还可
以是递进关系。

(2) 抉之且欲有盗，弗能启即去，若未启而得，当赎黥。
《法律答问》30-31
(3) 伍人相告，且以辟皋(罪)，不审，以所辟皋(罪)皋(罪)
之。《法律答问》96

连接形容词的，前后项为并列关系。

(4) 以生子，既美且长，有贤等。睡《日书》甲 32 正

---

① 陈伟主编：《里耶秦简牍校释(第一卷)》，武汉大学出版社 2012 年版，第
217 页。

刘乐贤解释说:"等,读为寺,《释名·释宫室》:'寺,嗣也。'有贤等即有贤嗣。按:郑刚读'贤等'为'贤能',可从。"①因此"既……有(又)……"当是固定结构,②"美且长"当与"贤等(能)"并列。

用在选择问句里面,连接两个动词性词语或分句。15 例(《法律答问》12,里耶 1,岳麓叁 2)。

(5)人奴妾盗其主之父母,为盗主,且不为?③《法律答问》20-21

(6)抉籥(钥)者已抉启之乃为抉,且未启亦为抉?《法律答问》30

(7)甲盗羊,乙智(知),即端告曰甲盗牛,问乙为诬人,且为告不审?《法律答问》45

(8)今咸阳发伪传,弗智(知),即复封传它县,它县亦传其县次,到关而得,今当独咸阳坐以赀,且它县当尽赀?《法律答问》57-58

(9)顷半(畔)"封"殹,且非是?《法律答问》64

(10)或捕告人奴妾盗百一十钱,问主购之且公购?《法律答问》141

(11)【……诘】学:吏节(即)不智(知)为伪书,不许貣(贷)学钱,退去学,学即道胡杨行邦亡,且不?岳麓叁 230-231

"且"还可用于固定结构中,如"且……又……"

---

① 刘乐贤:《睡虎地秦简日书研究》,文津出版社 1994 年版,第 56 页。
② 参洪成玉:《古汉语复音虚词和固定结构释例》,《汉语语法散论及其他》,中华书局 2009 年版,第 94~95 页。
③ 佐竹靖彦断读为"人奴妾盗,其主之父母为盗主,且不为"(《秦国的过家族与商鞅的分异令》),转引自[日]冨谷至著,柴生芳、朱恒晔译:《秦汉刑罚制度研究》,广西师范大学出版社 2006 年版,第 149 页。

（12）"州告"者，告辠（罪）人，其所告<u>且</u>不审，有（又）以它事告之。《法律答问》100

"且"用在后一分句句首，表示一种结果，并且有论断的意味：

（13）凡讯典某某、甲伍公士某某："<u>甲党（倘）有当封守而某等脱弗占书，且有辠（罪）</u>。"某等皆言曰："甲封具此，毋（无）它当封者。"《封诊式》10-11

画线部分，整理者语译为"甲是否还有其他应加查封而某等脱漏未加登记，如果有，将是有罪的"①。

（14）冬三月，甲乙死者，必兵死，其南晋之。……戊己死者，有惪（喜），庚辛死者，不去其室有死，正北有火起。壬癸死者，有惪（喜），南室有亡子，<u>且</u>晋之。睡《日书》乙217壹、218壹、219壹、220壹、221壹

"晋"，刘乐贤读为"厌"，《广雅·释言》："镇也。"《史记·高祖本纪》："秦始皇帝常曰东南有天子气，于是因东游以厌之。"②裴学海《古书虚词集释》曾说："'且'犹'则'也。"③二者在古书中有互为异文的例子，如《战国策·秦策二》："且先出地绝齐，秦计必弗为也；先绝齐，后责地，<u>且</u>必受欺于张仪。"《史记·楚世家》作"<u>则</u>必见欺于张仪"。又有对文的例子，如《墨子·天志》："上得且罚之，众闻则非之。"《尚同》："尚得且赏之，众闻则誉之。"因此例（14）、（15）中的"且"用法跟"则"

<hr>

① 睡虎地秦墓竹简整理小组编：《睡虎地秦墓竹简》，文物出版社1990年版，第149页。
② 刘乐贤：《睡虎地秦简日书研究》，文津出版社1994年版，第389页。
③ 裴学海：《古书虚字集释》，上海书店1996年版，第658页。

类似。

> (15)言，讯瘫(应)：不能令且当罪，何解？辞(辞)曰：罪☒
> 讯，言吏不能其事，故有令。今☒里耶 8-691 正、背

例(15)虽然简文断残，文意不甚清楚。比照例(14)，"且"字用法亦跟"则"类似，由于"不能令"而引出"当罪"的结果。

(六)句、筍(苟)

用在复句前一分句表条件。6例(睡虎地1，周家台5)。

> (1)凡是有为也，必先计月中间日，句(苟)毋(无)直赤嵩(帝)临日，它日虽有不吉之名，毋(无)所大害。睡《日书》甲 129 正、130 正
> (2)筍(苟)令某蝻已，请献骊牛子母。周家台 326-327
> (3)先农筍(苟)令某禾多一邑，先农恒先泰父食。周家台 349
> (4)某为农夫畜，农夫筍(苟)如□□，岁归其祷。周家台 351-352

(七)党、当、尚

"党""当"皆从"尚"声，三者当是同一词的不同书写形式，用在假设复句的前一分句表假设。党、当、尚，睡虎地分别有2例、2例和1例。

> (1)终所党有通迹，乃视舌出不出。《封诊式》69
> (2)甲党有当封守而某等脱弗占书，且有皋(罪)。《封诊式》10-11

(3)当除弟子籍不得，置任不审，皆耐为侯(候)。《秦律杂抄》6

(4)"者(诸)候(侯)客来者，以火炎其衡厄(轭)。"炎之可(何)？当者(诸)候(侯)不治骚马，骚马虫皆丽衡厄(轭)鞅鞻辕靷，是以炎之。①《法律答问》179

(5)军新论攻城，城陷，尚有栖未到战所，告曰战围以折亡，叚(假)者，耐。《秦律杂抄》35-36

(6)☐【留】，尚有不智(知)里耶8-1310

例(6)简文断残，"尚"似是假设连词。这一组词，古书多用"倘"字，也有偶用"当"字，如："虎豹之所以能胜人、执百兽者，以其爪牙也。当使虎豹失其爪牙，则人必制之矣"(《韩非子·人主》)。

(八)或

用在假设复句的前一分句表示假设，魏德胜认为睡虎地中有5例，② 张玉金从之③。里耶1例。

(1)甲当黥为城旦；吏为失行辠(罪)，或端为，为不直。《法律答问》33-34

(2)公器官☐久，久之。不可久者，以繫久之。其或叚(假)公器，归之，久必乃受之。《秦律十八种》104

(3)鬼薪白粲，群下吏毋耐者，人奴妾居赎赀责(债)于城旦，皆赤其衣，枸椟欙杕，将司之；其或亡之，有辠(罪)。《秦律

① 释文标点参考了裘锡圭：《读简帛文字资料札记》，《裘锡圭学术文集》(第二卷)，复旦大学出版社2012年版，第219~220页。
② 魏德胜：《〈睡虎地秦墓竹简〉语法研究》，首都师范大学出版社2000年版，第219页。
③ 张玉金：《出土战国文献虚词研究》，人民出版社2011年版，第411页。

十八种》134—135

（4）父子同居，杀伤父臣妾、畜产及盗之，父已死，<u>或</u>告，勿听，是胃（谓）"家辠（罪）"。《法律答问》108

（5）民<u>或</u>弃邑居壄（野），入人孤寡，徼人妇女，非邦之故也。《为吏之道》17 伍、18 伍

（6）廷下御史书曰县□治狱及覆狱者，<u>或</u>一人独讯囚，啬夫长、丞、正、监非能与□□殹，不参不便。里耶 8-141+8-668

例（2）、（3）的"其或"连用表示假设。秦简有"或"用在句首表示泛指的：

（7）<u>或</u>私用公车牛，及叚（假）人食牛不善，牛甚（胔）……《秦律十八种》126

（8）<u>或</u>盗采人桑叶，臧（赃）不盈一钱，可（何）论？《法律答问》7

（9）<u>或</u>以赦前盗千钱，赦后尽用之而得，论可（何）殹？《法律答问》37

（10）<u>或</u>与人斗，缚而尽拔其须麋（眉），论可（何）殹？《法律答问》81

（11）<u>或</u>斗，啮人頯若颜，其大方一寸，深半寸，可（何）论？《法律答问》88

（12）<u>或</u>捕告人奴妾盗百一十钱，问主购之且公购？《法律答问》141

（13）"公祠未闋，盗其具，当赀以下耐为隶臣。"今<u>或</u>益〈盗〉一肾，益〈盗〉一肾臧（赃）不盈一钱，可（何）论？《法律答问》25

这样的例子在睡虎地秦简中共有 13 例。这些例子都出现在《法律答问》里，且有 10 例，如例（6）~（11）都用在问句的句首，整理者都语译为

"有人"。这些句子都出现在问句里，本身都有假设的意思。

在古汉语里，"或"作为指代词和假设连词，都用在"S 或 VP"的句式里面，如下面的句子：

> 宋人**或**得玉，献诸子罕，子罕弗受。(《左传》襄公十五年)
>
> 中行穆子帅师伐狄，围鼓。鼓人**或**请以城叛，穆子弗许。(《国语·晋语九》)
>
> 晋为盟主，诸侯**或**相侵也，则讨之，使归侵地。(《左传》襄公二十六年)

前两例，《古代汉语虚词词典》列入代词，表分指；末一例，列入连词表假设。对于这两类"或"字的词性的判断，只能从前后分句之间的关系上来判断。如下面一句：

> (14)上节(即)发委输，<u>百姓或之县就(僦)及移输者</u>，以律论之。《效律》49

例(14)整理者语译为："朝廷如征发运输的劳役，<u>百姓有到县里雇车或转交给别人运送的</u>，应依法论处。"①"百姓或之县就(僦)及移输者"作为分句，本身就有假设的意味，无论有无假设连词。比较特殊的还在于，"上节(即)发委输"其中也有假设连词"节"，因此其后的"或"字似不应该再看作假设连词而是指代词。下面的例子也是：

> (15)<u>居赀赎责(债)者，或欲籍(藉)人与并居之</u>，许之，毋除繇(徭)戍。《秦律十八种》137

---

① 睡虎地秦墓竹简整理小组编：《睡虎地秦墓竹简》，文物出版社1990年版，第74页。

整理者语译："以劳役抵偿赀赎债务的，有的要求借助别人和他一起服役，可以允许，但不能免除那个人的徭戍义务。"①例（14）、（15）两例"或"字，前者魏德胜认为是假设连词，后者是"分指代词"。②

　　（16）可（何）如为"大痍"？"大痍"者，支（肢）或未断，及将长令二人扶出之，为"大痍"。《法律答问》208（整理者语译为："'大痍'就是肢体可能还没有断。"③）

例（14）～（16）三例中的"或"，应当是分指代词，只是所在的句子作为分句本就有假设的意味，因此不必认为"或"是假设连词。与此相类，来看几个"之"的例子：

　　邦之臧，惟女众；邦之不臧，惟予一人有佚罚。（《尚书·盘庚》）

　　寡君之以为戮，死且不朽。若从君之惠而免之，三年将拜君赐。（《左传》僖公三十三年）

　　子曰："予（宰我）之不仁也！"（《论语·阳货》）

这类"之"字，王引之解释为"犹'若'也"，也就是现在所说的假设连词。④ 方有国认为这类"之"最初是作为复指代词强调复指主语，后虚化为连词。（今按，这类"之"字现在一般认为是结构助词，参看第四章第三节。）以上例子中的"之"字仍然具有一定的复指强调作用。并认为

_____

① 睡虎地秦墓竹简整理小组编：《睡虎地秦墓竹简》，文物出版社 1990 年版，第 52 页。
② 魏德胜：《〈睡虎地秦墓竹简〉语法研究》，首都师范大学出版社 2000 年版，第 137 页。
③ 睡虎地秦墓竹简整理小组编：《睡虎地秦墓竹简》，文物出版社 1990 年版，第 143 页。
④ 王引之：《经传释词》，岳麓书社 1982 年版，第 199 页。

这几例中的"之"字本身并没有"若"字义,这个意义源于句子用为意合假设。①

最后来看秦简中的"而或"。

(17)未卒岁或坏陕(决),令县复兴徒为之,而勿计为繇(徭)。卒岁而或陕(决)坏,过三堵以上,县葆者补缮之;三堵以下,及虽未盈卒岁而或盗陕(决)道出入,令苑辄自补缮之。《秦律十八种》118-119

整理者把"而或"语译为"而有"。古书里确有大量"或""有"异文,及将"或"训为"有"的例子,但在简文中把"或"理解为指代词自可通。

(九)其

用在假设复句的前一分句表示假设。睡虎地 58 例。

(1)以四月、七月、十月、正月肤田牛。卒岁,以正月大课之,最,赐田啬夫壶酉(酒)束脯,为皂〈皂〉者除一更,赐牛长日三旬;殿者,谇田啬夫,罚冗皂者二月。其以牛田,牛减絜,治(笞)主者寸十。《秦律十八种》13-14

(2)禾、刍稾积索(索)出日,上赢不备县廷。出之未索(索)而已备者,言县廷,廷令长吏杂封其旘,与出之,辄上数廷;其少,欲一县之,可殴。《秦律十八种》29-30

(3)驾传马,一食禾,其顾来有(又)一食禾,皆八马共。其数驾,毋过日一食。驾县马劳,有(又)益壶〈壹〉禾之。《秦律十八种》47

---

① 方有国:《先秦汉语"之"字的语法作用及其发展》,《上古汉语语法研究》,巴蜀书社 2002 年版,第 161 页。

（4）百姓叚（假）公器及有责（债）未赏（偿），其日蹞（足）以收责之，而弗收责，其人死亡；及隶臣妾有亡公器、畜生者，以其日月减其衣食，毋过三分取一，其所亡众，计之，终岁衣食不蹞（足）以稍赏（偿），令居之，其弗令居之，其人【死】亡，令其官啬夫及吏主者代赏（偿）之。《秦律十八种》77-79

（5）官啬夫免，效其官而有不备者，令与其稗官分，如其事。吏坐官以负赏（偿），未而死，及有辠（罪）以收，抉出其分。其已分而死，及恒作官府以负责（债），牧将公畜生而杀、亡之，未赏（偿）及居之未备而死，皆出之，毋责妻、同居。《秦律十八种》83-85

（6）公甲兵各以其官名刻久之，其不可刻久者，以丹若雘书之。其叚（假）百姓甲兵，必书其久，受之以久。《秦律十八种》102

（7）县毋敢擅坏更公舍官府及廷，其有欲坏更殹，必瀝之。《秦律十八种》121-122

（8）实官佐、史被免、徙，官啬夫必与去者效代者。节（即）官啬夫免而效，不备，代者【与】居吏坐之。故吏弗效，新吏居之未盈岁，去者与居吏坐之，新吏弗坐；其盈岁，虽弗效，新吏与居吏坐之，去者弗坐，它如律。《秦律十八种》162-163

（9）甲盗不盈一钱，行乙室，乙弗觉，问乙论可（何）殹？毋论。其见智（知）之而弗捕，当赀一盾。《法律答问》10

（10）甲乙雅不相智（知），甲往盗丙，龟（缠）到，乙亦往盗丙，与甲言，即各盗，其臧（赃）直（值）各四百，已去而偕得。其前谋，当并臧（赃）以论；不谋，各坐臧（赃）。《法律答问》12

（11）可（何）谓"赎鬼薪鋈足"？可（何）谓"赎宫"？臣邦真戎君长，爵当上造以上，有辠（罪）当赎者，其为群盗，令赎鬼薪鋈足；其有府（腐）辠（罪），【赎】宫。《法律答问》113-114

（12）其丝布贵，徒操钱来，黑夫自以布此。睡虎地秦牍11正

"其"字在古汉语中，可以作指代词、副词、连词和助词，而副词和连词的用法里，都可以表示假设，我们这里只把用在分句句首的看作连词。另外在秦简中，有大量"（N）其 VP 者"及"（N）其有 VP 者"结构，其中的"其"字，我们暂且归入指代词，表示领属，相当于"N 之"（参看第四章第三节），如：

> （13）隶臣欲以人丁粼者二人赎，许之。其老当免老、小高五尺以下及隶妾欲以丁粼者一人赎，许之。《秦律十八种》61
>
> （14）布恶，其广袤不如式者，不行。《秦律十八种》66
>
> （15）粪其有物不可以须时，求先买（卖），以书时谒其状内史。凡粪其不可买（卖）而可以为薪及盖蕫〈蕢〉者，用之；毋（无）用，乃燔之。《秦律十八种》87-88

这类"其"字，魏德胜都列入假设连词。①《词诠》在"其"字"假设连词，若也，如也"下举过这种用法的例子：

> 周公思兼三王以施行四事。其有不合者，仰而思之，夜以继日。（《孟子·离娄下》）

即把句中的"其"字看成假设连词，但下面的例子无论如何没有假设的意味。

> （16）禀衣者，隶臣、府隶之毋（无）妻者及城旦，冬人百一十钱，夏五十五钱；其小者冬七十七钱，夏卅四钱。春冬人五十五

---

① 魏德胜：《〈睡虎地秦墓竹简〉语法研究》，首都师范大学出版社 2000 年版，第 220~221 页。

钱，夏卅四钱；其小者冬卅四钱，夏卅三钱。隶臣妾之老及小不能
自衣者，如春衣。·亡、不仁其主及官者，衣如隶臣妾。
《秦律十八种》94—96

而《词诠》所举例句中的"其"，实在看不出与例(14)～(15)的"其"在用
法上有什么不同。这种所谓"假设"，应是由上下文意决定的，而与
"其"字无关。如下面一例：

(17)凡讯狱，必先尽听其言而书之，各展其辞，虽智(知)其
詑，勿庸辄诘。其辞已尽书而毋(无)解，乃以诘者诘之。
《封诊式》2—3

从前后文意看，"其辞已尽书而毋(无)解"也可以看作假设分句，但从
前面的"各展其辞"看，画线的"其"字应是表领属，而不能看作假设
连词。

(18)将牧公马牛，马【牛】死者，亟谒死所县，县亟诊而入之，
其入之其弗亟而令败者，令以其未败直(值)赏(偿)之。
《秦律十八种》16

整理者注释说："'入之其'三字应系衍文。"①并语译为"如果不及时而
使死马牛腐败"。陈伟师则认为"入之其"之"其"为假设连词，②因此画
线部分也是一个"(N)其VP者"结构。

---

① 睡虎地秦墓竹简整理小组编：《睡虎地秦墓竹简》，文物出版社1990年
版，第24页。
② 陈伟：《云梦睡虎地秦简〈秦律十八种〉校读(五则)》，《简帛》第8辑，上
海古籍出版社2013年版，第343页。

（十）耤（藉/借）

1. 同"藉/借"

用在假设复句的前一分句表示假设。睡虎地 2 例、岳麓贰《数》1 例。

（1）耤有五人，以此共买盐一石……岳麓贰《数》120

（2）"匦面"者，耤（藉）秦人使，它邦耐吏、行旞与偕者，命客吏曰"匦"，"行旞"曰"面"。《法律答问》204

（3）可（何）胃（谓）"署人"、"更人"？耤（藉）牢有六署，囚道一署旞，所道旞者命曰"署人"，其它皆为"更人"……《法律答问》196

例（3）在句意上尚有分歧，因此"耤（藉）"是否一定是假设关系的连词也值得讨论。

2. 相当于"因"

表示凭借，但意义很虚，只是一笔带过。①

（1）救（求）此之述（术）曰：直（置）一束寸数，耤令相乘也，以一束步数乘之以为实，亦直（置）所新得寸数，耤令相乘也，以为法，实如法得一□☒岳麓贰《数》33-34

（2）五步乘之为实，直（置）二围七寸，耤令相乘也，以为法，如法一步。岳麓贰《数》51

（3）其述（术）曰：始曰直（置）一，次直（置）二，次直（置）四，耤而并之七，七为法。岳麓贰《数》131

"耤令"可以作为复音连词，表示假设，相当于《九章算术》中的"假

---

① 吕叔湘：《中国文法要略》，商务印书馆 1956 年版，第 400 页。

令"。但例(1)、(2)中的"耤令",理解为假设连词明显不合适。我们认为"令"当表示使令之意,"耤"相当于"因",只是表凭借的意义非常虚。"耤"可以省去不用,如:

(4)即曰,半平得五寸,令相乘也,以深一寸为法,如法得一寸,有(又)以深益之,即材径也。岳麓贰《数》213—214

例(3)的"耤",大川俊隆认为"是'因''以'的意思",① 不够准确,当是"因"的意思。张家山汉简《算数书》也有相同用法的"耤":

(5)术曰:耤(藉)周自乘,以深乘之,十二成一。张家山汉简《算数书》151

彭浩解释说:"藉,《管子·内业》注:'因也'。"②

(十一)令

用在前一分句的句首,表示假设。2例皆见于岳麓贰《数》。

(1)令廿二而成一步,步居二斗有(又)九分之四,今四步廿二分步二而成一斗。岳麓贰《数》49

(2)营军之述(术)曰:先得大卒数而除两和各千二百人而弃之,有(又)令十而一,三步直(置)载,即三之,四直(置)载,即四之,五步直(置)载,即五之,令卒万人,问延几可(何)?岳麓贰《数》69—70

(3)步,令[与]广相乘也,而成田一亩。岳麓贰《数》58

---

① [日]大川俊隆著,马彪译:《岳麓书院藏秦简〈数〉译注稿(1)》,简帛网,2013年1月30日,http://www.bsm.org.cn/show_article.php? id=1954。

② 彭浩:《张家山〈算数书〉注译》,科学出版社2001年版,第109页。

例(3)由于简文不完,"令"该做何解,尚需讨论,姑附于此。"令"还可与"耤"连用,作为复音虚词假设,参第三章第四节。

(十二) 节/即

用在假设复句的前一分句表假设,可用在主语前或主语后。睡虎地16 例皆写作"节"。睡虎地秦牍 1 例亦作"节"。节,里耶 3 例,岳麓叁2 例;周家台 2 例写作"即"。

(1)更隶妾节(即)有急事,总冗,以律禀食;不急勿总。《秦律十八种》54

(2)今书节(即)到,母视安陆丝布贱,可以为襌帬、襦者,母必为之,令与钱偕来。睡虎地秦牍 11 正

(3)取新乳狗子,尽煮之。即沐,取一匕以殽沐,长髮。周家台 314

(4)人所恒吹(炊)者,上橐莫以丸礜,大如扁(蝙)蝠矢而干之。即发,以□四分升一歃(饮)之。周家台 321-322

(5)坐一斗酒□面。节(即)弗平,幸告使者。里耶 8-1570

(6)节(即)不能投宿赍。里耶 8-169+8-233+8-407+8-416+8-1158

张国艳曾通过考察指出,在睡虎地秦简里连词用"节",副词用"即",二者没有相混的情况。先秦古籍,"节"作假设连词只见于《墨子》,汉及以后的文献里没有用例。"节"字作用假设连词可能与方言有关。①张国艳的看法月前看应该大致可信,如下面 1 例:

① 张国艳:《关于假设连词"节"、"即"的研究——兼谈〈墨子·备城门〉诸篇的写作时代》,《居延汉简虚词研究》,华东师范大学博士学位论文,2005 年,第384~392 页。

（7）乩（讯）敬：令曰：诸有吏治已决而更治者，其罪<u>节</u>重若轻，吏前治者皆当以纵不直论。令畱等当赎耐，是<u>即</u>敬等纵弗论毆。何故不以纵论？里耶 8-1832+8-1418、8-1133、8-1132

（8）吏<u>节</u>（即）不智（知）学为伪书，不许貰（贷）学钱，退去学，学<u>即</u>道胡杨邦亡，且不？岳麓叁 230-231

例（7）、（8）中"节""即"共现，用法分明。

（十三）所

假设连词 3 例（睡虎地 2，里耶 1）。

（1）除吏，尉已除之，乃令视事，及迁之；<u>所</u>不当除而敢先见事，及相听以遣之，以律论之。《秦律十八种》159

（2）<u>所</u>弗问而久毄（系）之，大啬夫、丞及官啬夫有辠（罪）。《秦律十八种》135-136

（3）☑书亟言求代盗书都吏治从入者<u>所</u>毋当令者☑里耶 8-528 背+8-532 背+8-674 背

例（3）由于前后文意不明，"所"该做何解尚需讨论。但就"所毋当令者"看，"所"理解为表假设的连词比较合适。
另周家台秦简有下列 1 例"所"：

（4）人<u>所</u>恒炊（吹）者，上橐莫以丸礜，大如扁（蝙）蝠矢而干之。即发，以□四分升一歓（饮）之。男子歓（饮）以二七，女子歓〈饮〉七。周家台 321-322

张玉金认为其中的"所"字是假设连词，① 此说当误。此"所"为结构助

---

① 张玉金：《出土战国文献虚词研究》，人民出版社 2011 年版，第 407 页。

词，"人所恒炊(吹)者"即"人之所恒炊(吹)者"，即有"恒炊(吹)"病
症的人。

　　在《左传》《国语》中，"所"作假设连词都出现在"所……者，有
如……"的句式，如"秦伯曰：'若背其言，所不归而糒者，有如河！'"
(《左传》文公十三年)杨伯峻指出"所作假设连词，只用于誓词中"①。
也有不是誓词的例子，② 如：

　　　　中菁之言，不可道也。所可道也，言之丑也。(《诗经·墉
　　风·墙有茨》)
　　　　凡诸侯之大夫违，告于诸侯曰："某氏之臣守，失守宗庙，敢
　　告。"所有玉帛之使者，则告；不然，则否。(《左传》宣公十年)
　　　　君所不为，百姓何从？(《礼记·哀公问》)

(十四) 今

用在分句句首。51 例(睡虎地 25，岳麓贰《数》26)。

　　(1)今盗盗甲衣，买(卖)，以买布衣而得，当以衣及布畀不
当?《法律答问》23
　　(2)甲告乙盗牛若贼伤人，今乙不盗牛、不伤人，问甲可(何)
论?《法律答问》43
　　(3)今殴高大父母，可(何)论?《法律答问》78
　　(4)今夬(决)耳故不穿，所夬(决)非珥所入殴，可(何)论?
《法律答问》80
　　(5)取程，禾田五步一斗，今干之为九升，问几可(何)步一

---

　　① 杨伯峻：《古汉语虚词》，中华书局 1981 年版，第 167 页。
　　② 见易孟醇：《先秦语法》(修订本)，湖南大学出版社 2005 年版，第 739
页。

斗。岳麓贰《数》4

（6）今误券一两，欲奥步数，问几可（何）一束？岳麓贰《数》29

（7）今欲求一斗步数，得田几可（何）？岳麓贰《数》44

下面一例则需要讨论：

（8）耤有五人，此共买盐一石……今且相去也，欲以钱少【多】分盐。其述（术）曰：……岳麓贰《数》120-121

"相去"当是分离、走开的意思。"且"也可以用在假设分句的句首，①因此这里的"今且"当是虚词复用。

（十五）为

用在假设复句的前一分句表示假设。睡虎地1例。

（1）一脂，攻闲大车一辆（两），用胶一两、脂两锤。攻闲其扁解，以数分胶以之。为车不劳，称议脂之。《秦律十八种》130

按，此"为"字可能不是虚词，"为车不劳"作为分句表示假设，可以对比下列简文：

（2）城旦舂毁折瓦器、铁器、木器，为大车折蟄（轭），辄治（笞）之。《秦律十八种》148

这个"为大车"的"为"只能是动词。

---

① 中国社会科学院语言研究所古代汉语研究室：《古代汉语虚词词典》，商务印书馆2001年版，第425页。

（十六）故

用在分句的句首，表示某种结果。睡虎地 5 例，里耶 5 例，岳麓壹 2 例。

（1）灋（法）律未足，民多诈巧，故后有间令下者。《语书》2

（2）今灋（法）律令已具矣，而吏民莫用，乡俗淫失（泆）之民不止，是即灋（废）主之明法殹，而长邪避（僻）淫失（泆）之民，甚害於邦，不便於民。故腾为是而修灋（法）律令、田令及为间私方而下之，令吏明布，令吏民皆明智（知）之，毋巨（距）於辠（罪）。《语书》3-5

（3）有（又）廉絜（洁）敦悫而好佐上，以一曹事不足独治殹，故有公心。《语书》9

（4）争书，因恙瞋目扼掔（腕）以视（示）力，吁询疾言以视（示）治，诓訊卫言庶斫以视（示）险，坑阅强肮（伉）以视（示）强，而上犹智之殹。故如此者不可不为罚。《语书》11-13

（5）戊亡，盗在南方，故盗，其上作折其□【齿】之其☒睡《日书》乙 257

（6）故罪当完城旦舂以上者，驾（加）其□【男】子□☒龙岗 42A

例（6）中的"故"，韩剑南认为用在下句首，意在总括上文，并引导出结果和推论。① 可译为"所以"。今按：由于简文残缺，因此此"故"字是否为因果连词尚需讨论。

（7）讯，言吏不能其事，故有令。今☒里耶 8-691 背

---

① 韩剑南：《龙岗秦简虚词研究》，《成都纺织高等专科学校学报》2009 年第 4 期。

（8）昌辞（辞）曰：上造，居平□，侍廷，为迁陵丞。□当诣贰春乡，乡【渠、史获误诣它乡，□失】道百六十七里。即与史义论赀渠、获各三甲，不智（知）劾云赀三甲不应律令。故皆毋它坐。它如官书。里耶 8-754+8-1007

（9）故曰道无近，弗行不到。岳麓壹《为吏》79 肆

（10）故君子日有兹兹（孜孜）之志，以去其输（偷）也。岳麓壹《为吏》83 肆、84 肆

（11）☑故令人行 里耶 8-631

（12）故贾为赎取之。它如律令。里耶 8-1668

例（11）、（12）由于简文断残，尚值得讨论。

（十七）如

承接连词，睡虎地 1 例。

（1）诘咎，鬼害民罔（妄）行，为民不羊（祥），告如诘之。睡《日书》甲 24 背壹

（十八）因

用在承接复句的后一分句，表两事相接。睡虎地 1 例，放马滩 4 例，里耶 1 例，岳麓贰《数》2 例。

（1）争书，因羔（佯）瞋目扼腕以视（示）力。《语书》11-12

（2）大粱（梁）人王里□徒曰丹，□今七年，丹【刺】伤人垣离里中，因自【刺】殴，□之于市三日，葬之垣离南门外。放《丹》1-2

（3）以麦求粟，因倍之，有（又）五之，九成一。岳麓贰《数》100

（4）以粟求麦，因九之，十成一。岳麓贰《数》100

（5）因以左足□踵其心，□子十踵，女子七踵。里耶 8-1376+8-1959

例（5）上文已缺，姑附于此。

（6）城旦琐以三月乙酉有逯。今隶妾益行书守府，因止，令益治邸处。谒令仓司空薄（簿）琐以三月乙酉不治邸。敢言之。里耶 8-904+8-1343

《里耶秦简牍校释（第一卷）》认为"益"是人名；"止"原释为"之"，① 今据陈伟师提示改正。

（十九）虽

睡虎地 18 例，放马滩 1 例，龙岗 2 例，里耶 1 例，郝家坪 1 例，岳麓叁 4 例。睡虎地 18 例，有 1 例写作"唯"。用在转折复句的前一分句前，表示对某种事实的承认。王力认为"虽"字表示让步，又可以细分为两种情况。第一种是事实的让步，等于现代汉语的"虽然"。第二种是假设的让步，等于现代汉语的"即使"。②

（1）婴儿之毋（无）母者各半石；虽有母而与其母冗居公者，亦稟之，禾月半石。《秦律十八种》49-50

（2）三堵以下，及虽未盈卒岁而或盗陕（决）道出入，令苑辄自补缮之。《秦律十八种》118-119

（3）禾粟虽败而尚可食殹，程之，以其耗（耗）石数论负之。

---

① 陈伟主编：《里耶秦简牍校释（第一卷）》，武汉大学出版社 2012 年版，第 246 页。

② 王力：《汉语语法史》，商务印书馆 2010 年版，第 147 页。

《秦律十八种》165-166

（4）沛未死虽告狗、羽，"且以肆、舍客室鼠（予）识"，而后不鼠（予）识，识弗求。岳麓叁 127

（5）田虽不服，而毋（无）以解骊、路、毋智、市言。岳麓叁 204

（6）癸稺（种）姓虽贱，能权任人，有（又）能下人。岳麓叁 222

"虽"都表示一种假设的让步。例（1）～（5），构成"虽……而……"的固定用法。

（7）赀一盾应律，虽然，廷行事以不审论，赀二甲。《法律答问》38-39

（8）虽雨，齐（霁）。睡《日书》甲 33 正

（9）虽雨，见日。睡《日书》甲 41 正

（10）它日虽有不吉之名，毋（无）所大害。 睡《日书》甲 129 正-130 正

（11）下虽善欲独可（何）急？《为吏之道》8 伍

（12）虽有高山，鼓而乘之。《为吏之道》22 肆、23 肆

（13）失行门，虽（唯）为啬夫，□□□□，【财入】虽多，□必尽。放《日书》乙 11 贰、12 贰

（14）诸马、牛到所，毋敢穿穽及置它机。敢穿穽及置它【机】能害人马牛者，虽未有杀伤殴，赀二甲。龙岗 103-106①

（15）虽非除道之时，而有陷败不可行，辄为之。郝家坪 16 号木牍正

（16）恒服药廿日，虽久病必已。里耶 8-1290+8-1397

———————

① 以上几个残片可以缀合系连，详参中国文物研究所、湖北省文物考古研究所编：《龙岗秦简》，中华书局 2001 年版，第 107 页。

另有 2 例文意不是很清楚的，暂附于下：

(17)毋(无)射、大(太)族、蒙(蕤)宾之卦曰：是＝水火之贫贫，<u>虽</u>【忧】以云，奎口可论，可言口口室，【或】曼(迁)徙投其户，门口认认，妇是荧荧……放《日书》乙 252、351

(18)☒【<u>虽</u>】弗为轻租直 龙岗 172

(二十)然

龙岗 1 例。

(1)上<u>然</u>租不平而刻者，□□□□□☒①龙岗 141

此例简文意思不是很清楚，因此"然"是否为连词还值得讨论。

(二十一)有

连接整数和零数，表示加合关系，同"又"。睡虎地 1 例，岳麓贰《数》32 例。

(1)以桂长尺<u>有</u>尊(寸)而中折。睡《日书》甲 67 背壹

(2)益禾四斗<u>有</u>(又)七分斗之二。岳麓贰《数》9—10

(3)成田廿一步<u>有</u>(又)四分步之一。岳麓贰《数》53

---

① "刻"，《龙岗秦简》原释为"劾(中国文物研究所、湖北省文物考古研究所编：《龙岗秦简》，中华书局 2001 年版，第 119 页)，刘信芳、梁柱释为"劾"，并解释说："谓刻简牍为契券。"见刘信芳、梁柱编著：《云梦龙岗秦简》，科学出版社 1997 年版，第 39 页。刘钊亦释为"刻"，解释为"减损"之义，见刘钊：《读〈龙岗秦简〉札记》，张显成主编：《简帛语言文字研究》第 1 辑，巴蜀书社 2002 年版，第 20~21 页。今按，当以释"刻"为是。

（4）毁（毇）米一升为粟二升有（又）十分升一。岳麓贰《数》102

（二十二）乃

在秦简中，"乃"一般与"若""不""弗"等搭配使用。睡虎地5例，句式为"弗/不/非……乃……"

（1）乙丑生，不武乃工考（巧）。睡《日书》乙238

（2）丙亡，为间者不寡夫乃寡妇……睡《日书》乙255

（3）赐某大幅（富），非钱乃布，非茧乃絮。睡《日书》甲13背、14背壹

（4）若弗得，乃弃其屦於中道，则亡恙矣。睡《日书》甲58背叁、59背叁

例（4）的"弗"前有表假设的"若"。

（5）刑门，其主必富，十二岁更，弗而耐乃刑。睡《日书》甲117正叁

整理者注释说："乃，且，此句意谓如不改建，则被处耐刑以及肉刑。"①从整理者的意思看，"弗"后漏掉了"更"字，补全后为"弗【更】而耐乃刑"。这个"乃"字，魏德胜认为是表选择的连词。② 今按，似不必理解为表选择的连词，在秦简中有"弗A而B"的句式（参见第三章第二节），例（5）应该是这种句式与"弗……乃……"的杂糅。

---

① 睡虎地秦墓竹简整理小组编：《睡虎地秦墓竹简》，文物出版社1990年版，第200页。

② 魏德胜：《〈睡虎地秦墓竹简〉语法研究》，首都师范大学出版社2000年版，第230页。

（6）祠父母良日，乙丑、乙亥、丁丑亥、辛丑、癸亥，不出三月有大得，三<u>乃</u>五。睡《日书》甲 78 正贰

例（6）的"乃"字，魏德胜认为是表选择的连词。① 但未见到有论及古书有这种用法的"乃"字。"三乃五"，吴小强翻译为"三个到五个"。② 但从文意看，实在看不出这句话有这个意思。因此这个"乃"字，姑且存疑。

（二十三）附论

（1）壬申<u>会</u>癸酉，天以坏高山，不可取妇。睡《日书》甲 147 背

此"会"字，吉仕梅认为是并列连词，并说："相当于'与'、'同'。'会'的这种用法在其他典籍中罕见，但《公羊传·隐公元年》已有解释：'及者何？与也。会、及、暨皆与也。'"③今按，此说非。新蔡楚简"凡是戊唇（辰）以敛己巳祷之"（甲一 10），《广雅·释诂》："会，至也。"④因此秦简的"会"也应该是"至"义，而非并列连词。

（2）殳（投）者参（三）合日辰求星从，期三<u>而</u>一，·中期如参（三）合之数，远数有（又）参（三）之，即以钟音之数矣。放《日书》乙 321

---

① 魏德胜：《〈睡虎地秦墓竹简〉语法研究》，首都师范大学出版社 2000 年版，第 230 页。
② 吴小强：《秦简日书集释》，岳麓书社 2000 年版，第 74 页。
③ 吉仕梅：《〈睡虎地秦墓竹简〉连词考察》，《乐山师范学院学报》2003 年第 2 期。
④ 宋华强：《新蔡葛陵楚简初探》，武汉大学出版社 2010 年版，第 432 页。

在放马滩秦简中有几例"日、辰、星"并列的例子，如：

（3）节（即）有生者而欲智（知）其男女，投<u>日、辰、星</u>而参（三）合之，奇者男殹，禺（偶）者女殹。<u>因而</u>参（三）之，即以所中钟数为卜□放《日书》乙 293

（4）☑之数以<u>日辰</u>。<u>日、辰、星</u>各有勿（物）数，而各三合。令三而一，盈三者为死若矢殹。放《日书》乙 327B

因此例（2）就"日辰求星"来看，日、辰、星是否并列关系尚不清楚，"求"是否与连词有关也就更难以说清。①

二、双音节连词

（一）而或

（1）县葆禁苑、公马牛苑，兴徒以斩（堑）垣离（篱）散及补缮之，辄以效苑吏，苑吏循之。未卒岁<u>或</u>坏陕（决），令县复兴徒为之，而勿计为繇（徭）。卒岁<u>而或</u>陕（决）坏，过三堵以上，县葆者补缮之；三堵以下，及虽未盈卒岁<u>而或</u>盗陕（决）道出入，令苑辄自补缮之。《秦律十八种》117—119

从前后文看，"或"与"而或"所处句法位置相同。"未卒岁<u>或</u>坏陕（决）"，整理者语译为"不满一年而有毁缺"。② 两个"而或"也都语译

---

① "求"，或释作"罘"，参看孙占宇：《天水放马滩秦简集释》，甘肃文化出版社 2013 年版，第 266 页。

② 睡虎地秦墓竹简整理小组编：《睡虎地秦墓竹简》，文物出版社 1990 年版，第 48 页。

为"而有"。"而或"，相当于古书中的"如或""如有""若或",① 都表示一种假设。

（二）若苟

复音虚词，1 例。

（1）若筍（苟）能令某疟已，囗已囗已。一囗言若周家台376

"若苟"见于古书，如"君若苟无四方之虞，则愿假宠以请于诸侯"（《左传》昭公四年），"若苟不明於民之善非，则是不得善人而赏之，不得暴人而罚之"（《墨子·尚同上》）②。需要说明的是，此例"若"理解为第二人称代词，似也未尝不可。

（三）若或（1 例）

（1）五酉、甲辰、丙寅，不可以盖，必有火起若或死焉。睡《日书》乙113

《墨子·号令》："有司见有罪而不诛，同罪。若或逃之，亦杀。"③

（四）是以

用在因果复句的后一分句表两事相接。睡虎地4 例。

---

① 参见洪成玉：《古汉语复音虚词的固定结构释例》，《汉语语法散论及其他》，中华书局 2009 年版，第 128 页。
② 参见洪成玉：《古汉语复音虚词的固定结构释例》，《汉语语法散论及其他》，中华书局 2009 年版，第 130 页。
③ 洪成玉：《古汉语复音虚词和固定结构释例》，《汉语语法散论及其他》，中华书局 2009 年版，第 128 页。

(1)有（又）能自端殹，而恶与人辨治，是以不争书。《语书》9-10

（五）此以

(1)暨曰：不幸过误失，坐官弗得，非敢端犯灋（法）令，赴隧以成私殹。此以曰赢（累）重，毋（无）它解。岳麓叁 102-103

（六）然而

用在转折复句的后一分句表示转折，可译为"但是"。睡虎地1例。

(1)律所谓者，以丝杂织履，履有文，乃为"锦履"，以锦缝履不为，然而行事比焉。《法律答问》162
(2)☑□□状□然而出不□□为麦　里耶 8-258

例(2)简文断残，"然而"是否双音节连词尚值得讨论。

（七）不然

惯用词组，在语段之中，表示转折性假设，以引导下文推出的陈述。可译为"如果不是这样""要不"等。

(1)丁卯，不正，不然必有疵於前。睡《日书》乙 238
(2)牡日死必以牝日葬，牝日死必以牡日葬。不然，必复之。放《日书》乙 89

（八）以故

用在分句句首，表示结果。

（1）☒□多道亡事，以故留或至三四。里耶 8-301+8-428

"以故"作双音节连词也见于古书，如《战国策·燕策三》："上方急时，不及召下兵，以故荆轲逐秦王，而卒惶急，无以击轲，乃以手共搏之。"《史记·滑稽列传》："其人家有好女者，恐大巫祝为河伯取之，以故多持女远逃亡，以故城中益空无人。"

（九）耤令

用在分句句首，表示假设。3 例，皆见于岳麓贰《数》。

（1）租误券。田多若少，耤令田十亩，税田二百卅步，三步一斗，租八石。岳麓贰《数》11

（2）为积二千五百五十步，除田四十亩，田多百五十步，其欲减田，耤令十三斗，今禾美，租轻田步，欲减田，令十一步一斗，即以十步乘十亩，租二石者，积二千二百步，田少二百步。岳麓贰《数》42-43

整理者认为："耤令十三斗"可能有脱文，应是"耤令十三步一斗"。①

　　例（1）的"耤令"，整理者注释说："耤，此处作连词，表示假设。《史记·陈涉世家》：'公等遇雨，皆以失期，失期斩首。藉弟令毋斩，而戍死者固十六七。'马王堆帛书《战国纵横家书·苏秦谓燕王章》：'今

---

①　朱汉民、陈松长主编：《岳麓书院藏秦简（贰）》，上海辞书出版社 2011 年版，第 54 页。

日愿耤(藉)于王前.'"①今按：上举《战国纵横家书》中的"藉"，马王堆汉墓帛书整理小组解释说："藉与借字通。古人常说借口、藉手，这里是要借一个机会，容许他与燕王谈话的意思。"②岳麓贰整理者理解有误。例(1)、(2)中的"耤令"当是虚词复用，《史记·陈涉世家》"藉弟令毋斩"，"藉弟令"乃是三个虚词连用。③ 此类用法的"耤令"，在《九章算术》中皆作"假令"(35例)，④ 如：

术曰：以盈不足术求之。假令故米二斗，不足二升；令之三斗，有馀二升。(卷七)

术曰：假令二日，不足一尺五寸；令之三日，有馀一尺七寸半。(卷七)

(十)因而

用在分句句首，表示一种承接关系。12例(放马滩3、岳麓贰《数》9)。

(1)入絭(舞)投黄钟，投日、投辰、投时而三并之。中丽首者可以见人，有初【毋(无)后】。因而三之，中六律，□□，【毋(无)初有后】。再中，前【后】皆吉。放《日书》乙241

(2)节(即)有生者而欲智(知)其男女，投日、辰、星而参

<hr/>

① 朱汉民、陈松长主编：《岳麓书院藏秦简(贰)》，上海辞书出版社2011年版，第38页。
② 马王堆汉墓帛书整理小组编：《战国纵横家书》，文物出版社1976年版，第17页。
③ 参杨伯峻：《古汉语虚词》，中华书局1981年版，第25页；洪成玉：《汉语语法散论及其他》，中华书局2009年版，第99~101页。
④ 关于"假令"的归纳统计，邬述法统计为4例，见《〈九章算术〉虚词研究》，江西师范大学硕士学位论文，2010年，第47页。今按，邬说不确。

(三)合之, 奇者男殹, 禺(偶)者女殹。<u>因而</u>参(三)之, 即以所中钟数为卜□放《日书》乙 293

(3)里田述(术)曰: 里乘里, 里也。<u>因而</u>参之, 有(又)参五之, 为田三顷七十五亩。岳麓贰《数》62

(4)以米求叔(菽), <u>因而</u>三之, 二成一。岳麓贰《数》97

(5)以粺求粟, <u>因而</u>五之, 有(又)直(置)三壹方而九之, 以为法, 如法成一。岳麓贰《数》100

(6)☑□[粺], <u>因而</u>三之, 有(又)九之, 直(置)五壹方而□[之], 以为法, 如法而成一。岳麓贰《数》102

(7)不盈丈者, <u>因而</u>十之, 如法, 人一尺。岳麓贰《数》129

(8)不盈尺者, <u>因而</u>十之, 如法, 人得一寸。岳麓贰《数》129-130

例(4)~(6)可与下面的例子比较:

(9)以麦求粟, <u>因</u>倍之, 有(又)五之, 九成一。岳麓贰《数》100

可知, "因而"同"因"处在一样的语法位置。甚至都可以省去不用, 如下例:

(10)以毁(毇)求粟, 五十之, 廿四而成一。岳麓贰《数》99

结　语

秦简中的单音节连词, "以"是用例最多的, 可以连接词、短语及句子，连接的前后两部分语义关系比较复杂。"而"可以用在单句中，也可以用在复句中，所表示的语义关系也复杂多样。总体而言，这两个连词在秦简中的用法，与传世秦汉古书并无明显差异之处。"及"主要作为并列连词用，这一用法与传世古书也非常一致。而在战国楚简中并列连词主要用"与"，而秦简中"与"用作连词的例子则较为有限。在连词的讨论中，有些具体问题则须顾及古文字及方言的问题，如"与""兴"是否有讹混的问题，"节"作为假设连词可能与方言有关。秦简其他的连词，无论单音节与双音节，与传世秦汉古书中的用法也没有明显差异。

第四章　秦简的助词

　　助词是对词、短语或句子起各种标志作用的词类。不能独立存在，总是附在词、短语或句子之上，或协调音节以足句，或在句法结构中起标志作用，或传达各种语气。

　　关于助词的分类，由于依据的标准不同，学者们的分类也就各有差别。或把语气词包括在助词之内，或与助词并列。前者如殷国光分《吕氏春秋》中的助词为音节助词、结构助词和语气助词三类；[①] 后者如杨伯峻、何乐士分为语助词、重言助词、结构助词和语缀助词四类，[②] 与之相同，张玉金则分出土战国文献中的助词为结构助词、比况助词、表数助词、列举助词、限定助词五类[③]。虽然有这样多的不同，但使用频率较高的几个词，如结构助词"者""所""之"的归类则基本一致；"也／殹""矣"等的归类也基本一致，只是"语气助词""语气词"等名称或有不同而已。其他助词相对而言则用例较少。对个别助词的分析归类目前也有不同看法，且难以统一。如"者"，兼有结构助词和语气助词的用法，或认为只是结构助词。

---

① 殷国光：《〈吕氏春秋〉词类研究》，商务印书馆 2008 年版，第 371 页。
② 杨伯峻、何乐士：《古汉语语法及其发展》（修订本），语文出版社 2008 年版，第 470 页。
③ 张玉金：《出土战国文献虚词研究》，人民出版社 2011 年版，第 425~426 页。

秦简的助词，共有：等、然、焉、也/殹、矣、有、惟、云、余、者、之、所、也与、虖等 14 个。其中所、者、之、也/殹的出现频率较高且用法复杂，其他则用法较为简单或出现次数很少。

第一节　助词"所"

秦简中"所"字共出现了 373 例，用法最多的结构助词有 189 例，其次是名词有 102 例，二者分别占"所"字用例总数的 51% 和 27%。而根据王克仲对先秦 21 部古籍的统计，"所"字共出现了 6484 次，用法最多的结构助词有 6252 例，其次是名词 134 例，[1] 二者分别占"所"字用例总数的 96.4% 与 0.02%。可以看出，相对于先秦 21 部古籍，秦简中的结构助词所占比例要低很多，而名词用法却高不少。下面就分别讨论秦简中"所"字的这两种用法，及与二者关系密切的"动·所·名"结构。

一、结构助词"所"

"所"字用在动词前，使整个结构具有名词性，也就是一般所说的"所·动"用法。此种用法的"所"字，其词性归属目前尚有争论，此取结构助词说。[2] 秦简中"所"字的结构助词，其用法从结构形式上可以分为六小类。

---

① 参看王克仲：《关于先秦"所"字词性的调查报告》，中国社会科学院语言研究所古代汉语研究室：《古汉语研究论文集》，北京出版社 1982 年版；张玉金：《出土战国文献虚词研究》，人民出版社 2011 年版，第 484~514 页。
② 王克仲：《关于先秦"所"字词性的调查报告》，中国社会科学院语言研究所古代汉语研究室：《古汉语研究论文集》，北京出版社 1982 年版，第 70 页。

（一）"所·动"

"所"用在动词前，使整个结构具有名词性。传世文献里，"所"字后可以是形容词、名词、代词或数词等，只是它们都已经活用为动词。① 秦简共94例（睡虎地46，放马滩9，周家台2，里耶24，岳麓壹8，岳麓贰《数》2，岳麓叁3），其中1例"所"字后动词为名词之活用。动词前或有副词"当"（1例）、"必"（1例）、"已"（1例），形容词"远"（1例）、"新"（1例）。

（1）古者，民各有乡俗，其<u>所利</u>及好恶不同，或不便於民，害於邦。《语书》1

（2）啬夫免而效，效者见其封及堤（题），以效之，勿度县，唯<u>仓所自封印</u>是度县。《秦律十八种》171

魏德胜将"仓所自封印"理解为"名+'所'字结构"，② 即"仓/所自封印"。与"唯仓自封印者是度县"（《秦律十八种》23）对比，可知"所"与"者"都是结构助词，使整个结构名词化。另外在睡虎地秦简未见有名词"仓所"的说法。

（3）戍者城及补城，令姑（婿）堵一岁，<u>所城</u>有坏者，县司空署君子将者，赀各一甲。《秦律杂抄》40

（4）今共（决）耳故不穿，<u>所共（决）</u>非珥<u>所入</u>殹，可（何）论？《法律答问》80

---

① 可参见王克仲：《关于先秦"所"字词性的调查报告》，中国社会科学院语言研究所古代汉语研究室：《古汉语研究论文集》，北京出版社1982年版，第71页；易孟醇：《先秦语法》（修订本），湖南大学出版社2005年版，第255~256页。

② 魏德胜：《〈睡虎地秦墓竹简〉语法研究》，首都师范大学出版社2000年版，第270页。

（5）"捕亡，亡人操钱，捕得取钱。"所捕耐辠（罪）以上得取。《法律答问》130

（6）"州告"者，告辠（罪）人，其所告且不审，有（又）以它事告之。《法律答问》100

（7）王室所当祠固有矣，擅有鬼立（位）殹，为"奇"，它不为。《法律答问》161

（8）一曰不察所亲，不察所亲则怨数至。《为吏之道》24 贰、25 贰

（9）人各食其所耆（嗜），不蹳以贫（分）人。《为吏之道》35 伍、36 伍

（10）鬼之所恶，彼窋（屈）卧箕坐，连行奇（踦）立。睡《日书》甲 25 背壹、26 背壹

（11）皋陶所出，以而五音、十二声以求其请。放《日书》乙 284

（12）直（德）之所在主岁。放《日书》乙 308 贰

（13）……即斗所乘也。周家台 243

（14）操两瓦，之东西垣日出所烛……周家台 329

（15）毋令庆有所远之。里耶 8-78

"远"为形容词状语，"之"为动词。

（16）寡门，不寡濡泥兴，兴毋（无）所定，妻不吉，必叁（三）寡。放《日书》乙 1 贰

（17）非亲毋亲，多所智（知）。岳麓壹《为吏》43 壹、44 壹

（18）不祭（察）所使，亲人不固。岳麓壹《为吏》54 叁

（19）毋失四时之所宜。岳麓壹《占梦书》3

（20）各直（置）一日所织。岳麓贰《数》128

（21）以所已干为法。岳麓贰《数》2

(22)安乐之所必戒。岳麓壹《为吏》28 贰

(23)受人货材(财)以枉律令,其所枉当赀以上,受者、货者皆坐臧(赃)为盗,有律,不当瀱(谦)。岳麓叁 29

(24)☑☐☐所新缮。 横手。里耶 8-2481

(25)☑所遣乃 里耶 8-278

末一例,由于简文残缺,其"所"字的用法还值得讨论。

(二)"所·动·者"

41 例(睡虎地 4,放马滩 5,周家台 30,里耶 2)。动词前或有副词"恒"(1 例)。

(1)律所谓者,令日勿为,而为之,是谓"犯令"……《法律答问》142

(2)所【执】者规也。放《日书》乙 197 壹

(3)所言者急事也。周家台 187

(4)人所恒炊(吹)者,上橐莫以丸礜,大如扁(蝙)蝠矢而干之。即发,以□四分升一歙(饮)之。周家台 321-322

张玉金认为例(4)的"所"字是假设连词,① 此说不确,"所"为结构助词,"人所恒炊(吹)者"即"人之所恒炊(吹)者",即有"恒炊(吹)"病症的人。

(5)问迁陵所请不迁者廿人录☑里耶 8-2217

最后一例,由于简文残缺,"所请不迁者"其具体意思及与前后文如何断读尚需讨论。

① 张玉金:《出土战国文献虚词研究》,人民出版社 2011 年版,第 407 页。

（三）"所·动·名"

"所·动"与紧接其后的"名词"，何乐士认为是偏正关系，"所·动"具有定语的性质，名词为中心语。① 或认为"名词"是前者的修饰成分。② 无论何种分析，有一点是比较清楚的，即"所·动·名"结构比"所·动"结构的表意更清楚具体。36 例（睡虎地 7，放马滩 2，周家台 3，龙岗 5，里耶 12，岳麓贰《数》5，岳麓叁 2）。动词前或有形容词"新"（1 例）、副词"共"（1 例）。

（1）稼已生后而雨，亦辄言雨少多，所利顷数。《秦律十八种》1—2

（2）河（呵）禁所杀犬，皆完入公。《秦律十八种》7

（3）县所葆禁苑之傅山、远山，其土恶不能雨，夏有坏者，勿稍补缮，至秋毋（无）雨时而以縣（徭）为之。《秦律十八种》119—120

（4）军人禀所、所过县百姓买其稟，赀二甲，入粟公。《秦律杂抄》14

（5）此所胃（谓）艮山，禹之离日也。睡《日书》甲 47 正叁

（6）即以所中钟数为卜□放《日书》乙 293

（7）此所谓戎磨日也。周家台 132 叁

（8）即以所操瓦而盖□。周家台 330

（9）所谓"牛"者，头虫也。周家台 328

（10）分以上，直（值）其所失臧（赃）及所受臧（赃），皆与盗同☒龙岗 137

（11）坐其所匿税臧（赃），与瀍（法）没入其匿田之稼。☒龙岗 147

（12）嘉、谷、尉各谨案所部县卒、徒隶、居赀赎责（债）、司

---

① 何乐士：《〈左传〉虚词研究》（修订本），商务印书馆 2004 年版，第 235~241 页。

② 易孟醇：《先秦语法》（修订本），湖南大学出版社 2005 年版，第 257 页。

<u>寇、隐官践更县者</u>簿。① 里耶 J1(16)5

"司寇、隐官践更县者"与前面的"县卒""徒隶"等并列，而非"所部……者"结构。②

(13) 令曰：恒以朔日上<u>所买徒隶</u>数。里耶 8-154

(14) ☒敬入徒<u>所捕白翰羽</u>千☒里耶 8-2501

(15) 以<u>所得禾斤</u>数为法。岳麓贰《数》1

(16) 亦令<u>所奕步</u>一为八十一。岳麓贰《数》30

(17) 亦直(置)<u>所新得寸</u>数，粗令相乘也。岳麓贰《数》34

(18) 以<u>所券租</u>数为法……岳麓贰《数》15

例(18)，大川俊隆认为"券"当用为动词，并把这句话翻译为"以误刻券的租数为法"。③

(19) <u>所出购</u>，以死辠(罪)购，备鼠(予)琐等，有券。岳麓叁 29

(20) 朵子士五(伍)方贩棺其列下，芮利买(卖)<u>所共盖公地</u>，卒(?)又(?)盖 □□□□ 与 材 共 □□□ 芮 分 方 曰：……

---

①　王焕林："马怡《里耶秦简选校》以'县卒'为读，误。质言之，县字实领'卒'、'徒隶'、'居赀赎债'、'司寇'六者为言。"见《里耶秦简校诂》，中国文联出版社 2007 年版，第 108 页。

②　王焕林："马怡《里耶秦简选校》以'县卒'为读，误。质言之，县字实领'卒'、'徒隶'、'居赀赎债'、'司寇'六者为言。"见氏著《里耶秦简校诂》，中国文联出版社 2007 年版，第 108 页。今按，"司寇、隐官"与"践更县者"连读，参见陈伟：《岳麓书院藏秦简先王之令解读及相关问题探讨》，《"中研院"历史语言研究所集刊》第八十八本第一分，2016 年。

③　[日]古算书研究会，[日]大川俊隆著，马彪译：《岳麓书院藏秦简〈数〉译注稿(1)》，简帛网，2013 年 1 月 30 日，http：//www.bsm.org.cn/show_article.php？id=1954。

岳麓叁 74-75

有些作处所成分的"所·动·名"结构，其中的"动·名"也可以单独作处所词语，如下面的例子：

> （21）军人买（卖）禀禀所及<u>过县</u>，赀戍二岁；同车食、敦（屯）长、仆射弗告，戍一岁；县司空、司空佐史、士吏将者弗得，赀一甲；邦司空一盾。军人禀所、<u>所过县</u>百姓买其禀，赀二甲，入粟公；吏部弗得，及令、丞赀各一甲。《秦律杂抄》12-15

至于为什么前面用"过县"而后面用"所过县"，我们认为大概与防止句子产生歧义有关。在秦简里，"禀"有名词和动词两种用法；再者，处所成分作补语时，常不用介词引介（详参第二章第四节），如：

> （22）盗贼杀伤人<u>冲术</u>，偕旁人不援，百步中比壄（野），当赀二甲。《法律答问》101
> （23）令甲以布帬剿狸（埋）男子<u>某所</u>，侍（待）令。《封诊式》61
> （24）二月利兴土<u>西方</u>，八月<u>东方</u>，三月<u>南方</u>，九月<u>北方</u>。睡《日书》甲110正壹

如果将"所过县"改为"过县"的话，"军人禀所、过县"就可能理解成"军人禀（于）所过县"。因此，为句意明确计，作为处所词的"所过县"此处就不能用"过县"代替。

（四）"所·动·名·者"

2例（岳麓叁2）。

> （1）为之述（术）曰：直（置）<u>所得四升半升者</u>，曰半者倍为九，有（又）三□之为廿七，以为法。亦直（置）<u>所取三步者</u>，十而五之

为三百，即除廿七步而得一步。岳麓贰《数》5-6

（五）"所·动·之·名"

只是在"所·动·名"结构的"名词"之前加一"之"字。3例（放马滩2，龙岗1）。

（1）【投】其音数，其所中之钟贱，亡人不出其界。放《日书》乙287

（2）投其病日、辰、时，以其所中之辰间，中其后为已间，中其前为未间。放《日书》乙338

（3）传者入门，必行其所当行之道，□□行其所当行☒龙岗3

例（3）末尾"所当行"，其后简文残缺，其是否为"所·动·之·名"结构暂且存疑。

（六）"所·介·动（者）"

14例（睡虎地6，放马滩4，周家台1，里耶2，岳麓壹1），介词有"以"（9例）、"道"（4例）、"为"（1例）。

（1）其所以抓者类旁凿，迹广一寸大半寸。《封诊式》76-77

（2）春三月甲乙，不可以杀，天所以张生时。睡《日书》甲102背

（3）禹须臾所以见人日。放《日书》甲42贰

（4）凡所以相生者，以□□殴。放《日书》乙337

（5）丹所以得复生者，吾犀武舍人。放《丹》2

（6）【以】孤虚循求盗所道入者及臧（藏）处。周家台260

（7）说所为除贷者名吏（事）里、它坐、誉遣 里耶8-1090

（8）所道来甚远居 里耶8-2000

(9) 愢(思过)*所道来*,毋云莫智(知)之。① 岳麓壹《为吏》68 肆

需要说明的是下面一例:

(10) 可(何)胃(谓)"署人"、"更人"?耤(藉)牢有六署,囚
道一署旞,*所道旞者*命曰"署人",其它皆为"更人";或曰守囚即
"更人"殴,原者"署人"殴。《法律答问》196

例(10)的"所道旞",整理者说:"道,由、从。旞,读为遂,《广雅·
释诂一》:'行也。'道一署遂,经由一处看守地段通行。"同时还提出另
一种读法:"'藉牢有六署囚道,一署遂所道,遂者命曰署人',按照这
种读法,遂应读为述,《诗·日月》传:'循也。'可解释为巡查。"今按,
"道"可能是动词,参见本书第二章第四节。

二、名词"所"及"动·所·名"结构

"所"似可单用为处所词,2 例。

(1) 票(飘)风入人宫而有取焉,乃投以屦,得其*所*,取盎之中
道;若弗得,乃弃其屦於中道,则亡恙矣。不出壹岁,家必有恙。
睡《日书》甲 57 背叁、58 背叁、59 背叁

这里的"得其所"在句意上不好理解,与前后文该如何断句也需讨论。

(2) 不智(知)器及左券在*所*未 里耶 8-435

---

① 陈剑认为"愢"是"思过"二字,参见复旦读书会《读〈岳麓书院藏秦简
(壹)〉》学者评论(复旦大学出土文献与古文字研究中心网站,2011 年 2 月 28 日,
http://www.gwz.fudan.edu.cn/Web/Show/1416)。

上例很可能是一个反复问句,如《史记·魏其武安侯列传》:"上乃曰:君除吏已尽未?"只是秦简未见有"未"用在句末的反复问句。"在所"也可能是名词,由于竹简上下文已缺,因此还需讨论。

"所"字在"其""某""它""甲"等指代词后,构成处所词。4 例(睡虎地3,放马滩1)。

(3)大神,其**所**不可呙(过)也。睡《日书》甲27背贰

(4)令甲以布帬剶狸(埋)男子某**所**……《封诊式》61

(5)其为人方面,面广颡、睘(圆)目,盗**它所**人毆,不得。放《日书》乙68

(6)丞某讯丙,辞曰:"甲亲子,诚不孝**甲所**,毋(无)它坐辠(罪)。"《封诊式》51

"所"也可以放在名词、形容词和动词后结合为处所名词,96 例(睡虎地32,放马滩8,龙岗1,周家台2,里耶43,岳麓叁10);"所"字前为名词的如:

(7)夫盗千钱,**妻所**匿三百,可(何)以论妻?《法律答问》14

(8)其**头所**不齐臧臧然。《封诊式》36

(9)男子**死(尸)所**①到某亭百步,到某里士五(伍)丙田舍二百步。《封诊式》60

(10)某有恶薔(梦),走归**豩埼之所**。睡《日书》甲13背

(11)癸未,野之**丑夫所**。岳麓壹《廿七年质日》9肆

(12)沛有子**媙所**四人,不取(娶)妻矣。岳麓叁114

---

① "死所"之"死",整理括注为"尸",大概认为"死"是"尸"的假借字。但是在古书里有"死所"的用例,如《史记·周本纪》:"至纣死所",又同书《孙子吴起列传》:"往年吴公吮其父,其父战不旋踵,遂死于敌。吴公今又吮其子,妾不知其死所矣。"因此简文中的"死"亦可照本字解。

例(12)，整理者语译为："我跟婉有了四个孩子，不(再)娶妻了"。①但从原文看，"婉所"应该是处所成分，语译为"沛有四个孩子在婉处"似更合适一些。

　　(13)☑四斗半斗于隶臣徐所，取钱五。里耶 8-1709

例(11)~例(13)这类"所"字用在人名后的例子，刘乐贤在汉简和古书里也找到了一些，并且进一步指出这类"表示处所的'所'字似乎有虚化倾向，在句子中可有可无"。② 下面是刘乐贤举的两组例子之一：

　　田叔者，赵陉城人也。其先，齐田氏苗裔也。叔喜剑，学黄老术于乐巨公所。(《史记·田叔列传》)
　　田叔，赵陉城人也。其先，齐田氏也。叔好剑，学黄老术于乐巨公。(《汉书·田叔传》)

就上举两例看，"学黄老术于乐巨公所""学黄老术于乐巨公"，前者"乐巨公所"为处所补语，后者"乐巨公"为对象补语，但二者在表示"曾向乐巨公学习黄老术"之类意思上，都很通顺，因此"所"字就显得可有可无。需要注意的是例(6)，"不孝甲所"似有些不够通顺。但如果把"所"字去掉，"不孝甲"就有会产生歧义。因此，"甲所"的"所"，仍可看作名词，只是词义很虚而已。
　　"所"字前为形容词的如：

---

① 朱汉民、陈松长主编：《岳麓书院藏秦简(叁)》，上海辞书出版社 2013 年版，第 297 页。
② 刘乐贤：《谈秦汉文献中"所"字的一种用法》，《中国文字学报》第 3 辑，商务印书馆 2010 年版。

（14）为人美，不牷，名曰"环"，远所殹，不得。放《日书》
乙 74 壹

（15）梦见项者，有亲道远所来者。岳麓壹《占梦书》22 壹

"所"字前为动词的如：

（16）八月、九月中其有输，计其输所远近，不能逮其输所之
计，□□□□□□【移】计其后年。《秦律十八种》70-71

（17）城旦、鬼薪疕，可（何）论？当毄（迁）疕毄（迁）所。
《法律答问》123

（18）诸马、牛到所，毋敢穿穽及置它机。龙岗 103

（19）鸟兽恒鸣人之室，燔蚤（蚤）及六畜毛邋（鬣）其止所，则
止矣。睡《日书》甲 47 背叁

此类"动·所"结构的名词，其后又可以接处所名词，构成"动·所·
名"结构，如：

（20）将牧公马牛，马【牛】死者，亟谒死所县，县亟诊而入
之……《秦律十八种》16

（21）谒告过所县乡以次续食。里耶 5-1

这种用法的"所"字也见于汉代简牍和传世古书。

（22）气（乞）鞫者各辞在所县道，县道官令、长、丞谨听，书
其气（乞）鞫，上狱属所二千石官。① 张家山汉简《二年

---

① 彭浩、陈伟、工藤元男主编：《二年律令与奏谳书》，上海古籍出版社
2010 年版。

律令·具律》116

（23）都官除吏官在所及旁县道。都官在长安、栎阳、雒阳者，得除吏官在所郡及旁郡。《二年律令·置吏律》218

（24）女子已坐亡赎耐，后复亡当赎耐者，耐以为隶妾。司寇、隐官坐亡罪隶臣以上，输作所官。《二年律令·亡律》158

（25）节（即）归休、繇（徭）使，郎中为传出津关，马死，死所县道官诊上。《二年律令·津关令》514

以上是张家山汉简的例子，而传世古书中的用例，据我们初步检索，最早见于《新书·等齐》：

诸侯王所在之宫卫，织履蹲夷，以皇帝在所宫法论之。①

《史记》有 2 例：

郡不出铁者，置小铁官，便属在所县。（《史记·平准书》《汉书·食货志》作"郡不出铁者，置小铁官，使属在所县"。）

郡国县道邑有好文学，敬长上，肃政教，顺乡里，出入不悖所闻者，令相长丞上属所二千石，二千石谨察可者，当与计偕，诣太常，得受业如弟子。（《史记·儒林列传》《汉书·儒林传》作"郡国县官有好文学，敬长上，肃政教，顺乡里，出入不悖，所闻，令

---

① 贾谊撰、阎振益、钟夏校注：《新书校注》，中华书局 2000 年版，第 48 页。"在所宫"，俞樾认为："建本作'皇帝在所宫法论之'，非也。上句云'诸侯王所在之宫卫织履蹲夷'，则此句当作'皇帝所在宫'明矣，两'所在'正相应也。卢校本反从建本作'在所'，殊误。"（《诸子平议·贾子一》，中华书局 1956 年版，第 547 页）又吴云、李春台《贾谊集校注（增订版）》（天津古籍出版社 2010 年版）亦作"所在宫"，其校注说"建本作'在所'"。今按，从本书讨论的秦汉简中大量的"动·所·名"结构来看，当以作"在所宫"为是；再者，从《等齐》前后文看，"在所宫"与前面的"所在之宫"意思相同，句式不同大概是避复。

相长丞上属所二千石。二千石谨察可者，常与计偕，诣太常，得受
业如弟子"。)

其中的"属所二千石"，在张家山汉简中也有 6 例。从所在文句看，二
者在句中都作为动作行为的终点，因此为行文方便，"属所二千石"也
按照处所词来处理。在《汉书》里也有 7 个用例，其中 2 例是承自《史
记》，见上文。另外 5 例如下：

> 诸取众物鸟兽鱼鳖百虫于山林水泽及畜牧者，嫔妇桑蚕织纴纺
> 绩补缝，工匠医巫卜祝及它方技商贩贾人坐肆列里区谒舍，皆各自
> 占所为于其在所之县官。(《汉书·食货志》)
> 在所闾里尽满客。(《汉书·游侠传》)
> 乃械致都护但钦在所埒娄城。(《汉书·西域传》)
> 莽闻恶之，留霸在所新丰，更其姓曰巨母氏，谓因文母太后而
> 霸王符也。(《汉书·王莽传》)
> 汉遣车骑都尉韩昌迎，发过所七郡郡二千骑，为陈道上。
> (《汉书·王莽传》)

这种"动·所·名"结构中的"所"字其性质问题，目前有不同的说法。
先来看看前人的意见。

> 郡国县道邑有好文学，敬长上，肃政教，顺乡里，出入不悖所
> 闻者，令相长丞上属所二千石，二千石谨察可者，当与计偕，诣太
> 常，得受业如弟子。(《史记·儒林列传》)

"属所二千石"，司马贞《索隐》："属，委也。所二千石，谓于所部之郡
守相。"很明显，《索隐》是把"属所二千石"分析为"属/所二千石"，二
者相当于现在所说的动补关系。至于王鸣盛曾指出的"上属所二千石"

当作"上所属二千石",① 则是错误的。

> 诏曰:"惟宗室列侯为王莽所废,先灵无所依归,朕甚愍之。其并复故国。若侯身已殁,<u>属所</u>上其子孙见名尚书,封拜。"(《后汉书·光武帝纪》)

"属所",李贤注:"属所谓侯子孙<u>所属</u>之郡县也。"很明显李贤是把"属所"理解为"所属郡县"之省略。

张家山汉简"属所二千石官"的"属所",整理者无说,郝慧芳将"所"解释为"官府",② 但"属所"该怎么解释却置之未提。里耶秦简中的"署所县""在所县",王焕林解释说:"质言之,就上下文的特定语境看,'在所县'只能理解为'所在之县';'署所县'只能理解为'所署之县'。"③

另外与此有关的就是学者们对居延汉简中"过所"的分析。"过所"在居延简中或单独作处所名词,或在名词前结合成"动·所·名"结构,如:

> 建武三年十二月乙亥,甲渠候君移<u>过所</u>,遣城北隧长。(《居延新简》EPT26·1)④
>
> 建平五年十二月辛卯朔庚寅,东乡啬夫护敢言之。嘉平☒☐☐中,愿以令取传,乡案忠等毋官狱征事,谒移<u>过所</u>县邑门亭河津

---

① 王鸣盛:《十七史商榷》,凤凰出版社 2008 年版,第 146 页。

② 郝慧芳:《张家山汉简语词通释》,华东师范大学博士学位论文,2008 年,第 418 页。

③ 王焕林:《里耶秦简校诂》,中国文联出版社 2007 年版,第 151 页。

④ 甘肃省文物考古研究所等编:《居延新简——甲渠候官与第四燧》,文物出版社 1990 年版,第 76 页。

关，毋苛留，敢言之。(《居延汉简释文合校》495·12、506·
20A)①

对于"过所"的分析，一种意见认为"过所"即"所过"，② 也就是"所动"
用法的倒置；如《中国简牍集成》："汉代语言多倒置结构，'过所'即
'所经过'，此处(今按：即上文《居延新简》26·1)指'所经过诸地方'，
东汉以后演变为文书名，称'过所'，犹后世之通关文牒和今日之通行
证。"其所说"汉代语言多倒置"，并无任何引证。而是把"所"看成名词，
如吉仕梅的看法，她认为"过所"是名词性偏正结构。③ ("过所"的解释
见下文第四章第二节)

　　"所"字作结构助词的"所·动·名"结构与这种"动·所·名"结构
都可以表处所。但二者在传世古书和秦简中的用例却大不相同。前者据
易孟醇的统计，先秦比较少见，汉代之后才多起来，④ 据我们统计，相
关传世典籍共 27 例(见表 4.1)：

表 4.1

书名	用例次数
《周易》	0
《诗经》	0

---

　　①　谢桂华、李均明、朱国照：《居延汉简释文合校》，文物出版社 1987 年
版，第 594 页。
　　②　详见沈刚：《居延汉简语词汇释》，科学出版社 2008 年版，第 75 页。另张
国艳《居延汉简虚词研究》(华东师范大学博士学位论文，2005 年，第 320~320 页)
在讨论助词"所"时，与"过所"有关的简文皆未提及，大概认为"过所"之"所"不是
虚词。葛红丽《〈居延新简〉词语通释》(华东师范大学博士学位论文，2007 年)亦未
提及。
　　③　详见吉仕梅：《秦汉简帛语言研究》，巴蜀书社 2004 年版，第 93 页。
　　④　易孟醇：《先秦语法》(修订本)，湖南大学出版社 2005 年版，第 257 页。

续表

书名	用例次数
《尚书》	1
《论语》	0
《孟子》	1
《左传》	0
《管子》	5
《庄子》	1
《老子》	0
《国语》	1
《荀子》	0
《韩非子》	2
《孙子·兵法》	0
《商君书》	0
《墨子》	0
《公孙龙子》	0
《吕氏春秋》	0
《战国策》	8
《晏子春秋》	0
《公羊传》	3
《穀梁传》	0
《周礼》	5

而后者在传世文献中却没有用例。而在秦简中，二者的使用情况却正好相反（见表4.2）：

表 4.2

结构＼语料	先秦古书	《史记》	《汉书》	秦简	张家山汉简
所·动·名	27	52	168	8	1
动·所·名	0	2	7	20	18

这两种结构在表处所时，可以相互转换而意义不变，"动·所·名"结构在古书中相对于"所·动·名"少得多，这大概是学者们把"动·所·名"中的"动·所"看成所字结构倒置的原因。如上文所引《新书·等齐》中的"在所宫"，俞樾就认为当作"所在宫"，原因似也在此。从表意上说，"所·动""动·所"表处所时表意比较概括而抽象。与之不同的是，其后加名词构成的"所·动·名""动·所·名"结构，表意会更明确而具体。上文已言，在秦简里，"所"作名词用在全部"所"字用例中，所占比例比古书要高很多。因此上文所讨论的传世古籍及秦汉简中表处所的"动·所·名"结构，我们认为当是在"动·所"基础上表意更明确具体的结果。当然也不排除一种可能，就是这两种结构都可以用来表处所，因此相互影响甚至有混用的情况。

根据以上讨论，再来看秦简中的"计所官"该如何解释。

(26) 官作居赀赎责(债)而远其<u>计所官</u>者，尽八月各以其作日及衣数告其<u>计所官</u>，毋过九月而矒(毕)到其官；官相斳(近)者，尽九月而告其<u>计所官</u>，计之其作年。《秦律十八种》139-140

整理者将其语译为"原计帐官府"。① 从简文"毋过九月而矒(毕)到其官"可知，这个"官"指的是"计所官"，因此"计所官"之"官"只能理解

① 睡虎地秦墓竹简整理小组编：《睡虎地秦墓竹简》，文物出版社 1990 年版，第 52 页。

为名词。里耶简中还有"近所官"的例子：

（27）卅一年后九月庚辰朔甲□……却之：诸徒隶当为吏仆养者皆属仓……仓及卒长彭所署仓，非弗智（知）殹，盖……可（何）故不腾书？<u>近所官</u>亘（恒）日上真书。状何……□□□□□☑
里耶 8-130+8-190+8-193

例（26）可以分析为"计所+官"的结构。只是不像"在所县""过所县""死所县"等词在古书及出土文献中能找到"在所""过所""死所"等单独作处所名词的例子，而在秦简及古书里面尚未发现"计所"单独作处所名词的用例。

上文已指出，表处所的"动·所·名"结构都可以转换为"所·动·名"结构而意义不变。因此，"计所官"也可以转换为"所计官"来理解。根据朱德熙的意见，"所·动"一般是提取动词的宾语，在古汉语里只能是受事、与事与工具。① 照此来看，"所计"应该指其受事，但这样在简文中又很难讲通。有学者指出，在古汉语里也有"所·动"结构提取施事的情况，② 如下面的例子：

夙兴夜寐，无忝尔所生。（《诗经·小雅·小宛》）
冀之北土，马之所生。（《左传》昭公四年）
夫所借衣车者，非亲友则兄弟也。（《战国策·赵策一》）

---

① 朱德熙：《自指和转指——汉语名词化标记"的、者、所、之"的语法功能和语义功能》，《方言》1983 年第 1 期。
② 杨伯峻、何乐士：《古汉语语法及其发展》（修订本），语文出版社 2001 年版，第 487 页；王克仲：《关于先秦"所"字词性的调查报告》，中国社会科学院语言研究所古代汉语研究室：《古汉语研究论文集》，北京出版社 1982 年版，第 70 页。吕叔湘曾指出"在古书里间或有'所'字指示原为起词的端语，但是照通常的用法，只有端语原为止词或补语时才用这个'所'字"，但并未举"'所'字指示原为起词的端语"的例子（吕叔湘：《中国文法要略》，商务印书馆 1956 年版，第 81 页）。

庄襄王所母华阳后为华阳太后，其母夏姬尊以为夏太后。
(《史记·吕不韦列传》)

其中的"马之所生"，也有学者主张是"所"字后介词的省略。如吕叔湘
就认为"马之所生"应该是"马之所于生"的省略。① 因此来看"所计官"，
无论是理解为提取"计"的施事，还是看成"计"前的介词省略，将其理
解为"原计帐官府"都是没有问题的。

三、作为文书名的"过所"一词语源的讨论

"过所"作为一种通行文书的名称，多见于古书：

> 《周礼·地官·司官》"则以节传出之"，郑玄注："传，如今移
> 过所文书。"孙诒让正义："西汉时用传，东汉时则为移过所文书。
> 凡所过津关，必案验文书乃得行，因即称其文书为过所，盖当是即
> 沿俗语如此。"
> 《三国志·魏书·仓慈传》："太和中迁敦煌太守，西域杂胡其
> 欲诣洛阳者，为封过所也。"
> 《太平御览》卷 598 引晋令："诸渡关及乘船筏上下经津者，皆
> 有过所，写一通付官吏。"

需要注意的是，据李烨的考察，"传世文献中关于'过所'文书的记载，
除郑玄和张晏的注文之外，则多见于成书于魏晋至北宋这一段时期的史

---

① 见吕叔湘：《中国文法要略》，商务印书馆 1956 年版，第 84 页。相同观点
还有王克仲：《关于先秦"所"字词性的调查报告》，中国社会科学院语言研究所古
代汉语研究室：《古汉语研究论文集》，北京出版社 1982 年版，第 90 页；易孟醇：
《先秦语法》(修订本)，湖南大学出版社 2005 年版，第 266 页。

书之中"①。

"过所"也多见于汉代简牍中，如：

> 建武三年十二月乙亥，甲渠候君移过所，遣城北隧长。(《居延新简》EPT26·1)
>
> 建平五年十二月辛卯朔庚寅，东乡啬夫护敢言之。嘉平☑□□中，愿以令取传，乡案忠等毋官狱征事，谒移过所县邑门亭河津关，毋苛留，敢言之。(《居延汉简释文合校》495·12，506·20A)

学者多认为"过所"是一种通行文书的名称，除沈刚《居延汉简语词汇释》一书所引诸家之说外②，还有陈槃、程喜霖等的详细论说③。李均明有不同的观点，他说：

> 汉简所见，"传"与"过所"一语常常出现于一牍之中，其中"过所"应当是所过之所的意思，所以有的简文可以省略之而只署写过境的具体地点，如例（七）"……当得取传，谒移肩水金关、居延县索关"。后代将"传"称为"过所"当与封检有关。汉简所见封检通常只署收件者名称，如简文中常见署"甲渠候官"之封检，收件者即甲渠候官。由于"传"是供沿途有关机构查验的，故其封检署"过所"为收件者。④

李均明认为汉简中的"过所"不能理解为通行证一类意思，我们认为是

---

① 李烨：《汉简所见"过所"考》，2013 年西南大学博士论坛简帛组论坛论文。

② 沈刚：《居延汉简语词汇释》，科学出版社 2008 年版，第 75~76 页。

③ 陈槃：《汉晋遗简识小七种》，上海古籍出版社 2007 年版，第 107 页；程喜霖：《汉简所见关传向过所演变》，《简牍学研究》第 2 辑，甘肃人民出版社 1998 年版。

④ 李均明：《汉简所见出入符、传与出入名籍》，《初学录》，兰台出版社 1999 年版。

可信的。为什么"过所"会产生出通行文书一类的意思，上引孙诒让、李均明之说差别不大。还有一种被陈槃所否定的说法：

> 陈霆曰：古之行者，必挟"过所"。释者谓若今路引之类，然未详二字何缘而名。偶阅《礼经会元》，谓周人之制，徙国中及郊者，必有所授；徙于他乡者，必有旌节，无授无节，是必以过恶而妄徙者，此无所容，彼无所授，过其所必有呵问。是"过所"者，就迁徙之人经过所在而言。后世谓二字谓周礼之文，用遂立以为文券之名也。(《两山墨谈》卷二)①

其中解释"过所"为"就迁徙之人经过所在而言"当无问题，但"过其所必有呵问"这类则牵强难通。再来看李均明说的"由于'传'是供沿途有关机构查验的，故其封检署'过所'为收件者"的说法似颇有道理，但居延汉简封检上署的"过所"二字是否通行证的名称，还是一个值得讨论的问题。关于"过所"为所经之地演变成通行文书的名称，我们有一种猜想。古书里有个著名的"夔一足"的故事：

> 鲁哀公问于孔子曰："吾闻古者有夔一足，其果信有一足乎。"孔子对曰："不也，夔非一足也。夔者忿戾恶心，人多不说喜也。虽然，其所以得免于人害者，以其信也。人皆曰：独此一，足矣。夔非一足也，一而足也。"(《韩非子·外储说左下》)

这个故事又见于《吕氏春秋·察传》，具体内容虽有所不同，但不影响本书论述，故不赘引。很明显，鲁哀公和孔子对"夔一足"理解的不同，也可以说是理解为不同句法结构的问题。我们怀疑古人把"过所"理解为通行证一类意思，大概与此类似。如上面已举过的例子：

---

① 陈槃：《汉晋遗简识小七种》，上海古籍出版社 2007 年版，第 107 页。

　　　　建平五年十二月辛卯朔庚寅，东乡啬夫护敢言之。嘉平☒□□
中，愿以令取传，乡案忠等毋官狱征事，<u>谒移过所县邑门亭河津
关</u>，毋苛留，敢言之。(《居延汉简释文合校》495·12，506·20A)

"谒移过所县邑门亭河津关"明显当是"谒移(传)(于)过所县邑门亭河
津关"之意。"谒移"之后承前省略了宾语"传"，然后紧接处所成分"过
所县邑门亭河津关"，而这种表目的终点的处所成分，如上文所言在古
汉语里是以不用介词引介为常的。

　　　　建武三年十二月乙亥，甲渠候君移<u>过所</u>，遣城北隧长。(《居
延新简》EPT26·1)

上面一例动词"移"的宾语则省略且上无可承。因此在忽略或不明前后
文意的时候，很容易把"谒移过所县邑门亭河津关"理解为"谒移过所
(于)县邑门亭河津关"，这样"过所"就成了"移"的宾语。① (按，程喜
霖即如此理解。②)如上文所言，"动·所+名"相对于"所·动+名"在古
书里比较少见，再者动词和宾语的搭配组合都有一定的选择强制性，
"移"的宾语一般是"书"一类物品，"过所"就逐渐被理解为名词而成为
具通行证一类意义的名词了。

---

　　① 这有些类似西方语言学里所说的重新分析(reanalysis)，Langacker(1977)，
重新分析定义为：没有改变表层表达形式的结构变化。一个可分析为(A，B)，C
的结构，经过重新分析后，变成了A，(B，C)。(参见孙朝奋：《〈虚化论〉评介》，
《国外语言学》1994年第4期。又见吴福祥主编：《汉语语法化研究》，商务印书馆
2005年版；石毓智：《语法化理论——基于汉语发展的理论》，上海外语教育出版
社2011年版，第15~18页)
　　② 程喜霖：《汉简所见关传向过所演变》，《简牍学研究》第2辑，甘肃人民
出版社1997年版。

第二节　助词"者"

　　古汉语里"者"字可以用在动词、动词短语和句子之后，使之变成名词性短语。《马氏文通·虚字卷之九》称之为"接读代字"，并说："'者'字有助本名者、公名与动静诸字者，观其所助各字，亦皆有指物、指事、指人之别焉。"① 吕叔湘认为有"完形作用"。② 王力则认为是"指示代词"。③ 朱德熙则认为"名词形式的标记"。④ 现在一般将这种"者"字看作结构助词。

　　用在名词或名词结构之末作为分句的，一般则看作语气词，有"提顿"的作用。⑤

　　共约 975 例(睡虎地 504，放马滩 104，周家台者 113，龙岗 62，郝家坪 1，睡虎地秦牍 3，里耶 85，岳麓壹 47，岳麓贰《数》42，岳麓叁 14)，结构助词约有 865 例，绝大多数都用在动词性词语之后；作语气助词的约有 60 例，另有约 50 例文意不明。

一、结构助词

(一)"V 者"

　　"者"前可以是单独动词(光杆动词)，也可以是动词短语(下文用

---

　　①　马建忠：《马氏文通》，商务印书馆 2008 年版，第 66、360 页。

　　②　吕叔湘：《中国文法要略》，商务印书馆 1956 年版，第 78 页。

　　③　王力：《汉语语法史》，商务印书馆 2010 年版，第 71 页。

　　④　朱德熙：《自指和转指——汉语名词化标记"的、者、所、之"的语法功能和语义功能》，《方言》1983 年第 1 期。

　　⑤　参见吕叔湘：《文言虚字》，上海教育出版社 1978 年版，第 13~14 页。

"V"来指代单独动词,"VP"指代动词短语),使之具有名词短语的性质。根据朱德熙的意见,"V/VP 者"一般是来提取主语的,也就是说"V/VP 者"往往指施事,但有时也指受事。与"所 V/VP"正好互补,"所 V/VP"一般是指受事、工具、与事等。

"V/VP 者"之前可以加"其"字,构成"其 V/VP 者"结构,"其"字可以表称代也可以表领属,但在秦简里面未见表称代的。

"者"字前为单独动词(光杆动词)时,整个结构往往提取的是主语,也就是指施事。如:

(1)其以牛田,牛减絜,治(笞)主者寸十。《秦律十八种》14

(2)啬夫免,效者发,见杂封者,以提(题)效之,而复杂封之,勿度县,唯仓所自封印者是度县。《秦律十八种》22-23

(3)其不备,出者负之;其赢者,入之。《秦律十八种》23-24

(4)县上食者籍及它费大(太)仓,与计偕。都官以计时雠食者籍。《秦律十八种》37

(5)宦者、都官吏、都官人有事上为将,令县貣(贷)之,辄移其稟县,稟县以减其稟。《秦律十八种》44

(6)为作务及官府市,受钱必辄入其钱缿中,令市者见其入,不从令者赀一甲。《秦律十八种》97

(7)以命书及书署急者,辄行之;不急者,日觱(毕),勿敢留。留者以律论之。《秦律十八种》183

(8)其出禾,有(又)书其出者,如入禾然。《效律》29

(9)驾驺除四岁,不能驾御,赀教者一盾。《秦律杂抄》3

(10)先赋蕡马,马备,乃粼从军者,到军课之,马殿,令、丞二甲。《秦律杂抄》9-10

(11)宿者已上守除,擅下,人赀二甲。《秦律杂抄》34

(12)告曰战围以折亡,叚(假)者,耐。《秦律杂抄》36

(13)戍者城及补城,令姑(嫭)堵一岁,所城有坏者,县司空署君子将者,赀各一甲。《秦律杂抄》40

(14)县尉时循视其攻(功)及所为,敢令为它事,使者赀二甲。《秦律杂抄》41-42

(15)盗百,即端盗驾(加)十钱,问告者可(何)论?《法律答问》38

(16)所谓者,见书而投者不得,燔书,勿发;投者得,书不燔,鞫审瀺之之谓殹。《法律答问》53-54

(17)斗,为人殹殴,毋(无)疻痏,殹者顾折齿,可(何)论?《法律答问》89

(18)"辞者辞廷。"今郡守为廷不为?《法律答问》95

(19)廷行事强质人者论,鼠(予)者不论;和受质者,鼠(予)者□论。《法律答问》148

(20)戒曰守囚即"更人"殹,原者"署人"殹。《法律答问》196(整理者:"原,《管子·戒》注:'察也。'"①)

(21)遣识者以律封守。《封诊式》7

(22)来者有稽莫敢忘。《为吏之道》5 伍

(23)亡者,不得。睡《日书》甲35 正

(24)死者,又(有)殴。睡《日书》甲36 正

(25)己巳入寄者,不出岁亦寄焉。睡《日书》甲57 正叁、58 正叁

(26)未不可以澍(树)木,木长,澍(树)者死。睡《日书》甲124 正叁

(27)黑肉从北方来,把者黑色。睡《日书》乙157-158

(28)盗者兑(锐)口……睡《日书》甲69 背

---

① 睡虎地秦墓竹简整理小组编:《睡虎地秦墓竹简》,文物出版社1990 年版,第140 页。

（29）娄，利祠及行。百事吉。以取（取）妻，男子爱。生子，亡者人意之。① 睡《日书》甲 83 正壹

（30）一人斗食，一人半食……曰：斗食者得四斗四升九分升四，半食者得一〈二〉斗二升九分升二…… 岳麓贰《数》139-140

（31）受者、货者皆坐臧（赃）为盗。 岳麓叁 30

这种"V 者"结构，有些已经凝固成词，如"死者""宦者"。"V 者"也有表受事的时候，朱德熙指出："单独的及物动词加上'者 t'以后大都指施事，不指受事。表示刑罚的动词如'刖、黥'等的主语经常指受事，很少是施事，所以加上'者 t'以后，'刖者、黥者'也经常指受事。"②下面一例是殷国光指出的：

段乔执其吏而囚之。囚者之子走告封人子高。（《吕氏春秋·开春》）

"'囚者'指被囚之吏，即动作的受事，而非动作的发出者'段乔'。"③秦简中也有这样的例子：

（32）蹗（迁）者妻当包不当？《法律答问》61

---

① 《睡虎地秦墓竹简》注释说："意，读为隐。《左传》昭公十五年'季孙意如'，《公羊传》作'隐如'，可证。"（睡虎地秦墓竹简整理小组编：《睡虎地秦墓竹简》，文物出版社 1990 年版，第 193 页）吴小强《秦简日书集释》："该简'生子'与'亡者'应该断开分读，生子后疑有脱简。"（吴小强：《秦简日书集释》，岳麓书社 2000 年版，第 64 页）晏昌贵认为"'意'当作'测度'、'猜度'解，'亡者，人意之'，义为逃亡者，人能猜度其去处"，见《读〈日书〉札记九则》，《简帛数术与历史地理论集》，商务印书馆 2010 年版，第 16 页。

② 朱德熙：《自指和转指——汉语名词化标记"的、者、所、之"的语法功能和语义功能》，《方言》1983 年第 1 期，第 20 页。

③ 殷国光：《〈吕氏春秋〉词类研究》，商务印书馆 2008 年版，第 383 页。

下面一例也应该理解为受事：

> （33）受（授）衣者，夏衣以四月尽六月禀之，冬衣以九月尽十一月禀之，过时者勿禀。后计冬衣来年。囚有寒者为褐衣。为缔布一，用枲三斤。为褐以禀衣：大褐一，用枲十八斤，直（值）六十钱；中褐一，用枲十四斤，直（值）卅六钱；小褐一，用枲十一斤，直（值）廿六钱。《秦律十八种》90—92

"囚有寒者为褐衣"，整理者语译为"囚犯寒冷无衣可做褐衣"。① "寒者"又见于古书，《左传》昭公十三年："冶区夫曰：'非也，若见费人，寒者衣之，饥者食之，为之令主，而共其乏困，费来如归，南氏亡矣。'"《史记·秦始皇本纪》："夫寒者利裋褐而饥者甘糟糠。""寒者"当理解为受事，指"挨冻的人"。"囚"与"寒者"是整体与部分的关系。

下面一例中的"赎者"则不应该简单归为施事或受事：

> （34）隶臣欲以人丁粼者二人赎，许之。其老当免老、小高五尺以下及隶妾欲以丁粼者一人赎，许之。赎者皆以男子，以其赎为隶臣。《秦律十八种》61—62

整理者语译说："用来赎的必须是男子，就以用来赎的人作为隶臣。"② 从语意上说，"赎"可以是三价（或"三向"）动词，③ 如"A 用 B 向 C 赎

---

① 睡虎地秦墓竹简整理小组编：《睡虎地秦墓竹简》，文物出版社 1990 年版，第 42 页。

② 睡虎地秦墓竹简整理小组编：《睡虎地秦墓竹简》，文物出版社 1990 年版，第 125 页。

③ 关于"价"（或"向"），参见冯志伟：《现代语言学流派》（修订本）第十四章，商务印书馆 2013 年版；朱德熙：《"的"字结构和判断句》，《现代汉语语法研究》，商务印书馆 2001 年版；陆俭明、沈阳：《汉语和汉语研究十五讲》，北京大学出版社 2011 年版，第 110 页。

自身", "隶臣欲以人丁粼者二人赎"没有出现"C", 那么施事"A"为 "隶臣"; 但从另外一角度说, 由于"A"赎的是自己, 因此也未尝不可 以说是受事。但是从理论上说, "隶臣欲以人丁粼者二人赎"大概也可 以包括在"A用B向C赎D"的情况内, 那么施事"A"就没有出现。参考 整理者的意见, "赎者"既不是施事也不是受事, 应该是指工具代价。 下面一例也应该如此:

(35) 其辞已尽书而毋(无)解, 乃以诘者诘之。《封诊式》2—3

这句话, 整理者语译为: "供词已记录完毕而问题没有交代清楚, 于是 对应加诘问的问题进行诘问。"①

"V"前还可以加副词, 如已、非、不、当、后、初等:

(36) 将司人而亡, 能自捕及亲所智(知)为捕, 除毋(无)辠 (罪); 已刑者处隐官。《法律答问》125

(37) 出禾, 非入者是出之, 令度之, 度之当堤(题), 令出之。 《秦律十八种》23

(38) 已稟者, 移居县责之。《秦律十八种》44

(39) 禾赢, 入之; 而以律论不备者。《效律》33

(40) 甲封具此, 毋(无)它当封者。《封诊式》11

(41) 不死者归, 以为隶臣。《秦律杂抄》37

(42) 后节(即)不备, 后入者独负之。《秦律十八种》25

(43) 计其官, 毋叚(假)百姓。不用者, 正之如用者。 《秦律十八种》194

(44) 任人为丞, 丞已免, 后为令, 今初任者有辠(罪), 今当

---

① 睡虎地秦墓竹简整理小组编: 《睡虎地秦墓竹简》, 文物出版社 1990 年 版, 第 148 页。

免不当?《法律答问》145

（45）禾赢，入之，而以律论不备者。《秦律十八种》173

"V"前还可以加助动词，如：

（46）凡不可用者，秋三月辰，冬三月未，春三月戌，夏三月亥。睡《日书》甲 1 正贰

（47）公器官□久，久之。不可久者，以鬃久之。《秦律十八种》104

（48）能捕者购臣妾二人，毄（系）投书者鞫审灖之。《法律答问》53

（49）未能作者，月禾一石。《秦律十八种》49

"V"前还可以有其他词作状语的，如：

（50）叚（假）器者，其事已及免，官辄收其叚（假），弗亟收者有皋（罪）。《秦律十八种》105-106

（51）乘马服牛稟，过二月弗稟、弗致者，皆止，勿稟、致。《秦律十八种》11

（52）虚，百事凶。以结者，易择（释）。睡《日书》甲 78 正壹

例（52）介词"以"后面承前省略了宾语。

（53）春三月，甲乙【死】者，其后有惠，正东有得。睡《日书》乙 202

（54）远行者毋以壬戌、癸亥到室。睡《日书》乙 140

（55）久宦者毋以甲寅到室。睡《日书》乙 141

（56）生东乡（向）者贵，南乡（向）者富，西乡（向）者寿，北乡

（向）者贱，西北乡（向）者被刑。 睡《日书》乙74贰、73A+
75贰、76贰

还有在"V"后面加处所补语的，如：

(57) 将上不仁邑里者而纵之，可（何）论?① 《法律答问》63

（二）"VP者"

动词及动词短语后面的"者"，相当于现代汉语的"的"，使整个结
构成为名词性短语，可以指人，也可以指物。

"VP者"，在秦简里，"VP"非常复杂，有主谓结构、动宾结构、
动补结构，也可以是兼语结构和连动结构。

秦简里面，"VP者"前可加表领属的"其"，很多时候是"N（之）VP
者"的承前省略。而"V者"承前省略"N"的用例则很少见。

"VP"为主谓结构的，如：

(1) 吏【民】犯灋（法）为间私者不止，私好、乡俗之心不变。
《语书》5

(2) 百姓犬入禁苑中而不追兽及捕兽者，勿敢杀；其追兽及捕
兽者，杀之。《秦律十八种》6-7

(3) 百姓居田舍者毋敢酤（酤）酉（酒），田啬夫、部佐谨禁御
之，有不从令者有辠（罪）。《秦律十八种》12

(4) 钱少律者，令其人备之而告官，官告马牛县出之。《秦律
十八种》18-19

---

① "不仁邑里"，欧扬认为"仁"当读为"认"，即确认之义。见氏著《岳麓秦
简〈亡律〉"亡不仁邑里、官者"条探析》，杨振红、邬文玲主编：《简帛研究二〇一
六春夏卷》，广西师范大学出版社2016年版。

（5）官府受钱者，千钱一畚，以丞、令印印。不盈千者，亦封印之。《秦律十八种》64

（6）里人不幸死者出单赋。岳麓叁116-117

"VP"为动宾结构的，如：

（7）畜鸡离仓。用犬者，畜犬期足。《秦律十八种》63

（8）都官有秩吏及离官啬夫，养各一人，其佐、史与共养；十人，车牛一两（辆），见牛者一人。《秦律十八种》72

整理者注释说："见牛者，看牛的人。江陵凤凰山一六七号汉墓遣策：'牛者一人大奴一人。'"①从整理者的注释看，似把"见"理解看护、养护一类的意思。但古书里未检到"见"作"看护、养护"义的用例。

（9）受（授）衣者，夏衣以四月尽六月禀之，冬衣以九月尽十一月禀之，过时者勿禀。《秦律十八种》90

（10）禀衣者，隶臣、府隶之毋（无）妻者及城旦，冬人百一十钱，夏五十五钱……《秦律十八种》94

（11）非史子殹，毋敢学学室，犯令者有辠（罪）。《秦律十八种》191

（12）求盗追捕辠（罪）人，辠（罪）人挌（格）杀求盗，问杀人者为贼杀人，且斲（斗）杀？《法律答问》66

（13）其毋（无）故吏者，令有秩之吏、令史主，与仓□杂出之，索（索）而论不备。《秦律十八种》31-32

（14）……其主车牛者及吏、官长皆有辠（罪）。《秦律十

——————

① 睡虎地秦墓竹简整理小组编：《睡虎地秦墓竹简》，文物出版社1990年版，第38页。

八种》127

(15)内史课县，大(太)仓课都官及受服者。《秦律十八种》20

(16)稟毀(毇)粺者，以十斗为石。《秦律十八种》43

(17)贾市居死〈列〉者及官府之吏，毋敢择行钱、布；择行钱、
布者，列伍长弗告，吏循之不谨，皆有辠(罪)。《秦律十八种》68

(18)效公器赢、不备，以赀律论及赏(偿)，毋赏者乃直(值)
之。《秦律十八种》177

(19)人字。……夹颈者贵。睡《日书》甲 151 正贰

"VP"为动补结构的，如：

(20)其画最多者，当居曹奏令、丞，令、丞以为不直……
《语书》13

(21)人若鸟兽及六畜恒行人宫，是上神相好下，乐人男女未
入宫者，毄(击)鼓奋铎桌(噪)之，则不来矣。睡《日书》
甲 31 背贰、32 背贰、33 背贰

(22)不盈两者，以一以为廿四……不盈朱(铢)者，以法命分。
岳麓贰《数》18

"VP"为连动结构的，① 如：

(23)唯不幸死而伐绾(棺)享(椁)者，是不用时。《秦律
十八种》5

(24)敝而粪者，靡蚩其久。《秦律十八种》104

(25)杀虫豸，断而能属者，渍以灰，则不属矣。睡《日书》

---

① 这里所说的连动结构是很笼统的说法。"而"连接的前后两个动词性词语
则可以作其他分析。参看第三章第二节。

甲 62 背壹

(26)将牧公马牛，马【牛】死者，亟谒死所县，县亟诊而入之，其入之其弗亟而令败者，令以其未败直(值)赏(偿)之。其小隶臣<u>疾死者</u>，告其□□之；其<u>非疾死者</u>，以其诊书告官论之。《秦律十八种》16-17

"疾死者"，整理者将其与"其小隶臣"连读，此依据陈伟师的意见。①以上例子，除例(26)外"者"字前的 VP 都是用"而"字连接的前后两项，二者在时间上有一定的先后性。但也可从其他角度来分析，如例(23)~(25)"而"前后项也可以看作因果关系。例(26)的"疾""死"看作因果关系似也未尝不可。

秦简里面，有大量"VP 者"结构，前面可加"其"，"其"相当于"N之"，如：

(27)入禾未盈万石而欲增积焉，<u>其前入者</u>是增积，可殹；其它人是增积，积者必先度故积，当堤(题)，乃入焉。《秦律十八种》24-25

(28)利田畴，<u>其有不尽此数者</u>，可殹。<u>其有本者</u>，称议种之。《秦律十八种》38-39

(29)凡粪<u>其不可买(卖)而可以为薪及盖韇〈蘙〉者</u>，用之；毋(无)用，乃燔之。《秦律十八种》88

(30)禀衣者，隶臣、府隶之毋(无)妻者及城旦，冬人百一十钱，夏五十五钱；<u>其小者</u>冬七十七钱，夏卌四钱。春冬人五十五钱，夏卌四钱；<u>其小者</u>冬卌四钱，夏卅三钱。《秦律十八种》94-95

(31)上之所兴，<u>其程攻(功)而不当者</u>，如县然。度攻(功)必

---

① 陈伟：《云梦睡虎地秦简〈秦律十八种〉校读(五则)》，《简帛》第 8 辑，上海古籍出版社 2013 年版，第 344 页。

令司空与匠度之，毋独令匠。其不审，以律论度者，而以其实为繇
（傜）徒计。《秦律十八种》123-124

有的"VP 者"则是承前省略了"N"，如：

（32）工师善教之，故工一岁而成，新工二岁而成。<u>能先期成
学者</u>谒上，上且有以赏之。<u>盈期不成学者</u>，籍书而上内史。
《秦律十八种》111-112

（33）隶臣欲以<u>人丁粼者</u>二人赎，许之。其老当免老、小高五
尺以下及隶妾欲以<u>丁粼者</u>一人赎，许之。《秦律十八种》61

例（33）后一"丁粼者"当是承前省略了"人"字。

在秦简里，还有"VP 者"后加"殹"，对主语（可省略）的解释说明，
共同构成判断句的一种。这样的用法都出现在睡虎地秦简的《法律答
问》中。

（34）可（何）谓"宫均人"？<u>宫中主循者</u>殹。《法律答问》187

（35）可（何）谓"宫狡士"、"外狡士"？皆<u>主王犬者</u>殹。
《法律答问》189

（36）可（何）谓"旬人"？"旬人"，<u>守孝公、灖（献）公冢者</u>殹。
《法律答问》190

（37）可（何）谓"爨人"？<u>古主爨灶者</u>殹。《法律答问》192

（38）可（何）谓"集人"？<u>古主取薪者</u>殹。《法律答问》193

"VP 者"也有指受事的例子：

（39）卅四年，启陵乡见户、<u>当出户赋者</u>志：A Ⅰ
见户廿八户，当出茧十斤八两。A Ⅱ

・当为丝八斤十一两八朱(铢)B Ⅰ 里耶 8-518①

例(39)中的"当出户赋者",联系上下文看似不能理解为施事"应当出户赋的人";但从同简中的"当出茧十斤八两"来看,"当出户赋者"的"者"当理解为自指,意即"所当出户赋"。

(三)"N 者"

5 例(睡虎地 2,周家台 1,岳麓贰《数》2)。

(1)边县者,复数其县。《秦律十八种》62

整理者语译说:"原籍在边远的县的,被赎后应将户籍迁回原籍。"②"边县"当为名词,但在"边县者"的结构中已临时用为动词。

(2)疠者有辠(罪),定杀。《法律答问》121

整理者注释说:"疠,麻风病。"③虽然"疠"单独可以作名词,但很明显"疠者"结构里已临时用为动词,"者"字有转指(根据朱德熙《自指与转指》一文)的功能,"疠者"指"得麻风病的人"。"者"字又具有自指的功能,"疠者"又可指"麻风病"本身。从简文的前后文看,"者"只能理解为转指。

(3)【以】孤虚循求盗所道入者及臧(藏)处。周家台 260

---

① 二者缀合,参谢坤:《里耶秦简缀合七则》,《出土文献》第 10 辑,中西书局 2017 年版,第 156 页。
② 睡虎地秦墓竹简整理小组编:《睡虎地秦墓竹简》,文物出版社 1990 年版,第 35 页。
③ 睡虎地秦墓竹简整理小组编:《睡虎地秦墓竹简》,文物出版社 1990 年版,第 122 页。

（4）直（置）所得四升半升者，曰半者倍为九，有（又）三□之为廿七，以为法。岳麓贰《数》5-6

（5）亦直（置）所取三步者，十而五之为三百……岳麓贰《数》6

例（3）~例（5）的"者"字明显与语气词"者"所在的"所……者"结构不同，其作用如同朱德熙所说的自指化标记。如果把例（3）的"者"字去掉"所道入"在原文中仍然很通顺。

（四）"A 者"

20 例（睡虎地 4，放马滩 9，岳麓贰《数》7）。

（1）殿者，谇田啬夫，罚冗皂者二月。《秦律十八种》13-14

（2）有（又）里课之，最者，赐田典日旬；殿，治（笞）卅。《秦律十八种》14

（3）其小者冬七十七钱，夏卅三钱。《秦律十八种》94

（4）囷忌日，己丑为囷厕，长死之；以癸丑，少者死之。睡《日书》乙 188 贰、189 贰

（5）宫日：卜父及兄以死，子孙墦（蕃）昌。母死，有毁。少者，小有（又）死。放《日书》乙 108A+107 壹

（6）角日：长者死，有从女吉；少男死，毋（无）后央（殃）。放《日书》乙 111 壹

（7）节（即）有生者而欲智（知）其男女，投日、辰、星而参（三）合之，奇者男殹，禺（偶）者女殹。因而参（三）之，即以所中钟数为卜□放《日书》乙 293

（8）欲夫妻之和而中数殹，【甚众】者盍，少者失。放《日书》乙 344

（9）以生者乘田步为实。岳麓贰《数》2

例(9)中的"生者",整理者注释说:"生,刚收割的湿禾。"①今按,"生"应该是形容词,"湿"的意思,"生者"指"刚收割的湿禾"。

(10)有妇三人,<u>长者</u>一日织五十尺,<u>中者</u>二日织五十尺,<u>少者</u>三日织五十尺……岳麓贰《数》127 正

(五)"数词+者"

5 例(睡虎地1,岳麓壹2,岳麓贰《数》2)。

(1)<u>五者</u>毕至,必有大赏。《为吏之道》12 贰
(2)<u>五者</u>毕至,必有天当。岳麓壹《为吏》33 叁
(3)凡三卿〈乡〉,其一卿〈乡〉卒千人,一卿〈乡〉七百人,一卿〈乡〉五百人,今上归千人,欲以人数衰之,问几可(何)归几可(何)?曰:<u>千者</u>归四【百】五十四人有(又)二千二百分人千二百,<u>七百者</u>归三百一十八人有(又)二千二百分人四百,五百归二百廿七人有(又)二千二百分人六百。岳麓贰《数》134-135

按,例(3)"千者"指"卒千人之乡"。

(六)"N(之)VP 者"

"N(之)VP 者"中,"N"与"VP 者"(文中如无特殊说明,"VP"也包括单独动词"V"及形容词在内)的关系,目前尚有不同看法。马建忠认为"VP"为形容词(PA)和动词时,是两种不同的结构。他认为"N"和"PA 者"在语义上是母子关系,在语法上是定语和中心语的关系;"N"和"VP 者"在语义上是说明被说明的关系,在语法上是同位关系。洪成

① 朱汉民、陈松长主编:《岳麓书院藏秦简牍(贰)》,上海辞书出版社 2011 年版,第 33 页。

玉则认为，无论"PA 者"还是"PV 者"，与 N 都是中心语和定语的关系，语义上是部分与全体的关系。① 张玉金持此看法，他说："把'名+（之）+谓者'看成定中短语，符合汉语历史的语序；定语在前，中心语在后。"②何乐士也持这样的看法。③

或认为"VP 者"是"N"的后置定语，如吕叔湘就说"这实在是一种把加语移在端语之后的手法"④。洪诚、何乐士也持这种看法。⑤ 洪成玉认为，由于汉语语法中没有出现过定语后置的规律性现象，因此将"P 者"看成后置修定语是不合适的。⑥ 张玉金也持这种看法。⑦

"N 之 VP 者"结构，石毓智分析其语法关系为"NP 修饰语+之+（VP+者）中心语"，而把"NVP 者"结构分析为"NP 中心语+（VP+者）关系从句"，并且认为是前者的"之"字脱落以后，修饰语和中心语的关系变得模糊，重新分析而成后者。⑧

"N（之）VP 者"之中，"N"与"VP 者"有多种语义关系，一般可以分为同一性关系和非同一性关系。非同一性关系里，"N"和"VP 者"不是表示同一性质的人或物，"N"主要是对"P 者"的领属和限定，古书的例子如：

---

① 洪成玉：《"N 之 P 者"结构的语义关系和语法关系》，《汉语语法散论及其他》，中华书局 2009 年版，第 231~233 页。
② 张玉金：《出土战国文献虚词研究》，人民出版社 2011 年版，第 474 页。
③ 何乐士：《关于"者"字结构作后置定语和受事主语的问题》，《〈左传〉虚词研究》（修订本），商务印书馆 2004 年版。
④ 吕叔湘：《中国文法要略》，商务印书馆 1956 年版，第 79 页。
⑤ 洪诚：《洪诚文集·训诂学》，江苏古籍出版社 2000 年版，第 124 页；何乐士：《关于"者"字结构作后置定语和受事主语的问题》，《〈左传〉虚词研究》（修订本），商务印书馆 2004 年版。
⑥ 洪成玉·《"N 之 P 者"结构的语义关系和语法关系》，《汉语语法散论及其他》，中华书局 2009 年版，第 231~233 页。
⑦ 张玉金：《出土战国文献虚词研究》，江苏古籍出版社 2000 年版，第 474 页。
⑧ 石毓智：《语法化的动因和机制》，北京大学出版社 2006 年版，第 299 页。

晋之从政者新。(《左传》定公元年)

国之贫约孤寡者，私与之粟。(《左传》昭公十年)

鲁之粥牛者不豫贾。(《荀子·儒效》)

古之学者为已，今之学者为人。(《荀子·劝学》)

秦简这样的例子只有 1 例：

(1)使者之从者，食糒(粝)米半斗；仆，少半斗。《秦律十八种》179-180

"使者之从者"，整理者语译为"出差者的随从"。① 同一性关系里，"N"与"VP 者"表示同一性质的人或事，二者一般可以理解为全体与部分的关系，吕叔湘所谓"有时在端语之后加个'之'字使他处于一种分母的地位"②。古书的例子如：

戎人之前遇覆者奔，祝耼逐之，衷戎师，前后击之，尽殪。(《左传》隐公九年)

将战，国人受甲者皆曰："使鹤！鹤实有禄位，余焉能战?"(《左传》闵公二年)

故群臣之言外事者，非肖分于从横之党，则有仇雠之患而借力于国也。(《韩非子·五蠹》)

武帝往临视之，问左右群臣(之)习事通经术者，莫能知。(《史记·滑稽列传》)

秦简中的"N(之)VP 者"结构绝大部分属于这种情况，带"之"字的有

---

① 睡虎地秦墓竹简整理小组编：《睡虎地秦墓竹简》，文物出版社 1990 年版，第 60 页。

② 吕叔湘：《中国文法要略》，商务印书馆 1956 年版，第 78 页。

9例：

（2）邑之斦(近)皂及它禁苑者，麛时毋敢将犬以之田。《秦律十八种》5-6

（3）婴儿之毋(无)母者各半石。《秦律十八种》50

（4）禀衣者，隶臣、府隶之毋(无)妻者及城旦，冬人百一十钱，夏五十五钱……《秦律十八种》94

（5）隶臣妾之老及小不能自衣者，如春衣。《秦律十八种》95

（6）其县山之多茾者，以茾缠书……《秦律十八种》131

（7）啬夫之送见它官者，不得除其故官佐、吏以之新官。《秦律十八种》159-160

（8）马牛误职(识)耳，及物之不能相易者，赀官啬夫一盾。《效律》44

（9）越里中之与它里界者，垣为"完(院)"不为？① 《法律答问》186

大部分则是不用"之"字的，如：

（10）雨为澍〈澍〉，及诱(秀)粟，辄以书言澍〈澍〉稼、诱(秀)粟及狼(垦)田畼毋(无)稼者顷数。《秦律十八种》1

整理者注释说："畼(音畅)，未种禾稼的田地。《说文》：'畼，不生也。'俞樾《儿笘录》认为畼与场通，《说义》场字'一曰田不耕'。"②并语译为"已开垦而没有耕种的田地"。"畼毋(无)稼"可理解为"畼而毋

---

① 张玉金把此例的"之"分析为用在"主语+介宾"之间，见《出土战国文献虚词研究》，人民出版社2011年版，第446页。

② 睡虎地秦墓竹简整理小组编：《睡虎地秦墓竹简》，文物出版社1990年版，第19页。今按，"畼"之左旁《睡虎地秦墓竹简》皆误作"易"。

(无)稼"，与"城多空不实者"（睡虎地秦牍6背）结构一致。

（11）县啬夫若丞及仓、乡相杂以印之，而遗仓啬夫及离邑仓佐主稟者各一户以气（饩）……《秦律十八种》21-22

（12）唯仓自封印者是度县。《秦律十八种》23

（13）隶臣田者，以二月月稟二石半石，到九月尽而止其半石。《秦律十八种》51

（14）城旦为安事而益其食，以犯令律论吏主者。《秦律十八种》57

（15）小物不能各一钱者，勿嬰。《秦律十八种》69

（16）县、都官以七月粪公器不可缮者，有久识者靡蚩之。《秦律十八种》86

（17）官相输者，以书告其出计之年，受者以入计之。《秦律十八种》70

（18）隶臣妾、城旦舂之司寇居赀赎责（债）、敫（系）城旦舂者，勿责衣食。《秦律十八种》141

（19）人奴妾敫（系）城旦舂，贳（贷）衣食公，日未备而死者，出其衣食。《秦律十八种》142

（20）仓啬夫及佐、史，其有免去者，新仓啬夫、新佐、史主廥者，必以廥籍度之。《秦律十八种》172

（21）公器不久刻者，官啬夫赀一盾。《秦律十八种》178

（22）御史、卒人使者，食粺米半斗，酱驷（四）分升一，采（菜）羹，给之韭葱。其有爵者，自官士大夫以上，爵食之。《秦律十八种》179

（23）上造以下到官佐、史毋（无）爵者，及卜、史、司御、寺、府，糯（粝）米一斗，有采（菜）羹，盐廿二分升二。《秦律十八种》182

（24）行命书及书署急者，辄行之；不急者，日觱（毕），勿敢留。《秦律十八种》183

（25）县各告都官在其县者，写其官之用律。《秦律十八种》186

（26）有实官县料者，各有衡石嬴（累）、斗甬（桶），期踱（足）。《秦律十八种》194

（27）有实官高其垣墙。它垣属焉者，独高其置刍庙及仓茅盖者。①《秦律十八种》195

（28）上节（即）发委输，百姓或之县就（僦）及移输者，以律论之。《效律》49

（29）其它冗吏、令史掾计者，及都仓、库、田、亭啬夫坐其离官属于乡者，如令、丞。《效律》52—53

（30）县司空、司空佐史、士吏将者弗得，赀一甲。②《秦律杂抄》13—14

（31）木可以伐者为"梃"。《法律答问》91

（32）臣邦人不安其主长而欲去夏者，勿许。《法律答问》176

（33）者（诸）侯（侯）客来者，以火炎其衡厄（轭）。《法律答问》179

（34）内公孙毋（无）爵者当赎刑，得比公士赎耐不得？《法律答问》185

（35）宇相直者不为"院"。《法律答问》186

（36）缯布谨善者毋下二丈五尺。睡虎地秦牍 6 正

（37）闻新地城多空不实者，且令故民有为不如令者实☐睡虎地秦牍 6 背

（38）人所恒吹（炊）者，上橐莫以丸礜，大如扁（蝙）蝠矢而干

---

① 《睡虎地秦墓竹简》语译说："贮藏谷物的官府要加高墙垣。有其他墙垣和它连接的，可单独加高贮刍草的仓和用茅草盖的粮仓。"（睡虎地秦墓竹简整理小组编：《睡虎地秦墓竹简》，文物出版社 1990 年版，第 64 页）"有实官高其垣墙。它垣属焉者"是否可以认为是"有 VP 者"结构，尚需讨论。

② "将"应该是"主管"之义，参陈伟著：《〈二年律令〉中的"守将"》，卜宪群、杨振红主编：《简帛研究二○○四》，广西师范大学出版社 2006 年版。

之。周家台 321

（39）温病不汗者，以淳（醇）酒渍布，歙（饮）之。周家台 311

（40）去黑子方：取稟本小弱者，齐约大如小指。周家台 315

（41）亡人挟弓、弩、矢居禁中者，弃市。龙岗 17

（42）伍人弗言者，□与同【罪】。① 龙岗 21

（43）诸禁苑中有奚（堧）者，□去奚（堧）廿里，毋敢每〈毒〉【杀鱼】，敢每〈毒〉杀□☑②龙岗 28

（44）时来鸟，黔首其欲弋射奚（堧）□者勿禁。☑龙岗 30

（45）其旁郡县与桵（接）界者毋下二县。里耶 8-224+8-412+8-1415

（46）即令卒史主者操图诣御史。里耶 8-224+8-412+8-1415

（47）取车衡轵大八寸、衰七尺者二枚。里耶 8-548

（48）令曰二月壹上人臣治（答）者名。里耶 8-767

岳麓贰《数》有 8 例：

（49）券朱（铢）升，券两斗，券斤石，券钧般（繋），③ 券十朱（铢）者☑岳麓贰《数》117

---

① "罪"，中国文物研究所、湖北省文物考古研究所编《龙岗秦简》，中华书局 2001 年版，第 80 页释为"灋（法）"；刘信芳、梁柱编著《云梦龙岗秦简》（科学出版社 1999 年版，第 23 页）、曹方向《龙岗秦简文字补释》（《简帛》第 8 辑，上海古籍出版社 2013 年版，第 32 页）释为"罪"，本书据后者。

② 整理者原在"每"字后括注"谋"，见中国文物研究所、湖北省文物考古研究所编：《龙岗秦简》，文物出版社 2001 年版，第 83 页。刘钊认为"每"当释为"毒"字，所谓"每杀"即"毒杀"，见《读〈龙岗秦简〉札记》，张显成主编：《简帛语言文字研究》第 1 辑，巴蜀书社 2002 年版，第 18~19 页。此从刘氏说。

③ 整理者原在"般"后括注"磬"，见朱汉民、陈松长主编：《岳麓书院藏秦简（贰）》，上海辞书出版社 2011 年版，第 93 页。彭浩认为"般"当读为"繋"，"训作'囊'，是与'卷'相当的容量单位"，见《谈秦简〈数〉117 简的"般"及相关问题》，《简帛》第 8 辑，上海古籍出版社 2013 年版，第 271 页。

例(49)，整理者注释说："简文的意思可能是说：记录'升'的重量时，
精确到'铢'；记录'斗'的重量时，精确到两；记录'石'的重量时，精
确到'斤'。"①今按："券十朱(铢)者"应该是"十朱(铢)之券"的意思，
但由于简文残缺，文意尚不清楚。"券朱(铢)升"等大概也可以这样
理解。

　　(50) ☒券千万者，百中千，券万万者，重百中。 岳麓贰
《数》118

　　(51) ☒钥反(返)十，券叔(菽)、荅、麦十斗者反(返)十。
岳麓贰《数》119

　　(52) 铜斤十二者，两得十六分十二，朱(铢)得廿四分钱十二。
岳麓贰《数》159

例(52)，整理者注释说："简文'铜斤十二者，两得十六分十二'，应校
补作'铜斤十二钱者，两得十六分十二'。简文'朱(铢)得廿四分钱十
二'当为'朱(铢)得三百八十四分钱十二'。"②

　　(53) 救(求)堤广袤不等者……岳麓贰《数》184

　　(54) 即以十步乘十亩，租二石者，积二千二百步，田少二百
步。岳麓贰《数》43

　　(55) 梦见项者，有亲道远所来者。岳麓壹《占梦书》22 壹

岳麓叁还有 5 例。

　　① 朱汉民、陈松长主编：《岳麓书院藏秦简(贰)》，上海辞书出版社 2011 年
版，第 93 页。
　　② 朱汉民、陈松长主编：《岳麓书院藏秦简(贰)》，上海辞书出版社 2011 年
版，第 118 页。

(56)攻荆庐溪【□□】故(?)秦人邦亡荆者男子多。岳麓叁 88

(57)忌等死时，得、绾等去之远者百步。岳麓叁 242

在秦简里，"N(之)VP 者"结构的"N"可以是两个或多个名词并列，不用连词连接的如：

(58)隶臣、下吏、城旦与工从事者冬作，为矢程，赋之三日而当夏二日。《秦律十八种》108

"隶臣、下吏、城旦与工从事者冬作"，整理者语译为："隶臣、下吏、城旦和工匠在一起生产的，在冬季劳动时。"①在秦简中"及"一般作连词，"与"作介词，极少有例外。② 下面一例可以看出二者的区别：

(59)免隶臣妾、隶臣妾垣及为它事与垣等者，食男子旦半夕参，女子参。《秦律十八种》59

因此，结合整理者的意见，"隶臣、下吏、城旦与工从事者"当分析为"隶臣、下吏、城旦·与工从事者"。下面几例也是：

(60)旱〈旱〉及暴风雨、水潦、螽(蠡)蟁、群它物伤稼者，亦辄言其顷数。《秦律十八种》2

(61)小城旦、隶臣作者，月禾一石半石。《秦律十八种》49

(62)小妾、舂作者，月禾一石二斗半斗。《秦律十八种》49-50

---

① 睡虎地秦墓竹简整理小组编：《睡虎地秦墓竹简》，文物出版社 1990 年版，第 46 页。

② 可参看［日］大西克也：《并列连词"及""与"在出土文献中的分布及上古汉语方言语法》，郭锡良主编：《古汉语语法论集》，语文出版社 1998 年版。

（63）仓啬夫及佐、史，其有免去者，<u>新仓啬夫、新佐、史主</u>
<u>膻者</u>，必以膻籍度之。《效律》32

（64）<u>铍、戟、矛有室者</u>，拔以斗，未有伤殴，论比剑。
《法律答问》85

（65）<u>卜、史当耐者</u>皆耐以为卜、史隶。《法律答问》194

"N"为两个名词并列时可用"及"连接，如下面一例：

（66）<u>令县及都官取柳及木檗（柔）可用书者</u>，方之以书；毋
（无）方者乃用版。《秦律十八种》131

在秦简里，这种"N（之）VP者"格式以不用"之"字为常，且不少"N"可
以承前省略，或在"VP者"前加"其"字以表领属限定关系。

（67）都官有用□□□□其官，隶臣妾、舂城旦毋用。<u>在咸阳</u>
<u>者</u>致其衣大内，<u>在它县者</u>致衣从事之县。《秦律十八种》92-93

（68）公甲兵各以其官名刻久之，<u>其不可刻久者</u>，以丹若髹书
之。《秦律十八种》102

（69）县、都官、十二郡免除吏及佐、群官属，以十二月朔日
免除，尽三月而止之。<u>其有死亡及故有夬（缺）者</u>，为补之，毋须
时。《秦律十八种》157-158

（70）仓扁（漏）殅（朽）禾粟，及积禾粟而败之，<u>其不可食者</u>不
盈百石以下，诤官啬夫……《秦律十八种》164

洪成玉在讨论"N（之）VP"时，曾指出"之"的有无无常。① 从我们

---

① 洪成玉：《"N 之 P 者"结构的语义关系和语法关系》，《汉语语法散论及其
他》，中华书局 2009 年版，第 229 页。

对《左传》、秦简(睡虎地 111 例,放马滩 1,龙岗 4,周家台 3,里耶 26)及《史记》的统计来看,"之"的有无可能与时代有关。表 4.3 是《左传》、睡虎地秦简、汉简《奏谳书》、《史记》(部分)的"N VP 者"与"N 之 VP 者"的出现次数。为了统计的简便,"其 VP 者"及承前省略"N"的"VP 者"皆未统计在内。

表4.3

语料 结构	《左传》①	睡虎地秦简	张家山汉简 《奏谳书》	《史记》 (卷81~101)②
N · VP 者	15	145	11	57
N 之 VP 者	33	12	0	2

由表 4.3 可以看出,"N 之 VP 者"的结构中,用"之"字的比例在《左传》中占到 68.7%,③ 而秦简只有 8.2%,《史记》则只有 3%。在古汉语里常见一种"主·之·谓"结构,如"鸟之将死,其鸣也哀"(《论语·泰伯》),如果把"N 之 VP 者"的"者"字去掉,二者在形式上是一致的,都是"N 之 VP"。很多学者都指出"主·之·谓"结构的使用频率

---

① 何乐士《〈左传〉虚词研究》统计"名(之)动(形)者"为 61 例。参见何乐士:《〈左传〉虚词研究》(修订本),商务印书馆 2004 年版,第 213 页。

② 由于《史记》部头太大,这里只选取中华书局点校本第八册做分析统计。选取第八册的原因,可参看何乐士:《〈史记〉语法特点研究》,商务印书馆 2007 年版,第 305 页。

③ 据石毓智的统计,《左传》的"N(之)VP"者结构中,带不带"之"的比例各占 50%左右,见《语法化的动因与机制》,北京大学出版社 2006 年版,第 300 页。与我们的统计有异。石毓智又统计《史记》中的"N 之 VP 者"只有 2 例,分别是:"项王诸将之有功者,而王独居南郑,是迁也"(《史记·高祖本纪》)、"齐人之上疏言神怪奇方者以万数,然无验者"(《史记·孝武本纪》)。今按:石说不确,"N 之 VP 者"在《史记》中不止 2 例,如:"城之不下者,独唯聊、莒、即墨"(《燕召公世家》)、"而使乐毅复以兵平齐城之不下者"(《乐毅列传》)。

在西汉时期已明显下降,① 与之似乎有些同步的是，上文已指出的"N
（之）VP"结构中的"之"在秦汉时期的使用明显减少。二者之间是否有
关系，是一个可以继续讨论的问题。

至于"N 有 VP 者"结构，吕叔湘称之为"分母性起词的有无句",②
古书及秦简的例子以下：

> 宋人有闵其苗之不长而揠之者。(《孟子·公孙丑上》)
>
> 客有吹洞箫者，倚歌而和之。(苏轼《前赤壁赋》)
>
> (71)百姓居田舍者毋敢酤（酤）酉（酒），田嗇夫、部佐谨禁御
> 之，有不从令者有辠（罪）。《秦律十八种》12

这类结构中，"VP"先与"者"结合，然后再与"有"结合为动宾结构。下
面一例需要说明的：

> (72)三月壹上发黔首有治为不当计者守府 Ⅰ 上薄（簿）式。Ⅱ
> 里耶 8-434

"治为"，《里耶秦简牍校释（第一卷）》解释说："犹言'治'、'为'，治
理、作为义。"③"发黔首"虽然是动宾结构，但在简文里整个"发黔首"
指事类。"发黔首有治为不当计者"，也当是"N 有 VP"者结构。

还有一类"VP 者"的"VP"本就是"有"为动词的动宾结构，古书的
例子如：

---

① 参见洪波：《汉语历史语法研究》，商务印书馆 2010 年版，第 191 页。
② 吕叔湘：《中国文法要略》，商务印书馆 1956 年版，第 67 页。
③ 陈伟主编：《里耶秦简牍校释（第一卷）》，武汉大学出版社 2012 年版，第
148 页。

使天地三年而成一叶，则物之有叶者寡矣。(《韩非子·喻老》)

项王诸将之有功者。(《史记·高祖本纪》)

秦简的例子如：

(73) 隶臣有妻妻更及有外妻者，责衣。《秦律十八种》142

(74) 利田畴，其有不尽此数者，可殴。其有本者，称议种之。《秦律十八种》38-39

"其有不尽此数者"与"其有本者"在结构分析上不同，当是"N 有 VP者"结构，只不过承前省略了"N"，"有 NP 者"前又加了表领属的"其"。

(75) 受(授)衣者，夏衣以四月尽六月禀之，冬衣以九月尽十一月禀之，过时者勿禀。后计冬衣来年。囚有寒者为褐衣。为帬布一，用枲三斤。为褐以禀衣：大褐一，用枲十八斤，直(值)六十钱；中褐一，用枲十四斤，直(值)卌六钱；小褐一，用枲十一斤，直(值)卅六钱。《秦律十八种》90-92

前文已经讨论过"寒者"，"囚有寒者"可以理解为"N 有 VP 者"。是否可以理解将"有寒"看成动宾结构，再与"者"结合呢，怕也未尝不可。"寒"在此也可能是一种疾病的名称，指"由寒邪引起的机能衰退的病症"。①《左传》昭公元年："阴淫寒疾。"《孟子·公孙丑下》："有寒疾，不可以风。"《素问·至真要大论》："诸病水液，澄澈清冷，

---

① 汉语大字典编辑委员会：《汉语大字典》，四川辞书出版社、湖北辞书出版社 1986 年版，第 941 页。

皆属于寒。"

　　另外值得注意的现象是，在"VP者"结构中，"N(之)VP者""其VP者"及承前省略"N"的"VP者"所占的比例，睡虎地秦简法律类文献明显要高于"日书"类文献。睡虎地法律类文献类(包括《语书》《秦律十八种》《效律》《秦律杂抄》《法律答问》《封诊式》)里，"V/VP"结构约有370例，其中"N(之)VP者"结构即有110例左右，还不包含"其VP者"及承前省略的"VP者"。据何乐士的统计，在《左传》中"VP"者有327例("动者"295例，"形者"32例)，"名(之)动(形)者"有61例。① 而睡虎地秦简《日书》大概110例"VP者"结构中，只有1例"N(之)VP者"；放马滩《日书》中，共75例"VP者"结构，亦只有1例"N(之)VP者"。这大概与文献的文体及性质有关。石毓智在讨论"者字从句"的时候(今按，即本书所说的"N(之)VP者"结构)，曾指出其使用"常常与话题化有关，即把其前所限定修饰的名词中心语作为话题"②。如下面的例子：

　　　　黄帝二十五子，其得姓者十四人。(《史记·五帝本纪》)
　　　　诸侯朝觐者不之丹朱而之舜，狱讼者不之丹朱而之舜，讴歌者不讴歌丹朱而讴歌舜。(《史记·五帝本纪》)
　　　　君国子民，为善者皆在王官。(《史记·殷本纪》)

以上三例的话题分别是"黄帝二十五子"、"诸侯"及"君国子民"。这样的文句在法律文献中大量存在，如：

　　　　(76)百姓居田舍者毋敢酤(酤)酉(酒)，田啬夫、部佐谨禁御之，有不从令者有辠(罪)。《秦律十八种》12

<hr>

　　① 何乐士：《〈左传〉的"者"》，《〈左传〉虚词研究》(修订本)，商务印书馆2004年版，第210~213页。
　　② 石毓智：《语法化的动因与机制》，北京大学出版社2006年版，第296页。

（77）将牧公马牛，马【牛】死者，亟谒死所县，县亟诊而入之，其入之其弗亟而令败者，令以其未败直（值）赏（偿）之。其小隶臣疾死者，告其□□之；其非疾死者，以其诊书告官论之。其大厩、中厩、宫厩马牛殹，以其筋、革、角及其贾钱效，其人诣其官。其乘服公马牛亡马者而死县，县诊而杂买（卖）其肉，即入其筋、革、角，及索（索）入其贾（价）钱。钱少律者，令其人备之而告官，官告马牛县出之。今课县、都官公服牛各一课，卒岁，十牛以上而三分一死；不【盈】十牛以下，及受服牛者卒岁死牛三以上，吏主者、徒食牛者及令、丞皆有辠（罪）。内史课县，大（太）仓课都官及受服者。□□。《秦律十八种》16—20

而在"日书"类文献中，句子一般比较简短，类似的文句很少见，所以"N（之）VP 者""其 VP 者"及承前省略"N"的"VP 者"也就比较少见。

（七）"者"字的词组

（1）古者，民各有乡俗，其所利及好恶不同，或不便於民，害於邦。《语书》1

（八）句意不明者，如：

（1）膺才（在）都邑，当 □□□□□□□者与杂出之。《秦律十八种》30

（2）□□□系者，死殹。睡《日书》甲 63 正

（3）【投】日、辰、时数并而三之以为母。下八而生者三而为二，上六而生者而为四。放《日书》乙 173 叁、169 叁

（4）为客□主。卜【狱讼、□斯】（斗），多者胜客。放《日书》

乙 282

(5)□者死，□之。放《日书》乙 110 壹

二、语气助词

古汉语里，用在名词及偏句后面的"者"，有提顿的作用,① 一般看作语气助词。朱德熙则认为是表自指的名词化标记，与"VP 者"的"者"是一样的。②

(一)用在主语后，谓语则是对主语的判断、论述或说明

共 17 例，其中有 7 例出现在睡虎地秦简《法律答问》中，谓语都是对主语"……者"的解释说明。

(1)凡灋(法)律令者，以教道(导)民，去其淫避(僻)，除其恶俗，而使之之於为善殹。《语书》2-3

(2)口者，关；舌者，符玺也。《为吏之道》32 伍、33 伍

(3)"州告"者，告辠(罪)人，其所告且不审，有(又)以它事告之。《法律答问》100

(4)"家辠(罪)"者，父杀伤人及奴妾，父死而告之，勿治。《法律答问》106

(5)谓"人貉"者，其子入养主之谓也。《法律答问》195

(6)"室人"者，一室，尽当坐辠(罪)人之谓殹。《法律答问》201

---

① 吕叔湘：《中国文法要略》，商务印书馆 1956 年版，第 324~325 页；吕叔湘：《文言虚字》，上海教育出版社 1978 年版，第 13~14 页。
② 朱德熙：《自指和转指——汉语名词化标记"的、者、所、之"的语法功能和语义功能》，《方言》1983 年第 1 期。

(7)"琼"者，玉检殹。《法律答问》202

(8)"臧(赃)人"者，甲把其衣钱匿臧(藏)乙室，即告亡，欲令乙为盗之，而实弗盗之谓殹。《法律答问》205

(9)"大痍"者，支(肢)或未断，及将长令二人扶出之，为"大痍"。《法律答问》208

(10)"誉適(敌)以恐众心者，翏(戮)。""翏(戮)"者可(何)如？生翏(戮)，翏(戮)之已乃斩之之谓殹。《法律答问》51

(11)凡日者[天]殹，辰者地殹，星者游变殹。[得天]【者贵，得地】者富，得游变者其为事成。三游变会放《志》6

(12)九者首殹，八者肩、肘殹，七、六者匈(胸)、腹、肠殹，五者股、胠殹，四者厀(膝)、足殹。放《日书》乙343

(二)名词的固定格式"所……者"作主语，引出下文，谓语则是对主语含义的判断或说明

"者"字的这种用法只出现在睡虎地秦简《法律答问》和周家台秦简里，共有36例。

(1)"有投书，勿发，见輒燔之；能捕者购臣妾二人，戴(系)投书者鞫审讞之。"所谓者，见书而投者不得，燔书，勿发；投者得，书不燔，鞫审讞之之谓殹。《法律答问》53-54

(2)可(何)如为"犯令"、"灋(废)令"？律所谓者，令曰勿为，而为之，是谓"犯令"；令曰为之，弗为，是谓"灋(废)令"殹。《法律答问》142

(3)"毋敢履锦履。""履【锦】履"之状可(何)如？律所谓者，以丝杂织履，履有文，乃为"锦履"，以锦缦履不为，然而行事比焉。《法律答问》162

(4)可(何)谓"逋事"及"乏繇(徭)"？律所谓者，当繇(徭)，

吏、典已令之，即亡弗会，为"逋事"；已阅及敦(屯)车食若行到 繇(徭)所乃亡，皆为"乏繇(徭)"。《法律答问》164

(5) 所道旞者命曰"署人"……《法律答问》196

(6) 所谓"牛"者，头虫也。周家台 328

(7) 所言者急事也。周家台 187("所言者，……也"的句式，周家台简共 27 例。)

(8) 所言者行事也，请谒事也。周家台 189

(9) 所【执】者□[殹，司土]。放《日书》乙 196 壹

(10) 所【执】者规殹，司木。放《日书》乙 197 壹

(11) 所【执】者矩殹，司火。放《日书》乙 198 壹

(12) 所【执】者权殹，筒[金]。放《日书》乙 199 壹

朱德熙把一般看作"提顿"作用的语气词"者"看成表自指的名词化标记，一个重要的原因就是，表自指的"者"不仅可以出现在主语和从句的末尾，还可以作修饰语，如：

异乎三子者之撰。(《论语·先进》)

夫三子者之言何如？(《论语·先进》)

君曰告夫三子者。(《论语·宪问》)

以上几例"者"字，朱德熙认为不能解释为语气词。① 秦简也有类似的例子，如下：

(13)【以】孤虚循求盗所道入者及臧(藏)处。周家台 260

_____

① 朱德熙：《自指和转指——汉语名词化标记"的、者、所、之"的语法功能和语义功能》，《方言》1983 年第 1 期。

"所道入者"的"者"明显也不能解释为语气词。朱德熙在论述"VP 者 s"的时候曾指出，"VP 者 s"表假设是由其语法位置决定，而与"者"字本身没有多少关系。① 上面所讨论的"所……者"既可以作主语，又可以作宾语，会不会也是其语法位置造成的而与"者"字本身没有关系？此问题牵扯到名词后的"者"与动词后的"者"是否词性相同的问题。② 由于本人尚没有很好的看法，只能暂付阙如了。

(三)用在前一分句的末尾，表示原因

可与"所以"构成"所以……者"的固定格式。

(1)丹所以得复生者，吾犀武舍人。放《丹》2
(2)凡所以相生者，以□□殹。放《日书》乙 337

(2)简文残缺，文意不是很清楚，暂附于此。

(四)用在前一分句的末尾，表示假设

即《马氏文通·实字卷之二》所谓"有假设辞气者"，③ 吕叔湘也有这样的看法④。这类"VP 者"前边可以有表示假设的连词"若"或"如"。古书的例子如：

　　若告我以鬼事，则我不能知也。若告我以人事者，不过此矣，皆我所闻知也。(《庄子·盗跖》)

---

① 朱德熙：《自指和转指——汉语名词化标记"的、者、所、之"的语法功能和语义功能》，《方言》1983 年第 1 期，第 27 页。
② 此问题的有关讨论，可以参看张玉金：《出土战国文献虚词研究》，人民出版社 2011 年版，第 453~454 页。
③ 马建忠：《马氏文通》，商务印书馆 2008 年版，第 69 页。
④ 吕叔湘：《文言虚字》，上海教育出版社 1978 年版，第 14 页。

客亦何面目复见文乎？如复见文者，必唾其面而大辱之。（《史记·孟尝君列传》）

秦简里，"VP 者"前面只有"若"的用例，共 5 例，皆见于睡虎地秦简。

(1) 若有死者，各四凶，不出一月。放《日书》乙 116 贰

(2) 若有死者，各一凶，不出一岁。放《日书》乙 117 贰

三、"VP 者"性质的一点讨论

魏德胜曾指出秦简中有几例"VP 者"未用"者"的例子：

(1) "羊駆"，草实可食殹。① 《法律答问》210

(2) 除佐必当壮以上，毋除士五(伍)新傅。《秦律十八种》190

(3) 粪其有物不可以须时，求先买(卖)，以书时谒其状内史。② 《秦律十八种》87-88

秦简还有以下一例：

(4) 隶臣、城旦高不盈六尺五寸，隶妾、舂高不盈六尺二寸，皆为小；高五尺二寸，皆作之。《秦律十八种》51-52

_____

① 张玉金在讨论语气词"殹"时，指出"草食可食"作为判断句谓语已经"名词化"了，见《出土战国文献虚词研究》，人民出版社 2011 年版，第 573 页。

② 魏德胜：《〈睡虎地秦墓竹简〉语法研究》，首都师范大学 2000 年版，第 267~268 页。

何乐士还指出过《史记》中的一例：

> 而李园女弟初幸春申君有身而入之王所生子者遂立，是为楚幽王。(《春申君列传》)①

《史记》中这样的例子还有，如：

> 金在南曰牝牡。(《天官书》)

联系以上定语后置的例子，下面一例也值得讨论：

> 减宣者，杨人也。以佐史无害给事河东守府。(《酷吏列传》)

如果把"佐史无害"理解为主谓结构，那么就是"以"引介的原因。如果把"佐史无害"看成定语后置，那么可以理解用"以"引介一种身份。

其实这种定语后置的例子，在甲骨金文里就存在：

> 甲辰卜王：雀只（获）侯任［才］方。掇二 115【《合》6963】
> (《合》6799 同文)
> 甲辰［卜］王：雀弗其（获）侯任才方。怀 434【《合补》2240】

上两条卜辞都是"卜问雀能否捕获'在方'的侯任"。② 金文中的例子如：

> 懋父赏御正卫马匹自王。(《御正卫簋》)
> 毛公易朕文考臣自厥工。(《孟簋》)

---

① 何乐士：《〈史记〉语法特点研究》，商务印书馆 2007 年版，第 41 页。
② 转引自裘锡圭：《甲骨卜辞中所见的"田""牧""卫"等职官的研究》，《裘锡圭学术文集》(第一卷)，第 166 页(本书所引卜辞皆转引自该文)。

易女田于野，易女田于淖，易女井家𤔲田于峻吕厥臣妾，易女田于𤛪，易女田于匿，易女田于陴原，易女田于寒山。(《大克鼎》)①

类似的例子，还见于秦宗邑瓦书：

大良造庶长游出命曰：取杜才酆邱到于潏水。

李学勤先生认为："'才'读为'在'，'在''自'常通用，故'在酆邱'即'自酆邱'。"②

这样的例子，秦简中除上已举的几个之外，还有如下几个：

(5)爰书：市南街亭求盗才(在)某里曰甲缚诣男子丙，及马一匹，骓牝右剽。《封诊式》21

整理者注释："在某里，据简文应指居于某里，下《迁子》条'士伍咸阳在某里曰丙'，即咸阳某里人丙，可参看。"③

(6)爰书：某亭校长甲、求盗才(在)某里曰乙、丙缚诣男子丁，斩首一，具弩二、矢廿，告曰：……《封诊式》25

(7)□□某爰书：某里士五(伍)甲、公士郑才(在)某里曰丙共诣斩首一，各告曰：……《封诊式》34-36

---

① 赵平安：《两周金文中的后置定语》，《金文释读与文明探索》，商务印书馆2011年版，第192页。
② 李学勤：《秦四年瓦书》，《李学勤学术随笔》，中国青年出版社1999年版，第337页。
③ 睡虎地秦墓竹简整理小组编：《睡虎地秦墓竹简》，文物出版社1990年版，第151页。

（8）士五（伍）咸阳才（在）某里曰丙，坐父甲谒鋈其足，䙴（迁）蜀边县，令终身毋得去䙴（迁）所。《封诊式》47-48

（9）禾、刍稾积索（索）出曰，上赢不备县廷。出之未索（索）而已备者，言县廷，廷令长吏杂封其廥，与出之，辄上数廷；其少，欲一县之，可殹。廥才（在）都邑，当□□□□□□□者与杂出之。《秦律十八种》29-30

上面几个例子，与上举甲骨金文中的例子一样，其后置的定语都是表处所的。如果将上面这些后置定语都加上"者"字，似更符合语感。由此，古书中的"N·VP 者"结构会不会是在这种"中心语+后置定语（VP）"的后面加"者"字而成呢？我们觉得这种可能应该不能排除。方有国曾提到上古汉语及汉语的亲属语言多有"中+定"结构。① 在古汉语里，"N·VP"可以表示多种语义关系，② 尤其是最常见的"主谓"结构也是这种形式。那么为了使"中心语+后置定语（VP）"语义更明确，就在其后加"者"字。因此可以认为古汉语中的"N·VP 者"结构，有一部分可能是由这类"中心语+后置定语（VP）"加"者"字发展而来。那么，将古汉语中的"N·VP 者"的"VP 者"视为后置定语的观点也就不能全盘否定了。

第三节　助词"之"

一、结构助词

"之"字可以用在偏正结构中间，也可以用在主谓结构中间，二者的性质是否相同及其词性的归属，目前有不同的看法。本书一律视为结

---

① 方有国：《上古汉语"所"字与所字结构研究》，《汉语史研究集刊》第 1 辑，巴蜀书社 1998 年版，第 90~92 页。

② 可参看孙良明：《古代汉语语法变化研究》，语文出版社 1994 年版，第 128 页；王克仲：《古汉语的"NV"结构》，《中国语文》1988 年第 3 期。

构助词。

（一）用在名词性偏正结构中间

中心语为名词，可以是普通名词，也可以是上、下、左、右、中等表示方位或范围的词。"之"字前的修饰语可以是名词性词语、动词性词语、数量词或形容词。

1."之"字前为名词性词语的（睡虎地79例，放马滩34例，龙岗3例，周家台2例，郝家坪1例，岳山1例）

（1）乡俗淫失（泆）之民不止，是即灋（废）主之明法殹。《语书》3–4

（2）私好、乡俗之心不变……《语书》5

（3）入顷刍稾，以其受田之数，无垦（垦）不垦（垦），顷入刍三石、稾二石。《秦律十八种》8

（4）而书入禾增积者之名事邑里於廥籍。《秦律十八种》25

（5）稻后禾孰（熟），计稻后年。已获上数，别粲、稬（糯）秙（黏）稻。别粲、稬（糯）之裹（酿）。《秦律十八种》35

（6）八月、九月中其有输，计其输所远近，不能逮其输所之计，□□□□□□【移】计其后年。计毋相缪。《秦律十八种》70–71

（7）邦中之繇（徭）及公事官（馆）舍……《秦律十八种》101

（8）上之所兴，其程攻（功）而不当者，如县然。《秦律十八种》123

（9）县各告都官在其县者，写其官之用律。《秦律十八种》186

（10）及视索迹郁之状。《封诊式》70

"及视索迹郁之状"，整理者语译为："并看绳索痕迹淤血的情况。"①

────────

① 睡虎地秦墓竹简整理小组编：《睡虎地秦墓竹简》，文物出版社1990年版，第159页。

（11）即诊婴儿男女、生发及保之状。《封诊式》86

（12）父兹（慈）子孝，政之本殹。《为吏之道》46 贰、47 贰

（13）掇民之欲政乃立。《为吏之道》7 伍

（14）民或弃邑居壄（野），入人孤寡，徼人妇女，非邦之故也。
《为吏之道》17 伍、18 伍

（15）正月、五月、九月之丑，二月、六月、十月之戌，三月、
七月、十一月之未，四月、八月、十二月之辰，勿以作事。
睡《日书》甲 113 正壹

（16）毋以辛壬东南行，日之门也。睡《日书》甲 132 正

（17）凡四门之日，行之敫也，以行不吉。睡《日书》甲 132 正

（18）癸丑、戊午、己未，禹以取檮山之女日也。睡《日书》
甲 2 背壹

（19）宇多於西南之西，富。睡《日书》甲 16 背贰

（20）入里门之右，不吉。睡《日书》甲 20 背陆

（21）以望之日日始出而食之，已乃庸（铺），则止矣。
睡《日书》甲 68 背壹

（22）鬼婴儿恒为人号曰："鼠（予）我食。"是哀乳之鬼。
睡《日书》甲 29 背参

（23）鸟兽恒鸣人之室，燔蚕（鬖）及六畜毛邋（鬣）其止所，则
止矣。睡《日书》甲 47 背参

（24）正月、五月、九月之丑，二月、六月、十月之戌，三月、
七月之未，四月、八月、十二月之辰，毋以作事、大祠。
睡《日书》乙 120

（25）女子之吉日殹。放《日书》乙 113 壹

（26）夷则、黄钟、古先（姑洗）之卦……放《日书》乙 246

（27）北方之啻（帝）。放《日书》乙 264

（28）南吕之数，【出】於大（太）族。放《日书》乙 277

(29)诸群凶之物尽【去】。放《日书》乙288

(30)凡为行者，毋犯其乡(向)之忌日。放《日书》乙315

(31)投其病日、辰、时，以其所中之辰间，中其后为已间，中其前为未间。得其月之剽，恐死。放《日书》乙338

(32)此所以【智】(知)病疵之所殹。放《日书》乙343

(33)宫之音弇，如[牛]处窨中。放《日书》乙353

(34)凡大斲(彻)之日，利以远行、绝边竟(境)，攻击，亡人不得。利以举大事。周家台139贰、140贰

(35)传者入门，必行其所当行之道，□□行其所当行☑龙岗3

(36)坐其所匿税臧(赃)，与灋(法)没入其匿田之稼。☑龙岗147

(37)千(阡)百(陌)之大草。郝家坪16号木牍正

(38)凡丙申，六旬之凶日也。岳山秦牍2

(39)即陲宇之从(纵)也。岳麓贰《数》68

中心语为“……者”的名词性词语，就是学者们常说的“N之VP者”形式。共有9例。

(40)邑之新(近)皂及它禁苑者，麛时毋敢将犬以之田。《秦律十八种》5-6

(41)婴儿之毋(无)母者各半石。《秦律十八种》50

(42)禀衣者，隶臣、府隶之毋(无)妻者及城旦，冬人百一十钱，夏五十五钱……《秦律十八种》94

(43)隶臣妾之老及小不能自衣者，如舂衣。《秦律十八种》95

(44)越里中之与它里界者，垣为“完(院)”不为？《法律答问》186

(45)令县及都官取柳及木楘(柔)可用书者，方之以书；毋(无)方者乃用版。其县山之多荓者，以荓缠书；毋(无)荓者以蒲、

蕳以枲蕳(檕)之。各以其橾〈获〉时多积之。《秦律十八种》131-132

(46)隶臣妾、城旦舂之司寇居赀赎责(债)、毄(系)城旦舂者，勿责衣食。《秦律十八种》141

(47)啬夫之送见它官者，不得除其故官佐、吏以之新官。《秦律十八种》159-160

(48)马牛误职(识)耳，及物之不能相易者，赀官啬夫一盾。《效律》44

此类结构中的名词"N"与"VP 者"，可以理解为全体和部分的关系，参看第四章第三节。

2."之"字之前为形容词的(5 例)

(1)而养匿邪避(僻)之民。《语书》6

(2)毋(无)公端之心……《语书》11

(3)长吏相杂以入禾仓及发，见屡之粟积，义积之，勿令败。《秦律十八种》26-27

整理者注释说："疑读为蝝(音缘)，《汉书·货殖传》注：'小虫也。'"并语译为"如果发现有小虫到了粮堆上"，① 可见是将"之"理解动词"到"义。方勇认为"屡"当分析为从尸录声，读为"录"，并将这句话翻译为"被登记簿籍的粮食"。② 方勇认为"屡"通作"剥"，训作"剥落"；汤志彪认为有散乱的意思③。汤说似较胜。

---

① 睡虎地秦墓竹简整理小组编：《睡虎地秦墓竹简》，文物出版社 1990 年版，第 26 页。

② 方勇：《读秦简札记两则》，简帛网，2008 年 4 月 16 日，http://www.bsm.org.cn/show_article.php? id=819。

③ 汤志彪：《秦简文字札记两则》，张德芳主编：《甘肃省第二届简牍学国际学术研讨会论文集》，上海古籍出版社 2012 年版，第 593~595 页。

（4）谓冈（刚）【楺】（柔）之日。放《日书》甲 4 贰

（5）听有方，辩短长，困造之士久不阳。《为吏之道》15 伍

末一例"困造"尚不是很清楚，暂附于此。

3. "之"字前的修饰语为数量值（3 例）

（1）万石之积及未盈万石而被（柀）出者，毋敢增积。《秦律十八种》25-26

（2）一【具】之臧（赃）不盈一钱，盗之当耐。《法律答问》25-26

（3）三枼（世）之后，欲士士之。《为吏之道》20 伍

4. "之"字前的修饰语为动词性词语（34 例，睡虎地 19、放马滩 2、郝家坪 1、里耶 2、岳麓贰《数》10）

（1）减春城旦月不盈之禀。《秦律十八种》57-58

（2）官相输者，以书告其出计之年，受者以入计之。《秦律十八种》70

（3）在咸阳者致其衣大内，在它县者致衣从事之县。《秦律十八种》93

（4）隶臣、下吏、城旦与工从事者冬作，为矢程，赋之三日而当夏二日。《秦律十八种》108（整理者语译说："三天收取相当夏季两天的产品"。①）

（5）官啬夫、冗吏皆共赏（偿）不备之货而入赢。《效律》2

（6）殳、戟、弩，漆汧相易殹，勿以为赢、不备，以职（识）耳不当之律论之。《效律》45

————————

① 睡虎地秦墓竹简整理小组编：《睡虎地秦墓竹简》，文物出版社 1990 年版，第 45 页。

(7) 计用律不审而赢、不备，以效赢、不备之律赀之，而勿令赏(偿)。《效律》50

(8) "履【锦】履"之状可(何)如？《法律答问》162

(9) 类足距之之迹。《封诊式》80

(10) 凡为吏之道……《为吏之道》1 壹

(11) 术(怵)惄(惕)之心不可长。《为吏之道》37 贰

(12) 志雙官治，上明下圣，治之纪殴。《为吏之道》48 贰、49 贰

(13) 从政之经。《为吏之道》41 肆

(14) 它日虽有不吉之名……睡《日书》甲 129 正、130 正

(15) 凡取(娶)妻、出女之日。睡《日书》甲 6 背壹

(16) 是谓出亡归死之日也。睡《日书》甲 110 背

(17) 它目唯(虽)有不吉之名。睡《日书》乙 137

(18) 入宫、远役不可到室之日。放《日书》乙 125 壹

(19) 虽非除道之时，而有陷败不可行，辄为之。郝家坪 16 号木牍正

(20) ☐及药，具薄(簿)求之之状。里耶 8-1440

(21) 癒(应)令及书所问且弗癒(应)，弗癒(应)而云当坐之状何如？　里耶 8-1564

(22) 奭臬步数之述(术)，以税田乘一束两数为实，租两数为法，如法一步。岳麓贰《数》38-39

(23) 营军之述(术)曰：……岳麓贰《数》69

(24) 凡食攻(功)之述(术)曰：……岳麓贰《数》129

(25) 救(求)城之述(术)曰：……岳麓贰《数》180

(26) 占梦之道……岳麓壹《占梦书》2

5. 用在分母和分子之间(皆见于岳麓贰《数》，共 15 例)

(1) 益禾四斗有(又)七分斗之二。岳麓贰《数》9-10

(2) 三步廿八寸当三步有(又)百九十六分步之八十七而一束。岳麓贰《数》32-33

(3) 今有租五升七分升之二。岳麓贰《数》45

(二)中心语为动词性词语或形容词的

(1) 毋(无)公端之心，而有冒柢(抵)之治……《语书》11

(2) 观民之诈，罔服必固。《为吏之道》34 肆、35 肆

(3) 邦之急，在膻(体)级。《为吏之道》7 伍

(4) 家人之论，父时家辠(罪)殹，父死而誧(甫)告之，勿听。《法律答问》106(整理者语译为："对家人的论处。"①)

(5) 千里之行毋以壬戌、癸亥，归死。行亡，不复【迹】。放《日书》乙 123 壹

(6) 直(值)此卦者有君子之贞　放《日书》乙 356

(7) 凡宇最邦之高，贵贫。睡《日书》甲 15 背壹

(8) 宇最邦之下，富而庳(瘅)。睡《日书》甲 16 背壹

(9) 凡四门之日，行之敫也，以行不吉。睡《日书》甲 132 正

吴小强解释为"即行神巡查的时候"②。

(三)定语和中心语的语义关系

(1) 都官之佐、史冗者，十人，养一人。《秦律十八种》72

----

① 睡虎地秦墓竹简整理小组编·《睡虎地秦墓竹简》，文物出版社 1990 年版，第 117 页。

② 吴小强：《秦简日书集释》，岳麓书社 2000 年版，第 96 页。

（2）入叚（假）而毋（无）久及非其官之久也，皆没入公，以赀律责之。《秦律十八种》102－103

（3）凡邦中之立丛，其鬼恒夜譁（呼）焉，是遽鬼执人以自伐〈代〉也。睡《日书》甲67背贰、68背贰

（4）走归豾猗之所。睡《日书》甲13背

（5）鬼之所恶，彼窋（屈）卧箕坐，连行奇（踦）立。睡《日书》甲25背壹、26背壹

以上可以认为是领属关系。定语还可以表示中心语的质地，如：

（6）鬼恒责人，不可辞，是暴（暴）鬼，以牡棘之剑之，则不来矣。睡《日书》甲42背贰、43背贰

日书类文献里，还常见类似下面的例子：

（7）取（娶）妻龙日，丁巳、癸丑、辛酉、辛亥、乙酉，及春之未戌、秋丑辰、冬戌亥。睡《日书》甲155正

（8）冬三月之日，勿以筑室及波（破）池，是胃（谓）发蜇。睡《日书》甲142背

（9）以望之日日始出而食之，已乃痛（铺），则止矣。睡《日书》甲68背壹

上面的例子可以说是一种限制关系。但"春之未戌"，"春"与"未戌"可以认为是整体与部分的关系。

定语和中心语之间的这种"之"字，一般认为是由指代词发展来的，如王力就说："介词'之'字（今按：即本书所述的助词'之'）和代词'之'字同出一源。在最初的时候，指示代词'之'字放在名词后面复指，表示领有。'麟之趾'的原始意义是'麟它趾'，'公侯之事'的原始意义

是'公侯他们事情'。"①学者们对此亦有很多论述分析，如：洪波、方有国、石毓智等。②

（四）文意尚需讨论的

（1）大吕、中吕、南吕之卦曰：是=龙之□☒放《日书》乙 247A

（2）毋（无）射、大（太）族、菜（蕤）宾之卦曰：是=水火之贫贫，虽【忧】以云，奎□可论，可言□□室，【或】罨（迁）徙投其户，门□认认，姑是荧荧……放《日书》乙 252、351

（3）毋毒之方：歆（饮）必审【鹍栖】（杯）中，不见童（瞳）子勿歆（饮）。言酉（酒）甘□□子之，恶主【筍（苟）把】毒殴。放《日书》乙 144 壹

二、用在主谓结构之间

亦即一般所说的"主·之·谓"结构。大西克也曾考察睡虎地秦简中的《语书》《效律》《法律答问》《封诊式》及 4 号墓木牍，没有发现"主·之·谓"结构的用例。③ 我们在魏德胜、张玉金看法的基础上，④

---

①　王力：《汉语语法史》，商务印书馆 2010 年版，第 335 页；唐钰明则提出不同意见，见《古汉语"动+之+名"结构的变换分析》，《著名中年语言学家自选集·唐钰明卷》，安徽教育出版社 2002 年版。

②　洪波：《兼指代词源流考》，《汉语历史语法研究》，商务印书馆 2010 年版；方有国：《先秦汉语"之"字的语法作用及其发展》，《上古汉语语法研究》，巴蜀书社 2002 年版；石毓智：《语法化理论——基于汉语发展的历史》，上海外语教育出版社 2011 年版，第 173 页。

③　［日］大西克也：《秦汉以前古汉语中的"主之谓"结构及其历史演变》，高思曼主编，何乐士副主编：《第一届国际先秦汉语语法研讨会论文集》，岳麓书社 1994 年版。

④　魏德胜：《〈睡虎地秦墓竹简〉语法研究》，首都师范大学出版社 2000 年版，第 240 页；张玉金：《出土战国文献虚词研究》，人民出版社 2011 年版，第 438~446 页。

有所添加，共得以下 11 例。

(1)县所葆禁苑之傅山、远山，其土恶不能雨，夏有坏者，勿稍补缮，至秋毋(无)雨时而以繇(徭)为之。《秦律十八种》119-120(整理者语译说："县所维修的禁苑，不拘离山远近。"①)

(2)其已分而死，及恒作官府以负责(债)，牧将公畜生而杀、亡之，未赏(偿)及居之未备而死，皆出之，毋责妻、同居。《秦律十八种》84-85("居之未备"整理者语译为"居作未完"。②)

(3)民之既教，上亦毋骄。《为吏之道》24 肆、25 肆

(4)彼邦之置(倾)，下恒行巧而威故移。《为吏之道》11 伍、12 伍

例(4)"彼邦之倾"句整理者无说。按，《说文·人部》："倾，仄也。"《礼记·曲礼下》"倾则奸"，孔颖达正义："倾，敧侧也。""彼邦之倾"应该是做分句用的，表示假设或条件，分句之间的关系，可参照"天之将丧斯文也，后死者不得与于斯文也"(《论语·子罕》)。

(5)不赁(任)其人，及官之敓岂可悔。《为吏之道》9 伍、10 伍

整理者注释说："敓，乱。"③

(6)欲令之具下勿议。《为吏之道》11 伍

---

① 睡虎地秦墓竹简整理小组编：《睡虎地秦墓竹简》，文物出版社 1990 年版，第 48 页。

② 睡虎地秦墓竹简整理小组编：《睡虎地秦墓竹简》，文物出版社 1990 年版，第 38 页。

③ 睡虎地秦墓竹简整理小组编：《睡虎地秦墓竹简》，文物出版社 1990 年版，第 174 页。

具，整理者无注，连劭名："具，俱古同，《素问·三部九侯论》云：
'所谓后者应不俱也。'王注：'俱，犹同也，一也。'法家的富国强兵
之道，要求上下一致，同心协力。凡事依法而定，不得私议。《商君
书·修权》云：'世之为治者，多释法而任私议，此国之所以乱也。'
又云：'废法度而好私议，则奸臣鬻权约录，秩官之吏隐下而
渔民。'"①

      （7）欲夫妻之和而中数殴，【甚众】者盍，少者失。放《日
书》乙 344

      （8）犬豕之生殴，其命日为牝牡☐放《日书》乙 327A

      （9）问人之出几可(何)钱？岳麓贰《数》202

      （10）望(望)之不往者，万世不到。岳麓壹《为吏》80 肆

      （11）卢(虑)之弗为，与已钧(均)也。岳麓壹《为吏》82 肆

例（10）、（11）中的"望""虑"看作主题似更合适一些。需要说明的是下
面一例：

      （12）入禾仓，万石一积而比黎之为户。县啬夫若丞及仓、乡
相杂以印之，而遗仓啬夫及离邑仓佐主禀者各一户以气(饩)，自
封印，皆辄出、馀之，索而更为发户。②《秦律十八种》21-22

画线部分，整理者本连读，并注释说："索，空。一说，此处馀读为

① 连劭名：《睡虎地秦简〈为吏之道〉与古代思想》，《江汉考古》2008 年第
4 期，第 95 页。
② 断句依据的是陈伟师的意见(陈伟：《云梦睡虎地秦简〈秦律十八种〉校读
(五则)》，《简帛》第 8 辑，上海古籍出版社 2013 年版，第 347 页)。

予，标点为：'皆辄出馀(予)之，索而更为发户。'"① 如果按照"索"为"空"义的解释，则"馀之索"则可以理解为"主之谓"结构。此从陈伟师断句，因此"馀之"的"之"只能理解为代词。

另外，在睡虎地《法律答问》中还有 8 例一般所说的"之谓"句。何乐士看作"主·之·谓"句的一种固定格式。② 由于这种句式的特殊性，目前学者们仍有不同看法，我们暂没有计入"主·之·谓"句总数之内。(详见本节下文"'谓之'与'之谓'句中的'之'")

这种主谓之间的"之"字，王力认为是足句虚词中的介词，③ 杨树达认为是陪从连词，"连接轻重异等之词者"④。何乐士"倾向于叫它连词"。⑤ 我们赞成张玉金、殷国光、李佐丰等的观点，⑥ 把它看成结构助词。"主之谓"结构的作用是使"主谓"短语指称化。⑦ 以上秦简中的例子皆不能独立成句。一般认为这类结构在西汉之后，其使用频率明显下降。⑧ 大西克也认为这种结构的使用与方言有关，战国时期六国地区

①　睡虎地秦墓竹简整理小组编：《睡虎地秦墓竹简》，文物出版社 1990 年版，第 25 页。

②　何乐士：《〈左传〉的[主·"之"·谓]式》，《〈左传〉虚词研究》(修订本)，商务印书馆 2004 年版，第 72 页。

③　王力：《汉语语法史》，商务印书馆 2010 年版，第 161 页。

④　杨树达：《高等国文法》，商务印书馆 1984 年版，第 312 页。

⑤　何乐士：《〈左传〉的[主·"之"·谓]式》，《〈左传〉虚词研究(修订本)》，商务印书馆 2004 年版，第 79 页。

⑥　张玉金：《出土战国文献虚词研究》，人民出版社 2011 年版，第 439 页；殷国光：《〈吕氏春秋〉词类研究》，商务印书馆 2008 年版，第 374～377；李佐丰：《上古汉语的"者"、"所"、"之"、"其"》，《上古汉语语法研究》，北京广播学院出版社 2003 年版。

⑦　详参宋绍年：《上古汉语谓词性成分的指称化和名词化》，郭锡良主编：《古汉语语法论集》，语文出版社 1998 年版；张雁：《从〈吕氏春秋〉看上古汉语的"主·之·谓"结构》，《语言学论丛》第 23 辑，商务印书馆 2001 年版。

⑧　柳士镇：《魏晋南北朝历史语法》，南京大学出版社 1992 年版，第 332～333 页。黄丽丽：《"主·之·谓"结构的"之"在语流中的作用及该结构产生和衰落的原因》，郭锡良主编：《古汉语语法论集》，语文出版社 1998 年版；洪波：《周秦汉语"之 s"的可及性及相关问题》，《汉语历史语法研究》，商务印书馆 2010 年版，第 191 页。

普遍使用，周秦地区就不用。① 大西克也对秦简的考察仅限于睡虎地秦简《语书》《效律》《法律答问》《封诊式》和4号墓木牍，现在看来其结论是有问题的。通过我们的考察，秦简中的11例"主·之·谓"结构，其中有6例见于《为吏之道》类文献，睡虎地秦简的4例都在一段比较特殊的韵文中，而这段韵文体例与《荀子·成相》类似，② 很难说与周秦方言有关。但另外4例见于《秦律十八种》和放马滩《日书》及岳麓贰《数》中，就不能说周秦地区不用"主·之·谓"结构。张雁曾指出《吕氏春秋》中有时候在相同语境、相同句法位置上，既可用有标记的指称化"主·之·谓"，也可用无标记的指称化结构"主谓"，似乎看不出什么差别，并进而考察了几部古籍中的分布情况(见表4.4)。

表4.4

结构＼书名	《诗经》	《论语》	《左传》	《商子》	《吕览》	《史记》
主·之·谓	29%(10)	77%(20)	67%(32)	83%(29)	79%(37)	12%(29)
主谓	71%(25)	23%(6)	33%(16)	17%(6)	21%(10)	88%(210)

并分析指出"主·之·谓"结构，在语法分布上受语体的影响，在用与不用上还受语体风格的制约。③ 大西克也曾统计睡虎地秦简《语书》《效律》《法律答问》《封诊式》共有30例指称化的"主谓"，而没有"主·之·谓"。④ 但我们统计在《秦律十八种》中有3例"主·之·谓"。因此

① ［日］大西克也：《秦汉以前古汉语中的"主之谓"结构及其历史演变》，高思曼主编，何乐士副主编：《第一届国际先秦汉语语法研讨会论文集》，岳麓书社1994年版，第28页。
② 详参姚小鸥：《睡虎地秦简〈成相篇〉研究》，《文学前沿》2000年第1期。
③ 张雁，《从〈吕氏春秋〉看上古汉语的"主·之·谓"结构》，《语言学论丛》第23辑，商务印书馆2010年版。
④ ［日］大西克也：《秦汉以前古汉语中的"主之谓"结构及其历史演变》，高思曼主编，何乐士副主编：《第一届国际先秦汉语语法研讨会论文集》，岳麓书社1994年版，第28页。

我们倾向于张雁的意见，"主·之·谓"结构的使用与否应该与文体和语体风格有关。

三、"谓之"与"之谓"句中的"之"

在《法律答问》里有 8 例"B，A 之谓殹"形式的句子：

（1）"翏（戮）"者可（何）如？生翏（戮），翏（戮）之已乃斩之之谓殹。《法律答问》51

（2）"有投书，勿发，见辄燔之；能捕者购臣妾二人，毄（系）投书者鞫审瀛之。"所谓者，见书而投者不得，燔书，勿发；投者得，书不燔，鞫审瀛之之谓殹。《法律答问》53-54

（3）"葆子有辠（罪）未断而诬告人，其罪当刑城旦，耐以为鬼薪而鋈足"。耤葆子之谓殹。《法律答问》109-110

（4）"定杀"可（何）如？生定杀水中之谓殹。《法律答问》121

（5）可（何）谓"匿户"及"敖童弗傅"？匿户弗繇（徭）、使，弗令出户赋之谓殹。《法律答问》165

（6）可（何）谓"室人"？可（何）谓"同居"？"同居"，独户母之谓殹。"室人"者，一室，尽当坐辠（罪）人之谓殹。《法律答问》201

（7）可（何）谓"赍玉"？"赍玉"，者（诸）候（侯）客节（即）来使入秦，当以玉问王之谓殹。《法律答问》203

还有 1 例，"A 之谓 B"的例子：

（8）日与枳（支）刺（夹）艮山之胃（谓）离日。睡《日书》甲 48 正叁、49 正叁

这种"A（ ）之谓 B"的句式古书里也很常见，其中的"之"，王力看作复

指宾语的代词,① 学者们有不同的看法。对于"……之谓殹"的句式,冯春田曾将"(之)谓"前成分从名词性、动词性两个角度做了较为详细的分析。并且指出:"不论'……(之)谓殹'式判断性谓语'(之)谓'前的语法成分是名词词组还是动词词组,或者是复句形式,其作用都是一样的,即充当'谓'的修饰语(定语),表明'谓'的具体的或特定的含义,形成以'谓'为中心的'偏正'结构形式。"②这种句式中的"之"字,何乐士通过对《左传》的考察,认为是连词,其作用是"使句子不再成为句子,而是给句子增加一种黏连性,表示这个句子与一个比它大的单位发生联系"③。祝鸿熹认为,这种"主之谓"结构与没有"之"字的主谓结构的区别,"只在于带'之'字的主谓结构以'之'为标志,其语气更舒缓一些而已"④。殷国光则认为,这种句式中的"之"字为结构助词,具有双重作用,"一是标志着该主谓结构黏附于其它的语言单位,一是将主谓结构转换为形式上的偏正结构"⑤。我们认为,殷国光的看法似更妥当一些。从"……之谓殹"的结构形式看,"……之谓"应该是"主之谓"结构,整个结构为偏正式的体词性成分,句末以"殹"字煞尾构成特殊的判断句。

四、音节助词"之"

(1)戒之戒之,材不可归;谨之谨之,谋不可遗;慎之慎之,

---

① 王力:《汉语语法史》,商务印书馆 2010 年版,第 280 页。
② 冯春田:《秦简简文的"……(之)谓(也)"式及相关句式》,高思曼主编,何乐士副主编:《第一届国际先秦汉语语法研讨会论文集》,岳麓书社 1994 年版,第 35 页。
③ 何乐士:《〈左传〉虚词研究》(修订本),商务印书馆 2004 年版,第 36 页。
④ 祝鸿熹:《论〈诗经〉中的"之"》,《祝鸿熹汉语论集》,中华书局 2003 年版,第 213 页。
⑤ 殷国光:《〈吕氏春秋〉词类研究》,商务印书馆 2008 年版,第 377 页。

言不可追；綦之綦【之】，食不可赏。术(怵)愁(惕)之心不可长。①
《为吏之道》33 贰、34 贰、35 贰、36 贰、37 贰

　　(2)戒之戒之，言不可追。思之思【之】，某(谋)不可遗；慎
之【慎之】，货不可归。《为吏之道》48 肆、49 肆、50 肆

　　(3)戒之慎之，人请(情)难智(知)。岳麓壹《为吏》41 壹、
42 壹

　　(4)刃之刃之，福之其土〈基〉也。岳麓壹《为吏》72 肆

　　(5)敀之敀之，某不可行。綦之綦之食不可赏。慎之慎之言不
可追，谨之谨之，某不可遗。岳麓壹《为吏》74 肆、75 肆、76 肆

以上例子中的"之"，皆没有什么实际意义，只是起到补足音节的作用，
《诗经》中有用例，如：

　　　　燕燕于飞，颉之颃之。(《墉风·燕燕于飞》)
　　　　左之右之，君子宜之。左之右之，君子有之。(《小雅·十月
　　　　之交》)

这种"之"字，一般认为是结构助词，或认为是"衬字"。② 秦简中的例
子都见于睡虎地秦简《为吏之道》和岳麓书院藏秦简《为吏治官及黔首》，
它们在体例及性质上比较接近。因此此种用法的"之"字当与体例、性
质有密切关系。

――――――――――

　　① 　白于蓝认为自"戒之戒之"至"不可长"这几句话抄写有误，正确的写法
当是："戒＝之言不可追，思＝之某不可遗，慎＝之货不可归；綦＝之食不可赏，
术愁之心不可长。"见《睡虎地秦简〈为吏之道〉校读札记》，《江汉考古》2010 年第
3 期。
　　② 　祝鸿熹：《论〈诗经〉中的"之"》，《祝鸿熹汉语论集》，中华书局 2003 年
版，第 214 页。

第四节　助词"也/殹"

　　关于秦简中的"也"和"殹"，学者们多认为"殹"是秦国的方言词，①
但姜允玉指出二者除国别上的差别之外，还有文体上的差别。② 张玉金
则认为出土战国文献中的"殹"和"也"不是一个词的两种不同书写形式，
而是两个不同的词，"也"属通语，"殹"为秦国方言词，二者的性质、
意义、用法基本相同。③ 从张玉金归纳的"殹""也"的五点区别看，
"殹"的用法"也"都有，而"也"的部分用法"殹"则没有发现用例。另外
学者们在讨论"殹"的时候，还多提到战国中山王器中原释为"施"的字，
其用法与"殹""也"没有任何差别，但对其字形辨析目前尚有争论。

　　关于秦简中"殹""也"的分布情况，见表 4.5、表 4.6。

表 4.5　　　　　　　"殹""也"在秦简各批材料中的分布

竹简批次 语气词	睡虎地 M11	放马滩 M1	龙岗 M6	周家台 M30	郝家坪	睡虎地秦牍 M4	岳山 M36	岳麓壹	岳麓贰	岳麓叁	里耶壹
殹	139	212	6	3	0	0	0	1*	0*	16	12*
也	102	2	1	37	0	13	2	18	28*	0	0*

需要说明的是，表 4.5 中的数字，除加"*"的是我们新添加的外，其

---

　　① 可以参看姜允玉所引诸家之说，《出土文献中的语气词"也"》，《古文字研究》第 24 辑，中华书局 2004 年版。

　　② 姜允玉：《出土文献中的语气词"也"》，《古文字研究》第 24 辑，中华书局 2004 年版。

　　③ 张玉金：《出土战国文献虚词研究》，中华书局 2002 年版，第 571 页。

他皆依据风仪诚的最新统计。①

表 4.6　　　"殴""也"在睡虎地 M11 各类文献中的分布

语气词＼篇名	编年纪	语书	秦律十八种	效律	秦律杂抄	法律答问	封诊式	为吏之道	日书甲种	日书乙种
殴	0	10	19	8	1	69	20	4	6	2
也	0	0	2	0	0	2	0	6	67	25

　　表 4.6 根据大西克也的统计。② 从表 4.5、表 4.6 可以看出，除睡虎地 M11 秦简外，其他批次秦简在"殴""也"的使用上都有很强的倾向性，以使用某一个为主，使用另外一个可看作例外。睡虎地《日书》和放马滩《日书》，在"也""殴"的使用上恰好相反，前者主要用"也"，而后者用"殴"。学者们在讨论"也""殴"的使用地域或方言差别时，主要的根据也在此。睡虎地 M11 秦简中的法律类文献与同为法律文献的龙岗秦简基本用"殴"；里耶秦简从公布的材料看主要是官方文书，有 12 例"殴"的用例，尚未见使用"也"的例子。风仪诚据以指出，秦代法律文献的来源应该是中央政府，因此反映的是秦人的书写习惯，至少是秦中央政府官员的书写习惯。里耶秦简的例子则说明南方的官员在用字习惯上似乎与中央比较接近。③ 姜允玉所说的文体上的差别与此也是相通的。

　　关于古汉语中"也"（包括"殴"）的功能，曹银晶在总结分析各种说

----

　　① 风仪诚：《秦代讳字、官方词语及秦代用字习惯——从里耶秦简说起》，《简帛》第 7 辑，上海古籍出版社 2012 年版。
　　② ［日］大西克也：《"殴""也"之交替——六国统一前后书面语言的一个侧面》，李学勤、谢桂华主编：《简帛研究二〇〇一》，广西师范大学出版社 2001 年版。
　　③ 风仪诚：《秦代讳字、官方词语及秦代用字习惯——从里耶秦简说起》，《简帛》第 7 辑，上海古籍出版社 2012 年版。

法的基础上，认为除了语气词的功能之外，还有名词标记的功能。① 本书在论述时即依据她的观点。

从语气上说，"也/殹"主要用来表示判断和确定，也有少部分用来表示疑问和祈使。从语法位置上说，主要用在句末，少部分用在句中。

一、殹

(一)用在陈述句句末

1. 用在判断句的句末，表示判断和确定的语气

判断句本身，也可以表示解释和说明。"殹"前的成分，可以是名词性词语、动词性词语，形容词则较少见。

"NP 殹"句式。

(1)此弩矢丁及首人弩矢<u>殹</u>。《封诊式》26-27

(2)丙，乙妾<u>殹</u>。《封诊式》42

(3)令謞，其音气败。属(疕)<u>殹</u>。②《封诊式》54

(4)内北有垣，垣高七尺，垣北即巷<u>殹</u>。《封诊式》79

(5)父兹(慈)子孝，政之本<u>殹</u>。《为吏之道》46 贰、47 贰

(6)建日，良日<u>殹</u>。放《日书》甲 13

(7)甲亡，盗在西方，一于(宇)中食者五口，疵在上，得，男子<u>殹</u>。放《日书》甲 22

(8)子，鼠<u>殹</u>。放《日书》甲 30A

(9)平旦至日中投中黄钟，鼠<u>殹</u>……放《日书》乙 206

---

① 曹银晶：《"也"、"矣"、"已"的功能及其演变》，北京大学博士学位论文，2012 年。

② "謞"，整理者原释为"滈(号)"，今据刘钊说(刘钊：《读秦简字词札记》，李学勤主编：《简帛研究》第 2 辑，法律出版社 1996 年，第 108 页)。

（10）凡日者[天]殹，辰者地殹，星者游变殹。放《志》6

（11）可（何）谓"宫均人"？宫中主循者殹。《法律答问》187

（12）可（何）谓"宫狡士"、"外狡士"？皆主王犬者殹。《法律答问》189

（13）"琼"者，玉检殹。《法律答问》202

（14）"羊駆"，草实可食殹。《法律答问》210

魏德胜认为"草食可食"可加"者"而未加。① 今按，"可食"似可看作"草实"的后置定语。（参本章第二节）

例（11）～（14）谓语都是对主语的解释说明。

（15）姑先（洗），善殹，喜殹，田宇、池泽之事殹。放《日书》乙268

（16）辛亡，盗不得，外盗殹，女子殹。放《日书》乙62壹

例（15）、（16），两个或三个谓语并列。杨伯峻、何乐士指出此类带有列举、历数的语气。② 但列举、历数很难说是一种语气。

（17）☑田大事殹，不务田而为它事，亟论当田不□☑里耶 8-1699+8-1622

例（17）中的"大事"可能单独作判断句的名词谓语，但简文残缺，姑附于此。

---

① 魏德胜：《〈睡虎地秦墓竹简〉语法研究》，首都师范大学2000年版，第267页。

② 杨伯峻、何乐士：《古汉语语法及其发展》（修订本），语文出版社2001年版，第853页。

（18）☑亡者身之保<u>殹</u>。岳麓壹《为吏》6 壹

例（18），文意不明，暂附于此。

（19）治等，审秦人<u>殹</u>。……闻等，其荆人<u>殹</u>。岳麓叁 42-43

（20）民大害<u>殹</u>。岳麓叁 167

（21）是公列地<u>殹</u>。岳麓叁 80-81

"VP 殹"句式。

（22）凡灋（法）律令者，以教道（导）民，去其淫避（僻），除其恶俗，而使之之於为善<u>殹</u>。《语书》2-3

（23）自从令、丞以下，智（知）而弗举论，是即明避主之明灋（法）<u>殹</u>。《语书》5-6

（24）入禾未盈万石而欲增积焉，其前入者是增积，可<u>殹</u>……《秦律十八种》24

（25）今日为之，弗为，是谓"灋（废）令"<u>殹</u>。《法律答问》142

（26）今畱等当赎耐，是即敬等纵弗论<u>殹</u>。里耶 8-1133、8-1132

例（26）中用"是"字复指，其后还有副词"即"，与例（23）在形式一致。但由于上下文意不够完整，还值得讨论。

（27）不幸过误失，坐官弗得，非敢端犯灋（法）令，赴隧以成私<u>殹</u>。岳麓叁 102-103

"形容词+殹"句式。

（28）见乙有結复衣，缪缘及殹（纯），新殹。《封诊式》83

（29）癸、琐等论当殹。岳麓叁 24

2. 用在非判断句句末，表示一种确定的语气

（1）坑阆强朊（伉）以视（示）强，而上犹智之殹。《语书》12

（2）司寇勿以为仆、养、守官府及除有为殹。《秦律十八种》150

（3）"臧（赃）人"者，甲把其衣钱匿臧（藏）乙室，即告亡，欲令乙为盗之，而实弗盗之谓殹。《法律答问》205

（4）过六百六十钱以上，赀官啬夫一甲，而复责其出殹。《效律》59-60

（5）不智（知）穴盗者可（何）人、人数，毋（无）它亡殹。《封诊式》74

（6）有（又）廉絜（洁）敦悫而好佐上，以一曹事不足独治殹，故有公心。《语书》9

（7）有（又）能自端殹，而恶与人辨治，是以不争书。《语书》9-10

（8）县毋敢擅坏更公舍官府及廷，其有欲坏更殹，必瀸之。《秦律十八种》121-122

（9）县为恒事及瀸有为殹，吏程攻（功），赢员及减员自二日以上，为不察。《秦律十八种》122-123

（10）☑□□史，有遝耐皋以上，毄（系）迁陵未夬（决），毋遣殹。里耶 8-136+8-144

（11）日入至晨投中大吕，旄（牦）牛殹，免（俛）颜，大颈，长面，其行丘丘殹，苍皙色，善病颈项。放《日书》乙 211

（12）日入至晨投姑洗，□殹，【免（俛）颜】，□【口】，大耳，肩偻，行【妞妞】殹，色苍黑，善病颜。放《日书》乙 220

(13)日中至日入投中中吕，□殹，兑（锐）喙，圜（圆）颜，翕肩，不善衣，其行昌昌殹，色苍黑，善病胁。放《日书》乙222

例(11)～(13)释文根据程少轩的意见。① 这样的例子在放马滩《日书》乙中共有18例。"殹"字可以认为表一种确定的语气。类似的句子，"殹"字可以不用，如：

(14)日入至晨投[中瘫]（应）钟，溪（巇）[殹]，袤痈（膺），长喙而脱，其行迹迹，黑色，善病肩、手。放《日书》乙217

值得注意的是，放马滩《日书》中1例则是用了"然"字：

(15)旦至日中投中夷则，王龟殹，苍皙，圜（圆）面，免（俛）俭，恶，行夸夸然，善病心。放《日书》乙230

类似这种"然"字的用法在睡虎地秦简中还有3例：

(16)诊首□髻发，其右角痏一所，袤五寸，深到骨，类剑迹；其头所不齐胈胈然。《封诊式》35-36
(17)未，马也。盗者长须耳，为人我我然好歌舞，疵在肩，臧（藏）於刍稾中，阪险，必得。睡《日书》甲76背
(18)申，环也。盗者园（圆）面，其为人也鞸鞸然，凤得莫（暮）不得。睡《日书》甲77背

例(17)的"为人我我然好歌舞"，整理者注释说："我我，容貌美好貌，亦作娥娥、仪仪、峨峨。"②虽然古汉语里"然"字常用在形容词、副词、

---

① 程少轩：《放马滩简式占古佚书研究》，复旦大学博士学位论文，2011年。
② 睡虎地秦墓竹简整理小组编：《睡虎地秦墓竹简》，文物出版社1990年版，第20页。

动词之后，作句子的状语，如：

> 夫子<u>循循然</u>善诱人，博我以文，约我以礼，欲罢不能。(《论语·子罕》)
> 吾今见民之<u>洋洋然</u>东走，而不知所处。(《吕氏春秋·贵直》)
> 宋忠、贾谊忽而自失，芒乎无色，<u>怅然</u>噤口不能言。(《史记·日者列传》)

这种用在形容词后的"然"字，一般表示某种情状，是发展于战国后期的一种语法现象。① 也有叠音词后加"然"字，是对主题(topic)的描写说明，如下面的例子：

> 士君子之容：其冠进，其衣逢，其容良；俨然，壮然，祺然，蕼然，恢恢然，广广然，昭昭然，荡荡然，是父兄之容也。其冠进，其衣逢，其容悫；俭然，恀然，辅然，端然，訾然，洞然，缀缀然，瞀瞀然，是子弟之容也。(《荀子·非十二子》)

在里耶秦简及传世汉代古籍中，"为人"可以指人的体貌，② 再联系例(17)来看，"我我然"当是对"为人"的说明，而不是做"好歌舞"的状语。

就例(11)~(13)、例(15)~(18)来看，"殹""然"都出现在句末(或分句末)，其性质虽然不同，但似可说明"殹"所在句子的说明描写的性质。比较而言，"殹"字顿句的作用似更强一些。

《马氏文通·虚字卷之九》曾提道："有以状词字为表词，煞以'也'字，所以决其容之如是也。"③也就是李佐丰所言"也"字的一种少见特

---

① 洪诚：《训诂杂议》，《洪诚文集·雒诵庐文集》，江苏古籍出版社 2000 年版，第 173 页。
② 参伊强：《〈里耶秦简牍校释(第一卷)〉补正一则》，简帛网，2013 年 8 月 25 日，http：//www.bsm.org.cn/show_article.php? id=1883。
③ 马建忠：《马氏文通》，商务印书馆 2008 年版，第 327 页。

殊用法，用在形容词后缀"如"之后，上古汉语只见于《论语》(33 例)、《孟子》(4 例)、《荀子》(4 例)、《礼记》(2 例)之中，① 如：

> 子之燕居，申申如也，夭夭如也。(《论语·述而》)
> 孔子三月无君，则皇皇如也。(《孟子·滕文公下》)
> 执龟玉，举前曳踵，蹜蹜如也。(《礼记·玉藻》)
> 孔子曰：望其圹，皋如也，巅如也，鬲如也，此则知所息矣。(《荀子·大略》)②

以上前三例中的"如也"前都是叠音词，与之相同，例(11)~(13)的"殹"前也都是叠音词。从句子结构看，"叠音词+如也"与秦简中的"叠音词+殹"都是对主题的说明，"如也"与"殹"处于相同的语法位置。秦简这种"殹"在叠音词后的用法，我们考察了《吕氏春秋》和《史记》，没有发现用例。③ 是否与方言或文体有关，还值得进一步讨论。

(二)用在疑问句句末

可以是特指问也可以是选择问。

---

①　李佐丰：《上古汉语的"也"、"矣"、"焉"》，《上古汉语语法研究》，北京广播学院出版社 2003 年版，第 232 页。

②　梁启雄《荀子简释》(中华书局 1983 年版，第 381 页)引郝懿行曰："皋、犹高也。巅、即颠字。鬲、鼎属也；圆而弇上。此皆言丘垄之形状。"裴燮君认为这三例"如"作为词尾仍有一定的指代作用，见《〈周易〉"~若(如)"结构考》，郭锡良主编：《古汉语语法论集》，语文出版社 1998 年版，第 240 页。

③　这两部书里都没有出现"殹"字，我们检索的是与之语法作用相同的"也"字。检索依据张双棣等编：《吕氏春秋索引》，山东教育出版社 2002 年版；李晓光、李波主编：《史记索引》(修订版)，中国广播电视出版社 2001 年版。《史记·律书》："北至于胃。胃者，言阳气就藏，皆胃胃也。""胃胃"形式跟叠音词一样，但却不是。"皆胃胃也"或语译为"就像胃包藏一样"(《二十四史全译·史记(第一册)》，世纪出版集团·汉语大词典出版社 2004 年版，第 429 页)。

（1）甲盗不盈一钱，行乙室，乙弗觉，问乙论可（何）殹？《法律答问》10

（2）"侨（矫）丞令"可（何）殹？《法律答问》55

（3）以乞鞫及为人乞鞫者，狱已断乃听，且未断犹听殹？《法律答问》115

（4）讯甲亭人及丙，智（知）男子可（何）日死，闻谳寇者不殹？①《封诊式》61-62

（5）……乃视舌出不出，头足去终所及地各几可（何），遗矢弱（溺）不殹。乃解索，视口鼻渭（喟）然不殹。《封诊式》69-70

例（1）、（2）为特指问，例（3）~（5）为选择问。

（6）以决事解何殹☑里耶8-1639

例（6）虽简文已残，但也应是特指问句。

（7）校长予言敢大心多问吕柏：柏得毋恙殹？里耶8-823+8-1997②

例（7）表示一种测度的语气。"无恙殹"一类的套语，秦汉简牍书信中习见，③睡虎地秦牍甲则用"也"。

（8）同和不首一吏（事）者，而言（音—意）毋（无）坐殹？岳麓叁145

---

①　"谳"，整理者原释为"滤（号）"，此从刘钊说，见《读秦简字词札记》，李学勤主编：《简帛研究》第2辑，法律出版社1996年版，第108页。
②　"吕柏"，《里耶秦简牍校释（第一卷）》原释作"子柏"，此据《新见里耶秦简牍资料选校（一）》改，见《简帛》第10辑，上海古籍出版社2010年版。
③　可参看李均明：《秦汉简牍文书分类辑解》，文物出版社2009年版，第126页。

整理者："而，副词，表反问，相当于'岂'。"①从整理者的解释看，这一例似是反问句。

（三）用在祈使句句末

根据张玉金的统计，② 秦简中只有两例：

（1）勿予其言<u>殹</u>，□字□□□禁□□□☑龙岗 198

（2）司寇勿以为仆、养、守官府及除有为<u>殹</u>。《秦律十八种》150

但龙岗的例子，由于简文残损还值得考虑。

（四）用在句中

可以在小句和句子成分之后。秦简中有 8 例，全列在下面。

（1）其大厩、中厩、宫厩马牛<u>殹</u>，以其筋、革、角及其贾钱效，其人诣其官。《秦律十八种》17—18

（2）百姓有母及同牲（生）为隶妾，非適（谪）辠（罪）<u>殹</u>而欲为冗边五岁，毋赏（偿）兴日，以免一人为庶人，许之。《秦律十八种》151

（3）县料而不备者，钦书其县料<u>殹</u>之数。《效律》11

（4）没入其贩假<u>殹</u>（也）钱财它物于县、道官。☑龙岗 26

（5）正月五月九月，北徙大吉，东北少（小）吉，若以是月<u>殹</u>东送（徙），**戠**，东南刺离，南精，西南室毁，西困，西北辱。

---

① 睡虎地秦墓竹简整理小组编：《睡虎地秦墓竹简》，文物出版社 1990 年版，第 182 页。

② 张玉金：《出土战国文献虚词研究》，人民出版社 2011 年版，第 578 页。

睡《日书》甲 59 正壹

(6)二月六月十月，东徙大吉，东南少(小)吉，若以【是】月<u>殹</u>南徙，**嫛**(系)，西南刺离，西精，西北**嫛**(系)，北困辱。睡《日书》甲 60 正壹

(7)三月七月十一月，南徙大吉，西南少(小)吉，若以是月<u>殹</u>西徙，**嫛**(系)，西北刺离，北精，东毁，东北困，东南辱。睡《日书》甲 61 正壹

(8)九月八月十二月，西徙大吉，西北少吉，若以是月<u>殹</u>北徙，**嫛**(系)，东南刺离，南精，东南毁，南困辱。睡《日书》甲 62 正壹

古汉语中用在句中的"也"，吕叔湘认为有停顿的语气，① 张玉金指出有标记主位的功能②。曹银晶在分析总结各家说法的基础上，认为是一种名词的体标记。③ 我们基本赞同她的说法、如例(3)、(4)中的"弆料殹""贩假殹"很难看出有什么语气，理解为体标记则很合适。但当"殹"前本是名词时，尤其是比较长的如例(1)的"大厩、中厩、宫厩马牛"，似也不能否认有提顿或舒缓语气的作用。

二、也

(一)用在陈述句句末，表示判断和确定的语气

1. 用在判断句的句末
"NP 也"句式。

---

① 吕叔湘：《文言虚字》，上海教育出版社 1978 年版，第 94 页。
② 张玉金：《出土战国文献虚词研究》，人民出版社 2011 年版，第 583 页。
③ 曹银晶：《"也"、"矣"、"已"的功能及其演变》，北京大学博士学位论文，2012 年。

（1）口，关也……《为吏之道》29 伍

（2）毋（无）气之徒而疃（动），终日，大事也；不终日，小事也。睡《日书》甲 61 背壹

（3）若不三月食之若傅之，而非人也，必枯骨也。睡《日书》甲 54 背叁、55 背叁

（4）子，鼠也。睡《日书》甲 69 背

（5）丙丁死者，其西受凶，其女子也。睡《日书》乙 213 壹

（6）丁亡，盗女子也。睡《日书》乙 256

（7）斗乘角，门有客，所言者急事也。周家台 187

（8）我智（知）令某疟、令某疟者某也。周家台 376

（9）苦言乐（药）也，甘言毒也。岳麓壹《为吏》4 贰、5 贰

（10）即曰，半平得五寸，令相乘也，以深一寸为法，如法得一寸，有（又）以深益之，即材径也。岳麓贰《数》213-214

（11）☐〔衰〕三里二百卌步，此三步直（置）戟也。岳麓贰《数》70

（12）令如法一步，即陲宇之从（纵）也。岳麓贰《数》68

（13）四分乘四分，四四十六，十六分一也。岳麓贰《数》76

例（13），"也"用在数字之后，表示某种结果，共 7 例。

"VP 也"句式。

（14）甲乙梦，开藏事也；丙丁梦，忧也；戊己梦，语言也；庚辛梦，喜也；壬癸梦，生事也。岳麓壹《占梦书》3-4

（15）半其衰以广告乘之，即成尺数也。岳麓贰《数》193

2. 用在非判断句的句末

（1）其叚（假）者死亡、有辠（罪）毋（无）责也，吏代赏（偿）。

《秦律十八种》106

（2）己丑，以见王公，必有拜<u>也</u>。睡《日书》甲 166 正陆

（3）戌，就<u>也</u>，其咎在室马牛豕<u>也</u>。睡《日书》甲 93 背壹

（4）春三月戌、夏丑、秋三月辰、冬未，皆不可以大祠，可有求<u>也</u>。睡《日书》乙 77

（5）甲乙梦被黑裘衣寇〈冠〉，喜，人〈入〉水中及谷，【得】<u>也</u>。睡《日书》乙 189 壹

（6）占约结，相抵乱<u>也</u>。周家台 191

（7）故君子日有兹兹（孜孜）之志，以去其輸（偷）<u>也</u>。岳麓壹《为吏》83 肆、84 肆

（二）用在疑问句句末

根据张玉金的研究，可以是是非问句、特指问句、正反问句和测度句，① 分别举 1 例如下：

（1）二月辛巳，黑夫、惊敢再拜问中、母毋恙<u>也</u>？睡虎地秦牍 11 正

（2）而盗徙之，赎耐，可(何)重<u>也</u>？是，不重。《法律答问》64

（3）辞相家爵不<u>也</u>？书衣之南军毋 …… 王得不<u>也</u>？睡虎地秦牍 11 背

（4）惊敢大心问衷、母得毋恙<u>也</u>？睡虎地秦牍 6 正

（三）用在祈使句句末

据张玉金只有 1 例。②

---

① 张玉金：《出土战国文献虚词研究》，人民出版社 2011 年版，第 567 页。
② 张玉金：《出土战国文献虚词研究》，人民出版社 2011 年版，第 567 页。

（1）新负勉力视瞻丈人，毋与□□□。垣柏未智（知）归时。新负（妇）勉力**也**。睡虎地秦牍 11 背

（四）用在句中

据张玉金共 7 例，① 我们有所添补为 23 例（睡虎地 7，里耶 1，岳麓贰《数》15），如：

（1）卯，会众，其后必有子将弟**也**死，② 有外丧。睡《日书》甲 86 背壹

（2）以己丑、酉、巳，不可家（嫁）女、取妻；交徙人**也**可也。睡《日书》甲 7 背贰

（3）人有哀思**也**弗忘，取丘下之葆，完掇其叶二七，东北乡（向）如（茹）之乃卧，则止矣。睡《日书》甲 63 背壹、64 背壹

（4）戌，老羊也。盗者赤色，其为人**也**刚履，疵在颊。睡《日书》甲 79 背

（5）寺（待）其来**也**，沃之，则止矣。睡《日书》甲 59 背贰

（6）有为**也**而遇雨，命之曰央（殃）蚤（早）至，不出三月，有死【亡之志致（至）】。睡《日书》乙 135

（7）田时**也**，不欲兴黔首。里耶 16-5

岳麓贰《数》中还有 15 例，如：

（8）租枲述（术）口：置與田数，大枲**也**五之，中枲**也**六之，细

---

① 张玉金：《出土战国文献虚词研究》，人民出版社 2011 年版，第 567 页。
② 关于"子将弟"，参看第三章第四节。

枲<u>也</u>七之。岳麓贰《数》17

　　(9)枲五之，中枲六之，细枲七之。岳麓贰《数》35-36

例(8)、(9)可作比较，二者辞例基本一致，只是例(9)没有用句中语气词"也"。

　　(10)耤令相乘<u>也</u>，以为法，如法一步。岳麓贰《数》51

　　(11)上方耤之下各自乘<u>也</u>，而并之，令上方有(又)相乘<u>也</u>，以高乘之，六成一。岳麓贰《数》187

　　(12)积佳(锥)者，两广相乘<u>也</u>，高乘之，三成一尺。岳麓贰《数》194

　　在秦简"殹/也"的所有用例中，用在句中的只占2.4%和12.4%，根据曹银晶的统计，在《论语》《孟子》中的比例则是29.5%和23%，而《论衡》则为6.2%。① 其中比较特殊的是岳麓贰《数》，其中"也"字有28个用例，而用在句中就有15例，所占比例超过了一半，这大概跟其体例及性质有关。可与之对比的是，在张家山汉简《算数书》中有53例"也"字，用于句中的只有5例；而《九章算术》9例"也"字则没有用于句中的。②

　　(13)乃解衣弗衽，入而傅者之，可得<u>也</u>乃。 睡《日书》甲68背贰

整理者指出："'者、乃'二字乃衍文。"③所以此例"也"非用在句中，此

　　① 曹银晶：《"也"、"矣"、"已"的功能及其演变》，北京大学博士学位论文，2012年，第43页。
　　② 邬述法：《〈九章算术〉虚词研究》，江西师范大学硕士学位论文，2010年，第51~52页。
　　③ 睡虎地秦墓竹简整理小组编：《睡虎地秦墓竹简》，文物出版社1990年版，第218页。

说明之。

第五节　其他助词

一、然

与"如"构成"如……然"的格式，相当于现代汉语的"像……一样""与……一样"。① 睡虎地秦简有 8 例。

(1)邦中之縣(徭)及公事官(馆)舍，其叚(假)公，叚(假)而有死亡者，亦令其徒、舍人任其叚(假)，如从兴戍然。《秦律十八种》101

(2)上之所兴，其程攻(功)而不当者，如县然。《秦律十八种》123

(3)凡【不】能自衣者，公衣之，令居其衣如律然。《秦律十八种》137-138

(4)其出禾，有(又)书其出者，如入禾然。《秦律十八种》169-170

(5)县料而不备其见(现)数五分一以上，直(值)其賈(价)，其赀、谇如数者然。《效律》12

(6)其出禾，有(又)书其出者，如入禾然。《效律》29

(7)尉计及尉官吏节(即)有劾，其令、丞坐之，如它官然。《效律》54

(8)司马令史掾苑计，计有劾，司马令史坐之，如令史坐官计

---

① 冯春田认为此种用法的"然"为代词，详见冯春田:《睡虎地秦墓竹简语法札记》，《语言学论丛》第 18 辑，商务印书馆 1993 年版。

劾<u>然</u>。《效律》55

(9) 其问如言不<u>然</u>。《封诊式》44

例(9)，形式上似为"如……然"，此"然"字该如何分析，类似用法秦简仅此一例，暂附于此。

二、馀

用在整数之后、名词之前。睡虎地秦简1例，周家台1例。

(1) 外大母同里丁坐有宁毒言，以卅<u>馀</u>岁时瞂(迁)。《封诊式》92

(2) 取十<u>馀</u>叔(菽)置鬵(粥)中而歈(饮)之……周家台309

三、等

用在名词之后，表示列举，也表省略。现代汉语沿用。132例(睡虎地13，睡虎地秦牍1，里耶8，岳麓叁110)。

(1) 几讯典某某、甲伍公士某某："甲党(倘)有当封守而某<u>等</u>脱弗占书，且有辠(罪)。"某<u>等</u>皆言曰："甲封具此，毋(无)它当封者。"即以甲封付某<u>等</u>，与里人更守之，侍令。《封诊式》10-12

(2) 丁与此首人强攻群盗人，自昼甲将乙<u>等</u>徼循到某山，见丁与此首人而捕之。《封诊式》25-26

(3) 此首某里士五(伍)戊殹，与丁以某时与某里士五(伍)己、庚、辛，强攻群盗某里公士某室，盗钱万，去亡。己<u>等</u>已前得。

《封诊式》28-29

（4）自昼居某山，甲<u>等</u>而捕丁戊，戊射乙，而伐杀收首。《封诊式》29-30

（5）某里公士甲<u>等</u>廿人诣里人士五（伍）丙，皆告曰："丙有宁毒言，甲<u>等</u>难饮食焉，来告之。"即疏书甲<u>等</u>名事关谍（牒）北（背）。《封诊式》91-92

（6）丙家节（即）有祠，召甲<u>等</u>，甲<u>等</u>不肯来，亦未尝召丙饮。里节（即）有祠，丙与里人及甲<u>等</u>会饮食，皆莫肯与丙共桮（杯）器。甲<u>等</u>及里人弟兄及它人智（知）丙者，皆难与丙饮食。《封诊式》92-94

（7）黑夫<u>等</u>直佐淮阳，攻反城久，伤未可智（知）也。睡虎地秦牍11正

（8）☒□司空守兹、佐得出以食春、小城旦却<u>等</u>五十二人，积五十二日，日四升六分升一。里耶8-216+8-351

（9）高里士五（伍）武自言以大奴幸、甘多，大婢言、言子益<u>等</u>，牝马一匹予小男子产。里耶8-1443+8-1455

（10）校长癸、求盗上造柳、士五（伍）轿、沃诣男子治<u>等</u>八人。岳麓叁1-2

四、云

睡虎地1例，用在句末，可理解为"如此"之意。

（1）凡鬼恒执匱以入人室，曰"气（乞）我食"<u>云</u>，是＝恶鬼。睡《日书》甲62背贰

五、惟/唯

（1）善宿卫，闭门辄靡其旁火，慎守唯敬（儆）。《秦律十八种》196

（2）☑□将其求盗诣廷，会庚午旦，唯毋失期。里耶 8-1252

"唯"表示一种强调的语气。① 这种用法的"唯"，目前学者们有不同看法，或认为是焦点标记。②

六、有

用在单音节形容词前，1 例见于睡虎地秦简。

（1）有严不治。《为吏之道》4 肆

七、焉

一般用在句末，有加强语气的作用，31 例（睡虎地 11，放马滩 16，龙岗 1，岳麓贰《数》1，岳麓叁 1）。1 例用在句中（龙岗 1）。

（1）入禾未盈万石而欲增积焉，其前入者是增积，可殹……《秦律十八种》24

（2）罢癃（癃）守官府，亡而得，得比公癃（癃）不得? 得比焉。

---

① 杨伯峻、何乐士：《古汉语语法及其发展》（修订本），语文出版社 2001 年版，第 474 页。
② 洪波：《上古汉语的焦点表达》，《汉语历史语法研究》，商务印书馆 2010 年版，第 234 页。

《法律答问》133

（3）甲取（娶）人亡妻以为妻，不智（知）亡，有子<u>焉</u>，今得，问安置其子?《法律答问》168

（4）以履履男子，利<u>焉</u>。《封诊式》59

（5）盗者兑（锐）口，希（稀）须，善弄手，黑色，面有黑子<u>焉</u>，疕在耳，臧（藏）於垣内粪蔡下。睡《日书》甲 69 背

（6）凡五巳不可以入寄者，不出三岁必代寄<u>焉</u>。睡《日书》乙 42 贰

（7）仓门，是=富，井居西南，困居西北，詹必南乡（向），毋绝县肉。绝之，必有经【死】<u>焉</u>。放《日书》乙 2 贰、3 贰

（8）☑及弃臧（赃）<u>焉</u>龙岗 195

例（8），虽然前后文有残缺，但"焉"作语气词的可能性最大。

（9）其述（术）曰：直（置）上下数，以少除多，以馀为衰实，直（置）节数除一<u>焉</u>以命之。岳麓贰《数》150–151

整理者解释说："意为'从竹的节数中减去一，然后以之为分母命名分数。'"①

（10）皆致灋（法）<u>焉</u>。岳麓叁 244（整理者语译："皆以法处死。"②）

虽然"焉"在古汉语里常用作合音词（或称为兼词），但大多在表"于是"

---

① 朱汉民、陈松长主编：《岳麓书院藏秦简（贰）》，上海辞书出版社 2011 年版，第 113 页。

② 朱汉民、陈松长主编：《岳麓书院藏秦简（叁）》，上海辞书出版社 2013 年版，第 314 页。

义的同时也兼有表语气的作用，如：

（11）妾未使而衣食公，百姓有欲叚（假）者，叚（假）之，令就
衣食<u>焉</u>，吏辄柀事之。《秦律十八种》48

（12）有实官高其垣墙。它垣属焉者，独高其置刍皆及仓茅盖
者。令人勿䋼（近）舍。非其官人殹，毋敢舍<u>焉</u>。《秦律十八种》195

（13）一宅中毋（无）故而室人皆疫，或死或病，是＝棘鬼在<u>焉</u>。
睡《日书》甲 37 背壹、38 背壹

（14）其所受臧（赃），亦与盗同灋（法）；遗者罪减<u>焉</u>☒
龙岗 148

☒一等，其故☒龙岗 149

例（14）的龙岗 148、149 两简，《龙岗秦简》认为可以缀合，① 这样的话
"焉"就是用于句中了。

八、矣

共 86 例（睡虎地 73，放马滩 5，睡虎地秦牍 4，里耶 1，岳麓叁
3）。

"矣"用在句末，多表示一种陈述的语气。"也"和"矣"有很大不
同，"也"是对静态事物、行为的叙述或判断；而"矣"多叙述动态的事
物，表示已然或将然之事。与现代汉语的"了"大体相当。表已然之事
的，如：

（1）今灋（法）律令已具<u>矣</u>，而吏民莫用，乡俗淫失（泆）之民
不止，是即灋（废）主之明灋（法）殹……《语书》3-4

① 中国文物研究所、湖北省文物考古研究所编：《龙岗秦简》，中华书局
2001 年版，第 122 页。

（2）王室所当祠固有矣，擅有鬼立（位）殹，为"奇"，它不为。《法律答问》161

（3）甲怀子六月矣，自昼与同里大女子丙斗，甲与丙相捽，丙偾庰甲。①《封诊式》84

（4）已亡，其盗在，为人黄皙，在西南，其室三人食，其一人已死矣，女子殹，得。放《日书》甲27

（5）即令令史某齿牛，牛六岁矣。《封诊式》24

（6）前日黑夫与惊别，今复会矣。睡虎地秦牍11正

（7）灂（讁）固有审矣。② 岳麓叁42

（8）沛有子媌所四人，不取（娶）妻矣。岳麓叁114

（9）赋下田官，久矣。☐里耶8-594

"矣"也有很强的判断的意味，如例（5）和例（7）。下面例（10），可以看出"矣""殹"的区别：

（10）已亡，其盗在，为人黄皙，在西南，其室三人食，其一人已死矣。女子殹，得。放《日书》乙60壹

有时候，"矣"所在句表示对行为所导致结果的比较肯定的推测和判断，如：

（11）如此，则为人臣亦不忠矣。《语书》6

（12）人毋（无）故鬼攻之不已，是＝刺鬼。以桃为弓，牡棘为

---

① "庰"，刘钊认为即后世"屏"，《玉篇·厂部》："屏，音溪，倒地。"见《读秦简字词札记》，李学勤主编：《简帛研究》第2辑，法律出版社1996年版，第109页。

② 整理者注释说："讁固有审，指责奏讁者得习惯用语……表示相关的法律都很清楚，本来没有必要向上级请示。审，明白、清楚。"见朱汉民、陈松长主编：《岳麓书院藏秦简（叁）》，上海辞书出版社2013年版，第111页。

矢，羽之鸡羽，见而射之，则已矣。睡《日书》甲 27 背壹、28 背壹

此类"矣"所在句看成一种将然也未尝不可。与"则已矣"相同或类似的句子，在睡虎地《日书》中有 65 例，都是实施某种行为后出现"则止矣""则去矣"一类的结果，并且有 56 例所在小句的句首用连词"则"来连接，表示动作与结果时间上的前后相连。

另有一例，文意不是很清楚：

（13）殳（投）者参（三）合日辰求星从，期三而一。中期如参（三）合之数，远数有（又）参（三）之，即以钟音之数矣。放《日书》乙 321

在古书里面，"矣"还可以表示感叹或命令的语气，秦简中有 1 例表示感叹的语气。

（14）甚矣！以人莫智（知）。岳麓叁 160

另外捎带提一下，张玉金提到"矣"用在判断句末时，① 举了秦简的两例：

丑，牛矣。放《日书》甲 31 壹
建日，良日矣。放《日书》甲 13

今按，其所引上两例中的"矣"都是"殹"字之误。② 又提到秦简中有一

---

① 张玉金：《出土战国文献虚词研究》，人民出版社 2011 年版，第 586 页。
② "矣"可能沿用的是"秦简整理小组"的释文，见秦简整理小组：《天水放马滩甲种〈日书〉释文》，甘肃省文物考古研究所编：《秦汉简牍论文集》，甘肃人民出版社 1989 年版，第 2、3 页；大西克也早已指出其误，见《"殹""也"之交替——六国统一前后书面语言的一个侧面》，李学勤、谢桂华主编：《简帛研究二〇〇一》，广西师范大学出版社 2001 年版，第 615 页。

例，"矣"可与"尔"连用，表示陈述语气。

> 亥，豕矣。盗者中人矣尔，在屏、囷方及矢。① 放《日书》甲 41

今按，所引上例中的"矣尔"当为"殹再"之误释。

九、也与

> (1)此治官、黔首及身之要也与(欤)？它官课有式，令能最，欲毋殹，欲毋罪，皆不可得。欲最之道，把此。 岳麓壹《为吏》87 正

陈伟师指出："古人有'也与（"与"或作"欤"）'连用，表示推测或感慨的情形。简文这里表示委婉的判断。"②

十、虖

同古书中的"乎"。秦简中只有 1 例，用在疑问句末，表示询问。

> (1)校长予言敢大心多问吕柏：柏得毋恙殹？柏得毋为事繺虖？ 里耶 8-823+8-1997

"繺"，《里耶秦简牍校释（第一卷）》注释引《说文》："繺，不绝也。"③

---

① 张玉金·《出土战国文献虚词研究》，人民出版社 2011 年版，第 591 页。
② 陈伟：《〈为吏治官及黔首〉1531、0072 号简试读》，简帛网，2010 年 1 月 22 日，http：//www. bsm. org. cn/show_article. php？id=1210。
③ 陈伟主编：《里耶秦简牍校释（第一卷）》，武汉大学出版社 2012 年版，第 191 页。

今按,《说文·言部》:"繇,敵也;一曰治也;一曰不绝也。"段玉裁认为"敵"与"乱""𤔌""繇"音义皆同。① 因此,简文中的"繇"似训"敵(乱)"为好。汉简中常见"苦事""劳苦官事"之类的慰劳之词,② 如:

　　宣伏地再拜言,少卿足下:良苦官事,因言宣宜□以月晦受官物来,因请□□(《居延汉简释文合校》311. 17B)

　　弘叩头多问子长:甚劳苦官事。(《居延汉简释文合校》157. 25A)

　　赏伏地再拜请,子卿足下,善毋恙,甚苦事,谨道□毋忧也。(《居延汉简释文合校》34. 7A)

　　田子渊坐前:顷久不相见,间致,独劳,久客关外,起居无它,甚善。(《敦煌汉简》236. A)

"苦事"就是"为事所苦"之意。例(1)的"为事繇"也即"为事所繇",只是在秦简中目前尚未见到"为……所……"的被动句式。

十一、附论

(一)"宁毒言"

见于睡虎地秦简《封诊式》,凡两例:

　　(1) 皆告曰:"丙有宁毒言,甲等难饮食焉,来告之。"《封诊式》91

---

① 段玉裁:《说文解字注》"敵"字下,上海古籍出版社 1981 年版,第 125 页。
② 参见李均明:《秦汉简牍文书分类辑解》,文物出版社 2009 年版,第 113~127 页;陈槃:《汉晋遗简识小七种》"慰劳之辞","中研院"历史语言研究所 1975 年版,第 102~103 页。

（2）外大母同里丁坐有<u>宁毒言</u>，以世除岁时罷（迁）。《封诊式》92

魏德胜以"宁"为助词，并说："这种用法偶见于先秦早期文献。《金文总集》7125：'余非敢宁忘。'《左传·襄公三十一年》：'不宁唯是，又使围蒙其先君。'"①李明晓等认为是语气助词。② 今按：魏德胜所举金文及《左传》例皆理解有误。"宁忘"即"宁荒"，义同古书中的"荒宁"；③"宁"也不是助词。秦简中的"宁毒言"之"宁"该如何解释尚需讨论。

（二）"尔"

张玉金在论述战国出土文献中的语气词"尔"时，举了两条秦简中的例子，④ 照抄如下：

> 未，羊，盗者从南方，有（又）从出尔，在牢圈中。｜申，猴矣，盗从西方尔，在山谷。｜酉，鸡矣，盗从西方入，复从西方出尔，在囷屋东屎水旁。｜戌，犬尔，［在］责（积）薪粪、蔡中。（《放马滩秦简·日书甲·亡盗章》）

> 亥，豕矣，盗者中人矣尔，在屏、圂方及矢。（《放马滩秦简·日书·亡盗章》）

今按，上两条简文中的"矣""尔"皆为"殹""禹"之误释，已见本节上文"矣"之论述。因此秦简中所谓的语气词"尔"及固定词组"矣尔"都是不

① 魏德胜：《〈睡虎地秦墓竹简〉语法研究》，首都师范大学出版社 2000 年版，第 325 页。

② 李明晓等：《战国秦汉简牍虚词研究》，四川大学出版社 2011 年版，第 353 页。

③ 参马承源：《商周青铜器铭文选》（第四册），文物出版社 1986 年版，第 397 页。

④ 张玉金：《出土战国文献虚词研究》，人民出版社 2011 年版，第 628~629 页。

存在的。李明晓等也提到一个秦简中的语气词"尔"的例子：①

　　有二床梗有女尔环，旦欲行□□□□间□□见殹，居邦而
【环】，居室若夋□贺□　放《日书》乙 341

今按，由于竹简文意不清，"尔"该如何理解值得讨论。

结　　语

　　秦简中"所"字的用法中，名词用法的比例明显比传世秦汉古籍要高。在表处所时，"动·所·名"和"所·动·名"两种结构在传世文献和秦简中的使用情况存在明显差异，二者虽然有时候可以互换而意思不变，但"动·所·名"应当是"动·所"表意更明确具体的发展结果。汉简中常见的作为文书名的"过所"可能是由误读或重新分析造成的。在"者"的助词用法中，"N·VP 者"与"N 之 VP"者的使用情况与传世秦汉古籍也有明显差异。"N 之 VP"结构在《左传》、秦简、《史记》中呈明显的下降趋势。偏正结构之间的"之"字，定语为名词性词语的比例最高。"之"字助词用法的"主之谓"结构似很难说与秦方言有关，其使用应当与文体和语体风格有关。"也""殹"的语法作用看不出明显区别，只是在不同批次秦简中的分布存在明显差异。秦简中的语气助词极少见，大概与秦简内容的体例及性质有关。

---

　　①　李明晓等：《战国秦汉简牍虚词研究》，四川大学出版社 2011 年版，第360 页。

第五章　秦简的问句

秦简中的问句，可以分为特指问句、选择问句、是非问句、反复问句、测度问句和反诘问句六类。

第一节　特指问句

特指问句一般是用疑问代词发问的问句，可以问人、物，也可以问原因、目的或情状，还可以问时间、方所、数量等。秦简中的疑问代词有孰、安、何、何以、何故、几何、云何，其中用法最多最复杂的是"何"。句末或用语气词"殹/也"。其中有一例"独"是否为疑问代词尚需讨论。

一、孰

秦简中"孰"作为疑问代词，用法比较简单，皆用以问人：

(1) 贤鄙溉酲，禄立(位)有续孰敢上？《为吏之道》5 伍、6 伍

(2) 是=夫妇皆居，若不居□，□其居家，卦类杂虚，孰为大祝、灵巫，畜生(牲)之放《日书》乙250

例(2)由于句意不是很清楚，"孰"是否上承"夫妇"难以断定。

二、安

秦简中"安"作为疑问句，皆代指处所：

(1)甲取(娶)人亡妻以为妻，不智(知)亡，有子焉，今得，问安置其子？《法律答问》168
(2)讯魏：魏亡，安取钱以补袍及买鞞刀？岳麓叁 159

三、何(何、几何、何谓、何以、何如、云何、何故、奈何)

(一)可(何)/何

87 例(睡虎地 74，里耶 9，岳麓叁 4)。
可以单独作谓语：

(1)"者(诸)侯(侯)客来者，以火炎其衡厄(轭)。"炎之可(何)？当者(诸)侯(侯)不治骚马，骚马虫皆丽衡厄(轭)鞅𩏦辕靯，是以炎之。①《法律答问》179
(2)徒守者往戍可(何)？里耶 8-644 背
(3)以决事解何殹☐里耶 8-1639
(4)抉之弗能启即去，一日而得，论皆可(何)殹？《法律答问》30

---

① 释文标点参考了裘锡圭：《读简帛文字资料札记》，《裘锡圭学术文集》(第二卷)，复旦大学出版社 2012 年版，第219~220 页。

在《法律答问》里，有 23 例"论可(何)殿?"和 48 例"何论"，前者有语气词"殿"，而后者不用，用法比较整齐划一。

也可以作状语：

  (5)士五(伍)甲盗一羊，羊颈有索，索直(值)一钱，问<u>可</u>(何)论?《法律答问》29

  (6)斗以箴(针)、鈌、锥，若箴(针)、鈌、锥伤人，各<u>可</u>(何)论?《法律答问》86

  (7)☑事渠黎□为庸，<u>何</u>解? 里耶 8-43

  (8)问<u>可</u>(何)计付，署计年为报。里耶 8-63

  (9)问<u>何</u>计付? 署计年为报。署☑里耶 8-63

与上例比较，"付""受"相对，可知"何"似是方式，也包括问人，即"怎么和谁计算并接受或付予的"。

  (10)诘相：令毋智捕田、市，<u>可</u>(何)解? 岳麓叁 201

也可以作定语：

  (11)<u>可</u>(何)辠(罪)得"处隐官"?《法律答问》125

  (12)<u>何</u>律令应? 里耶 8-157 背

  (13)☑<u>何</u>日而已☑里耶 8-2530

还可以作判断词的宾语：

  (14)部佐为匿田，且<u>可</u>(何)为?《法律答问》157

也可以作介词的宾语：

（15）☐就欲以<u>何</u>避☐里耶 8-2256

（二）几何

"几何"用于询问数量，可以作谓语，也可作定语。47 例（《法律答问》5，《封诊式》3，岳麓贰《数》39）。

（1）捕亡完城旦，购<u>几可（何）</u>？《法律答问》135

（2）夫、妻、子十人共盗，当刑城旦，亡，今甲捕得其八人，问甲当购<u>几可（何）</u>？《法律答问》137

（3）仓鼠穴<u>几可（何）</u>而当论及谇？《法律答问》152

（4）……乃视舌出不出，头足去终所及地各<u>几可（何）</u>，遗矢弱（溺）不殹。《封诊式》69-70

（5）【或（又）】覆问毋（无）有，几籍亡，亡及逋事各<u>几可（何）</u>日。《封诊式》14

（6）问<u>几可（何）</u>步一斗？岳麓贰《数》4

（7）问<u>几可（何）</u>一束？岳麓贰《数》29

（8）问延<u>几可（何）</u>里？岳麓贰《数》70

以上"几可（何）"作定语的共 6 例。

（9）得田<u>几可（何）</u>？岳麓贰《数》44

（10）问宇<u>几可（何）</u>？岳麓贰《数》67

（11）问米一石为粟<u>几可（何）</u>？岳麓贰《数》115

（12）各得<u>几可（何）</u>？岳麓贰《数》205

还有两例，"几可（何）"作介词"以"的宾语：

（13）衰以几可（何）？岳麓贰《数》150

下面一例比较特殊：

（14）凡三卿〈乡〉，其一卿〈乡〉卒千人，一卿〈乡〉七百人，一卿〈乡〉五百人，今上归千人，欲以人数衰之，问几可（何）归几可（何）？曰：千者归四【百】五十四人有（又）二千二百分人千二百，七百者归三百一十八人有（又）二千二百分人四百，五百归二百廿七人有（又）二千二百分人六百。岳麓贰《数》134-135

（三）何谓

54 例，皆见于《法律答问》中，对某一名词术语解释的发问，相当于"什么叫……"

（1）可（何）谓"驾（加）辠（罪）"？《法律答问》1
（2）可（何）谓"逋事"及"乏繇（徭）"？《法律答问》164
（3）可（何）谓"介人"？《法律答问》207

（四）何以

由疑问代词"何"与介词"以"构成的惯用词组。秦简中作状语。8 例，1 例见于岳麓叁，其馀见于《法律答问》。

（1）夫盗三百钱，告妻，妻与共饮食之，可（何）以论妻？《法律答问》15
（2）可（何）以购之？《法律答问》140

(3)邦亡来通钱过万,已复,后来盗而得,<u>可(何)</u>以论之?《法律答问》181

(4)且以盗论芮,芮<u>可(何)</u>以解?岳麓叁82

(5)甲有完城旦皋(罪),未断,今甲疕,问甲<u>可(何)</u>以论?《法律答问》122

例(5),与"何"可互换。睡虎地简中有 15 例"N 可(何)论"的例子,如:

(6)……问甲及吏<u>可(何)</u>论?《法律答问》35

(7)盗百,即端盗驾(加)十钱,问告者<u>可(何)</u>论?《法律答问》38

(8)告人盗千钱,问盗六百七十,告者<u>可(何)</u>论?《法律答问》40

(9)诬人盗千钱,问盗六百七十,诬者<u>可(何)</u>论?《法律答问》41

(五)何如

用于询问情状,可以做主语和谓语。13 例(《法律答问》9,里耶 3,岳麓叁1)。

(1)"翏(戮)"者<u>可(何)</u>如?《法律答问》51

(2)<u>可(何)</u>如为"封"?《法律答问》64

(3)拔人发,大<u>可(何)</u>如为"提"?《法律答问》82

(4)<u>可(何)</u>如为"犯令"、"灋(废)令"?《法律答问》142

(5)"履【锦】履"之状<u>可(何)</u>如?《法律答问》162

(6)弗瘾(应)而云当坐之状何如?里耶 8-1564

（7）☐☐状<u>何如</u>☐里耶 8-1781+8-1908

（8）状<u>何</u>……☐☐☐☐☐☐☐里耶 8-130+8-190+8-193

（9）为黑夫、惊多问婴泛季事<u>可（何）如</u>？睡虎地秦牍 11 背

（10）别直以论状<u>何如</u>，勿庸报岳麓叁 64

（六）云何

询问情状，共 5 例。

（1）其律令<u>云何</u>？里耶 8-644 背

另有 4 例用在叙述句中。

（2）可定名事里，所坐论<u>云可（何）</u>，可（何）辠（罪）赦。《封诊式》6

（3）可定名事里，所坐论<u>云可（何）</u>，可（何）辠（罪）赦。《封诊式》13

（4）定名事里，所坐论<u>云可（何）</u>。《封诊式》44

（5）其定名事里，所坐论<u>云可（何）</u>，可（何）辠（罪）赦。《封诊式》40

（七）何故

询问原因。9 例（里耶 3，岳麓叁 6）。

（1）<u>何故</u>弗蚤辟☐里耶 8-135

（2）<u>可（何）故</u>不腾书？里耶 8-130+8-190+8-193

（3）<u>何故</u>不以纵论？里耶 8-1132

（4）<u>可（何）故</u>给方曰巳（已）受，盗买（卖）于方？岳麓叁 81

(5)讯同：同，大官隶臣，<u>可(何)故</u>为寺从公仆？ 岳麓叁 158

(6)<u>何故</u>尚求肆、室曰："不鼠(予)识，识且告媿匿訾(赀)"？ 岳麓叁 128-129

（八）奈何

(1)今吏智(知)之，未<u>可奈可(何)</u>，请言请(情)。 岳麓叁 160

整理者语译为"无可奈何"。①

四、几

(1)【或(又)】覆问毋(无)有，<u>几</u>籍亡，亡及逋事各几可(何)日。《封诊式》14

整理者语译为："再查问还有什么问题，有几次在簿籍上记录逃亡。"②

另外，睡虎地秦简中还有一例"独"字：

(1)有(又)且课县官<u>独</u>多犯令而令、丞弗得者，以令、丞闻。《语书》8

整理者："独，《吕氏春秋·必己》注：'犹孰也。'"③魏德胜认为是疑问

---

① 朱汉民、陈松长主编：《岳麓书院藏秦简(叁)》，上海辞书出版社 2013 年版，第 303 页。

② 睡虎地秦墓竹简整理小组编：《睡虎地秦墓竹简》，文物出版社 1990 年版，第 150 页。

③ 睡虎地秦墓竹简整理小组编：《睡虎地秦墓竹简》，文物出版社 1990 年版，第 14 页。

代词,"用同'孰'"。① 今按:《吕氏春秋·必己》:"相谓曰:说亦皆如此其辩也,独如向之人。"这个"独"字,张双棣等认为是副词,"表示反问,难道,哪里"。② 因此秦简中的这例"独"字还需要讨论。

第二节 选 择 问 句

选择问句就是并列两个或两个以上的选项,由答话人选择其中之一。秦简中的选择问句,两个选项之间一般用"且"连接,后一选项的末尾可用语气词"殹/也"。15 例(《法律答问》13,里耶壹 1,岳麓叁 1)。

(1)人奴妾盗其主之父母,为盗主,且不为?《法律答问》20—21

(2)抉籥(钥)者已抉启之乃为抉,且未启亦为抉?《法律答问》30

(3)甲盗羊,乙智(知),即端告曰甲盗牛,问乙为诬人,且为告不审?《法律答问》45

(4)……当并臧(赃)以论,且行真皋(罪)、有(又)以诬人论?《法律答问》49

(5)……今当独咸阳坐以赀,且它县当尽赀?《法律答问》57—58

(6)顷半(畔)"封"殹,且非是?《法律答问》64

(7)求盗追捕皋(罪)人,皋(罪)人挌(格)杀求盗,问杀人者为贼杀人,且斲(斗)杀?《法律答问》66

---

① 魏德胜:《〈睡虎地秦墓竹简〉语法研究》,首都师范大学出版社 2000 年版,第 147 页。

② 张双棣等:《吕氏春秋词典》,商务印书馆 2009 年版,第 419 页。

（8）今甲曰伍人乙贼杀人，即执乙，问不杀人，甲言不审，当以告不审论，且以所辟？《法律答问》96-97

（9）以乞鞫及为人乞鞫者，狱已断乃听，且未断犹听殹？《法律答问》115

（10）或捕告人奴妾盗百一十钱，问主购之且公购？《法律答问》141

（11）部佐为匿田，且可（何）为？《法律答问》157

（12）妻有辠（罪）以收，妻媵（媵）臣妾、衣器当收，且畀夫？《法律答问》171

（13）"窦署"即去殹，且非是？《法律答问》197

选择问句还可以作为一个句子成分，如：

（14）弗令田即有徒而弗令田且徒少不敷于奏。里耶 8-758

《里耶秦简牍校释（第一卷）》注释说："本句是对'弗令田'的解释，即包括'有徒而弗令'与'徒少而不敷于奏'两种情形。"①

（15）问：芮买（卖），与朵别贾（价）地，<u>且</u>吏自别直？岳麓叁 63-64

下面一例则有些特殊：

（16）【……诘】学：吏节（即）不智（知）为伪书，不许贳（贷）学钱，退去学，<u>学即道胡杨行邦亡，且不</u>？辞（辞）曰：吏节（即）不智（知）学为伪〖书〗，不贳（贷）学钱，毋（无）以为衣被资用，去环

---

① 陈伟主编：《里耶秦简牍校释（第一卷）》，武汉大学出版社 2012 年版，第 217 页。

（还）归。有以资用，乃行邦亡。**岳麓叁 231–232**

此例中"且"连接的是肯定和否定两项，但否定的一项只是个"不"字，其他选择问句里没有这种情况。肯定项和"不"字不用连词连接，可以构成反复问句"VP-neg"式。例（16）正介于选择问和这类反复问之间。

从以上论述可知，秦简选择问句第二个分句句首的连词都用"且"字。而在秦汉时的文献里，此类用法的连词还有"将"和"抑"等，① 但二者在秦简中未见用例。与此相类的是，同为时间副词的"将""且"，用"且"是秦国书面语的特色。② 因此似乎可以说，选择问句用"且"为连词也是秦国书面语的特色。

第三节 反复问句

反复问句是把谓语的肯定和否定形式并列在一起，作为选择的项目。反复问句在形式上近于选择问句，但在功能上近于是非问句。形式上可以分为如下三种：

一、"VO-neg-V"③

"neg"指否定词。否定词只有 1 例为"弗"，其馀皆为"不"。这类反复问句可以根据助动词的有无，分为两小类。V 前有助动词（H）时，否

---

① 吕叔湘：《中国文法要略》，商务印书馆 1956 年版，第 289 页。

② 参看［日］大西克也：《从方言的角度看时间副词"将""且"在战国秦汉出土文献中的分布》，《纪念王力先生百年诞辰学术论文集》编辑委员会：《纪念王力先生百年诞辰学术论文集》，商务印书馆 2002 年版。

③ 这种结构的名称，现在一般可称为"AB 不 A"。因为在秦简中，反复问句中的否定词有用"弗"的例子，因此本书沿用朱德熙（《"V-neg-VO"与"VO-neg-V"两种反复问句在汉语方言里的分布》［《朱德熙文集》（第三卷），商务印书馆 1999 年版］所用的名称。

定词后面跟的只是助动词，即"HVO-neg-H"，助动词有"当"23 例，
"得"2 例，和"能"1 例。

     (1) 问辠(罪)当驾(加)如害盗不当？《法律答问》3

     (2) 覂(迁)者妻当包不当？《法律答问》61

     (3) 问甲当论及收不当？《法律答问》68

     (4) 得比公瘩(癃)不得？《法律答问》133

     (5) 当负不当出？《法律答问》159

例(5)整理者认为："'出'字系衍文。"①

     (6) 得比公士赎耐不得？《法律答问》185

     (7) 定当坐者名吏里、它坐，訾 <u>能入赀不能</u>，遣诣廷。
里耶 8-198+8-213+8-2013

例(7)的"能入赀不能"是作为包孕句出现的。

    另一类，即动词前没有助动词的，否定词后直接跟的是动词：

     (8) 灋(废)令、犯令，逮免、徙不逮？《法律答问》143

整理者注释说："逮，及。……此处意思是追究。"②

     (9) 越里中之与它里界者，垣为"完(院)"不为？《法律
答问》186

---

① 睡虎地秦墓竹简整理小组编：《睡虎地秦墓竹简》，文物出版社 1990 年
版，第 130 页。

② 睡虎地秦墓竹简整理小组编：《睡虎地秦墓竹简》，文物出版社 1990 年
版，第 124 页。

（10）☑其问官下此书军吏弗下？下，定当坐者名吏里、它坐，訾能入贅不能，① 遣诣廷。里耶 8-198+8-213+8-2013

例（10），《里耶秦简牍校释（第一卷）》原断句标点作："☑其问官下此书军吏。弗下下……"②今正。③

下面一例可能是反复问句，但由于简文残缺，暂附于此：

（11）☑是之非是，今敬□☑里耶 8-441

这类反复问句，传世文献最早的用例出现于唐代。何以在秦至唐这么长的时间里传世文献中不见踪影，一般认为，这类反复问句可能是一种方言现象，④ 除此之外，刘子瑜还认为其出现有文体的限制⑤。

二、"VO-neg"

这类反复问句，句末多用语气词"殹/也"。

（1）免老告人以为不孝，谒杀，当三环之不？《法律答问》102

---

① 里耶 9-1"已贅其家，家贫弗能入"，马怡训"贅"为"估量"，见《里耶秦简选校（连载二）》，简帛网，2005 年 11 月 18 日，http：//www. bsm. org. cn/show_article. php？id=95。今按：此"贅能入贅不能"，第一个"贅"也当照此解。此承陈伟师提示。
② 陈伟主编：《里耶秦简牍校释（第一卷）》，武汉大学出版社 2012 年版，第109 页。
③ 参伊强：《〈里耶秦简牍校释（第一卷）〉补正（2）》，简帛网，2013 年 9 月 9日，http：//www. bsm. org. cn/show_article. php？id=1891。
④ 参看朱德熙：《"V-neg-VO"与"VO-neg-V"两种反复问句在汉语方言里的分布》，《方言》1983 年第 1 期。
⑤ 刘子瑜：《汉语反复问句的历史发展》，郭锡良主编：《古汉语语法论集》，语文出版社 1998 年版，第 569 页。

（2）相与斗，交伤，皆论不殹？《法律答问》74

（3）甲赏（尝）身免丙复臣之不殹？《封诊式》41

（4）讯甲亭人及丙，智（知）男子可（何）日死，闻謞寇者不殹？
《封诊式》61-62

（5）遗矢弱（溺）不殹？《封诊式》69-70

（6）视口鼻渭（喟）然不殹？《封诊式》70

（7）☒□不殹？缪☒　里耶 8-2471

例（7）简文虽然断残厉害，但根据《封诊式》的例子，可知"……不殹"
应该是问句。

（8）辞 相 家 爵 不 也？书 衣 之 南 军 毋 …… 王 得 不 也？
睡虎地秦牍 11 背

下面一例尚需讨论。

（9）不智（知）器及左券在所未　里耶 8-435

在古汉语里，有"未"用在反复问句句末的例子，如：

孤持鞍下马相迎，足以显卿未？（《三国志·吴书·鲁肃传》）
言出子口而入吾耳，可以言未？（《后汉书·刘表传》）

传世文献里，这种用法的"未"字在汉代才开始进入"VO-neg"框架，①
加之例（9）简文残缺，因此也可能断读为"不智（知）器及左券在所，

① 刘子瑜：《汉语反复问句的历史发展》，郭锡良主编：《古汉语语法论集》，
语文出版社 1998 年版，第 571 页。

未"。

秦简里还有比较特殊的一例：

（10）其问如言不然？《封诊式》44

由于只此一例，所以该如何分析尚需讨论。

三、"V-neg-V"

这类反复问句中的否定词只用"不"。共 6 例。

（1）敬讯而负之，可不可？里耶 8-644 背
（2）欲令螶华治狱，可不可？里耶 8-1470
（3）臧（藏）者论不论？《法律答问》182
（4）……及视舌出不出……《封诊式》69
（5）为黑夫、惊多问婴泛季事可（何）如？定不定？ 睡虎地秦牍 11 背
（6）史来不来之故，敢谒□☑里耶 8-659+8-2088

例（4）、（6）中的"V-neg-V"不是单独作为问句出现的，而是被包容在别的句子里。

第四节　是 非 问 句

是非问句是针对一个命题提问，要求判断是非的问句形式。关于是非问句，"我们的疑点不在这件事情的哪一部分，而在这整个事情的正确性"①。是非问句一般句末有表疑问的语气词，如果没有语气词，就

---

① 吕叔湘:《中国文法要略》，商务印书馆 1956 年版，第 281 页。

跟陈述句在形式上没有区别，因此在古代书面语里没有疑问语气词的是非问句非常少见。秦简中的是非问句，目前仅检得 1 例，句末用语气词"也"。

(1)而盗徙之，赎耐，可(何)重也？是，不重。《法律答问》64

整理者语译为"是否太重？……不重"。①

第五节　测度问句

测度问句在秦简凡 13 例(睡虎地秦牍 9，里耶 4)，皆见于书信中。句末可用语气词"虖"(1 例)或"也"(7 例)。

(1)黑夫、惊敢再拜问中、母毋恙也？睡虎地秦牍 11 正
(2)为黑夫、惊多问东室季须(嬃)苟得毋恙也？睡虎地秦牍 11 背
(3)惊敢大心问姑秭(姊)、姑秭(姊)子产得毋恙？睡虎地秦牍 6 背
(4)柏得毋恙殹？柏得毋为事縊虖？里耶 8-823+8-1997
(5)应多问华得毋为事縊？里耶 8-650 背+8-1462 背
(6)得毋为事☒里耶 8-659+8-2088
(7)☒何柏得毋为☐ 里耶 8-1193

根据例(4)、(5)来判断，例(6)、(7)也是测度问句，只是简文已残。

---

① 睡虎地秦墓竹简整理小组编：《睡虎地秦墓竹简》，文物出版社 1990 年版，第 108 页。

第六节　反诘问句

反诘问句，秦简中仅检得一个句例：

　　(1)□谮(潜)谓同："同和不首一吏(事)者，而言(音—意)毋(无)坐殹?"同曰："毋(无)坐殹! 不智(知)所问(?)。"岳麓叁145

整理者注释说："而副词，表示反问，相当于'岂'。"①

结　　语

　　以上各类问句，从句例数量看有很大差距。特指问句、选择问句、反复问句例子较多，其他是非问句、测度问句、反诘问句则句例非常有限。就秦简性质内容看，各类秦简中皆有特指问句的出现，而选择问句和反复问句多出现在睡虎地秦简《法律答问》中，测度问句则皆出现在书信类秦简中。在"日书"类文献中，则极少出现问句。秦简就内容性质看比较多样，但出现问句的秦简语料相对则比较集中。与传世秦汉文献比较而言，秦简中的各类问句中，"反复问句"与传世秦汉文献相比有很大不同，其中"VO-neg-V"的出现比传世文献早得多；其他类别的问句，则无明显差异。

---

　　①　朱汉民、陈松长主编：《岳麓书院藏秦简(叁)》，上海辞书出版社2013年版，第182页。

第六章　秦简的判断句

"判断句"指对主语的性质、属性进行判断的句子。判断句一般是"A(者)，B(也/殹)"的结构，为了论述方便姑且称"A"为主语，"B"为谓语。主语多由名词性词语和代词充当；主谓之间可用判断词(或称系词)连系，也可不用。上古汉语里的判断句多数没有系词连系。另外有些由动词或形容词充任谓语的具有判断意味的句子，我们也看作判断句。

判断句从结构形式上，可以根据系词的有无分为两类，或称之为"无标记判断句"和"有标记判断句"。

第一节　无系词的判断句

根据语气词"者""也/殹"及主语的有无，可以分为六种形式。

一、"主语，谓语·也/殹"句式

主谓之间没有系词连系，句末有语气词"也/殹"。主语可以是名词，也可以是指代词或名词性短语；也有动词性词语，但比较少见。谓语前出现的副词有"皆""即""审""其"。共164例(睡虎地《日书》外26，睡虎地《日书》60；放马滩62；周家台2；岳麓壹10，岳麓叁4)。

（1）此首某里士五（伍）戊殹……《封诊式》28

（2）丙，乙妾殹。《封诊式》42

（3）此弩矢丁及首人弩矢殹。《封诊式》26-27

（4）口，关也；舌，几（机）也。《为吏之道》29 伍

（5）顷半（畔）"封"殹，且非是？《法律答问》64

（6）可（何）谓四邻？四邻即伍人谓殹。《法律答问》99

（7）此所胃（谓）艮山，禹之离日也。睡《日书》甲 47 正叁

（8）可（何）谓"甸人"？"甸人"，守孝公、灆（献）公冡者殹。
《法律答问》190

（9）羊驱，草实可食殹。《法律答问》210

张玉金认为"草实可食"发生了转指变化，已经名词化了。"可食"为后
置定语，"草实可食"相当于"草实可食者"。①

（10）毋（无）气之徒而疃（动），终日，大事也；不终日，小事
也。睡《日书》甲 61 背壹

（11）子，鼠也。睡《日书》甲 69 背

（12）丑，牛也。睡《日书》甲 70 背

（13）车人，亲也。睡《日书》甲 73 背

（14）戌，老羊也。睡《日书》甲 79 背

（15）午，室四隩也。睡《日书》甲 89 背壹

（16）吉、实日，皆利日也。睡《日书》乙 40 壹

（17）雨，白（日）也。睡《日书》乙 58

（18）建日：良日殹。放《日书》甲 13

（19）丁亡，盗女子殹。放《日书》甲 25 壹

---

① 张玉金：《出土战国文献虚词研究》，人民出版社 2011 年版，第 573 页。

（20）癸亡，其盗女子殹。放《日书》甲 25 贰

（21）亥，豕殹。盗者中人殹。放《日书》甲 41

（22）建日：良日殹。放《日书》乙 14 壹

（23）庚亡，其盗丈夫殹。放《日书》乙 61 壹

（24）凡四时啻（帝）为室日殹，不可筑大室内，大人死之。放《日书》乙 99 壹

（25）凡甲、丙、戊、庚、壬、子、寅、[卯、戌]、巳、酉，是胃（谓）冈（刚）日、阳[日]、牡日殹，女子之吉日殹。放《日书》乙 113 壹

（26）凡乙、丁、己、辛、癸、丑、辰、午、未、申、亥，是胃（谓）柔日、阴日、牝日殹，男子之吉日殹。放《日书》乙 114 壹

（27）黄钟，音殹。放《日书》乙 260

（28）大吕，音殹。放《日书》乙 262

（29）大族，忧殹，□事殹。放《日书》乙 264

（30）九与八、七与六、五与四，皆妻夫殹。放《日书》乙 344

（31）求斗术曰：以廷子为平旦而左行，数东方平旦以杂之，得其时宿，即斗所乘也。周家台 243

（32）毋以辛壬东南行，日之门也。毋以癸甲西南行，月之门也。毋以乙丙西北行，星之门也。毋以丁庚东北行，辰之门也。凡四门之日，行之敫也，以行不吉。睡《日书》甲 132 正

（33）苦言乐（药）也，甘言毒也。岳麓壹《为吏》4 贰、5 贰

（34）治等，审秦人殹。……闻等，其荆人殹。岳麓叁 42-43

（35）癸、瑣等论当殹。岳麓叁 24

以上例句的谓语都是名词性词语。在秦简中也有动词性词语作判断句谓语的例子：

（36）甲乙梦，开臧事也；丙丁梦，忧也；戊己梦，语言也；

庚辛梦，喜也；壬癸梦，生事也。岳麓壹《占梦书》3-4

(37)入刍稾，相输度，可殹。《秦律十八种》8-9

如例(37)以"可"为谓语的判断句秦简中共有 7 例，都出现在律令类文献中，其主语一般都比较长，都不是名词性词语。

指代词"此"(17 例，睡虎地 15、周家台 1、放马滩 1)和"是"(32例，睡虎地 30、岳麓叁 2)作主语的例子：

(38)今灋(法)律令已布闻，吏【民】犯法为间私者不止，私好、乡俗之心不变。自从令、丞以下，智(知)而弗举论，是即明避主之明灋(法)殹，而养匿邪避(僻)之民。如此，则为人臣亦不忠矣。若弗智(知)，是即不胜任、不智殹。智(知)而弗敢论，是即不廉殹。此皆大辠(罪)殹……《语书》5-7

(39)某里公士甲、士五(伍)乙诣牛一，黑牝曼麋(縻)有角，告曰："此甲、乙牛殹，而亡，各识，共诣来争之。"《封诊式》23-24

(40)甲、丙战刑(邢)丘城，此甲、丙得首殹，甲、丙相与争，来诣之。《封诊式》34-35

(41)此所谓戒磨日也。周家台 132 叁

(42)此所以【智】(知)病疵之所殹。放《日书》乙 343

(43)此过误失及坐官殹。岳麓叁 95

(44)此黔首大害殹。岳麓叁 148

主语为指代词"是"的用例中，其中名词性词语作谓语的有 10 例，动词性词语作谓语的有 15 例，无法判断的有 1 例；从句末语气词的有无看，有"也/殹"字的 6 例。

(45)今灋(法)律令已具矣，而吏民莫用，乡俗淫失(泆)之民

不止，是即灋(废)主之明法殹……《语书》3-4

(46)今法律令已布闻，吏【民】犯灋(法)为间私者不止，私好、乡俗之心不变。自从令、丞以下，智(知)而弗举论，是即明避主之明灋(法)殹……《语书》5-6

(47)若弗智(知)，是即不胜任、不智殹；智(知)而弗敢论，是即不廉殹。《语书》6-7

(48)人毋(无)故而鬼惑之，是□鬼。睡《日书》甲32背壹

(49)壄(野)兽若逢人而言，是票(飘)风之气……睡《日书》甲52背壹、53背壹

(50)鬼恒从男女，见它人而去，是神虫伪为人……睡《日书》甲34背贰、35背贰

(51)一室人皆毋(无)气以息，不能童(动)作，是状神在其室。睡《日书》甲36背贰、37背贰

(52)一室人皆夙(缩)筋，是会虫居其室而臂。睡《日书》甲39背贰

(53)鬼恒责人，不可辞，是暴(暴)鬼。睡《日书》甲42背贰

(54)鬼恒赢(裸)入人宫，是幼殇死不葬……睡《日书》甲50背贰

(55)人生子未能行而死，恒然，是不辜鬼处之。睡《日书》甲52背贰

(56)人恒亡赤子，是水亡伤取之。睡《日书》甲65背贰

(57)一室中有鼓音，不见其鼓，是鬼鼓。睡《日书》甲34背叄

(58)鬼恒胃(谓)人："鼠(予)我而女。"不可辞。是上神下取妻。睡《日书》甲39背叄

(59)□鸟兽能言，是夭(妖)也……睡《日书》甲59背壹

(60)凡邦中人之立丛，其鬼恒夜譁(呼)焉，是遽鬼执人以自伐〈代〉也。睡《日书》甲67背贰、68背贰

(61)人毋(无)故而鬼祠(伺)其宫，不可去，是祖□游……

睡《日书》甲 49 背贰

（62）芮后智（知）材不得受列，弗敢居，是公列地殴。
岳麓参 80-81

肖亚嫚指出上古汉语里"简短的主语只出现在'是'判断句的'是'前，不出现在'此'判断句的'此'前"①。并且通过对 15 部上古文献的考察，指出"此"为主语的判断，有 95.25% 其谓语是体词性的；与之形成很大差别的，"是"为主语的判断句这一比例只有 21.69%。②

从秦简看，"此"后的判断句谓语都是体词性的，而"是"后的判断句谓语基本是谓词性的，与肖亚嫚对传世古书的统计是一致的。

洪波指出此形式的判断句，在春秋战国时期占据优势地位。③ 根据解植永的统计，此种形式的判断句在中古无系词判断句中所占的比例最高。④ 秦简也是如此。

二、"主语·者，谓语·也/殴"句式

主语用"者"字提顿，句末用语气词"也"或"殴"。共 49 例（睡虎地《日书》外 5，放马滩 13，周家台 29，岳麓壹 2）。这类形式的判断句，通常被认为是判断句的典型形式。但在无系词判断句中占的比例不是很高，根据解植永的统计，在《左传》和《史记》中分别为 1.2% 和 18.9%，⑤ 秦简中的比例大概是 10%。

---

① 肖亚嫚：《汉语系词"是"的来源与成因研究》，巴蜀书社 2006 年版，第 123 页。

② 肖亚嫚：《汉语系词"是"的来源与成因研究》，巴蜀书社 2006 年版，第 183 页。

③ 洪波：《汉语历史语法研究》，商务印书馆 2010 年版，第 219 页。

④ 解植永：《中古汉语判断句研究》，巴蜀书社 2012 年版，第 33 页。

⑤ 解植永：《中古汉语判断句研究》，巴蜀书社 2012 年版，第 33 页。

（1）舌者，符玺也。《为吏之道》32 伍、33 伍

（2）"琼"者，玉检殹。《法律答问》202

（3）"臧（赃）人"者，甲把其衣钱匿臧（藏）乙室，即告亡，欲令乙为盗之，而实弗盗之谓殹。《法律答问》205

（4）"有投书，勿发，见辄燔之；能捕者购臣妾二人，毄（系）投书者鞠审讞之。"所谓者，见书而投者不得，燔书，勿发；投者得，书不燔，鞠审讞之之谓殹。《法律答问》53-54

（5）"室人"者，一室，尽当坐臯（罪）人之谓殹。《法律答问》201

（6）奇者男殹，禺（偶）者女殹。放《日书》乙 293

（7）凡日者［天］殹，辰者地殹，星者游变殹。放《志》6

（8）九者首殹，八者肩、肘殹，七、六者匋（胸）、腹、肠殹，五者股、胕殹，四者郄（膝）、足殹。放《日书》乙 343

（9）凡所以相生者，以□□殹。放《日书》乙 337

（10）所言者急事也。周家台 187

（11）所言者行事也，请谒事也。周家台 189（"所言者……也"，周家台简共 27 例）

（12）所谓"牛"者，头虫也。周家台 328

（13）所执者【绳殹，司土】。放《日书》乙 196 壹

（14）所【执】者规殹，司木。放《日书》乙 197 壹

（15）所【执】者【矩】殹，司火。放《日书》乙 198 壹

（16）所【执】者【权】殹，司［金］。放《日书》乙 199 壹

（17）所［执］者【衡】殹，司水。放《日书》乙 200 壹

（18）此正月平旦毄（击）申者，此直引也。周家台 244

（19）□亡者身之保殹。岳麓壹《为吏》6 壹

（20）须臾者，百事之■也。岳麓壹《为吏》70 肆

末两例，文意不清。

三、"主语·者，谓语"句式

主语用"者"字提顿，句末无语气词"也"或"殹"。

（1）囗者，关。《为吏之道》32 伍
（2）"翏（戮）"者可（何）如？《法律答问》51
（3）鼓竽，男子【如】囗囗囗，女子如野鸣【狐】，如此者【征】事。放《日书》乙 334
（4）直一者，大斸；直周者，小斸；直周中三画者，穷。周家133 叁、134 叁
（5）"州告"者，告辠（罪）人，其所告且不审，有（又）以它事告之。《法律答问》100

例(5)的谓语"告辠（罪）人，其所告且不审，有（又）以它事告之"是对主语的解释。

四、"主语，谓语"句式

主语既无"者"字提顿，句末亦无"也"或"殹"煞尾。"名谓"前可用"是"字复指(28 例)。名谓前或用副词"即"。还可用"此"指代(岳麓叁6 例)。

（1）丙，甲臣。《封诊式》37
（2）丙中人……《封诊式》39
（3）甲告曰：甲，尉某私卒，与战刑（邢）丘城。《封诊式》31–32

（4）"封"即田千佰。《法律答问》64

（5）南门，将军门，贱人弗敢居。睡《日书》甲 116 正贰（可对
照：南门，是＝将军门。放《日书》乙 4 贰）

（6）辰，盗者男子。① 睡《日书》甲 73 背

（7）子，鼠殹。以亡，盗者中人。放《日书》甲 30A+32B

（8）子，鼠殹。以亡，盗者中人。放《日书》乙 66

（9）癸亡，其盗女子。放《日书》乙 64 壹

（10）凡子、卯、寅、酉男子日。午、未、申、丑、亥女子日。
睡《日书》乙 108

秦简中还有不少表列举的句子，如：

（11）五穜（种）忌，丙及寅禾，甲及子麦，乙巳及丑黍，辰麻，
卯及戌叔（菽），亥稻……睡《日书》甲 151 背

（12）木忌，甲乙榆、丙丁枣、戊己桑、庚辛李、壬辰漆。
睡《日书》乙 67

（13）木良日，庚寅、辛卯、壬辰，利为木事。睡《日书》乙 66

以上的句式在"日书"类的文献里非常多，或把"内及寅禾""甲乙榆"一
类文句看作判断句；或把"木良日，庚寅、辛卯、壬辰"前后两部分看
作判断句的前后两部分。对这类表列举的句式，由于句式特殊且语义关
系逻辑上比较复杂，所以我们都没有作为判断句来分析统计。

---

① "盗者"之"者"，是结构助词还是语气助词，颇难判断。"盗"在古汉语里
可以作动词，也可以作名词。从文意看，"盗者"指人当无问题，如果把"盗"理解
为动词，那么"者"就是表转指。在秦简里面单"盗"字也可指人，如"其盗女子"，
照此解，"者"字似也可理解为语气助词，这样的话就应归入"主语·者，谓语"类
里面。由于一时不好判断，先置于此类。

(14)群盗 爰书：某亭校长甲、求盗才(在)某里曰乙、丙缚
诣男子丁，斩首一，具弩二、矢廿，告曰："丁与此首人强攻群盗
人，自昼甲将乙等徼循到某山，见丁与此首人而捕之……"
《封诊式》25-26

例(14)画线句子，整理者语译为"丁和这个被斩首的人结伙抢劫"，①
但唐钰明认为当是判断句，犹"丁与此首人，[是]强攻群盗[之]人"②。

(15)少内守谢，士五(伍)，胸忍成都归休▢里耶 8-1466

例(15)简文断残厉害，但从现有文字看，"少内守谢""士五"之间可以
看作判断关系。

(16)田曰：市，田姑姊子。岳麓叁 190
(17)魏，晋人，材犹(忧)。岳麓叁 166
(18)治等秦人，邦亡荆；阆等荆人。岳麓叁 38

与例(18)在同一件文书里面，还有类似的话"治等，审秦人殹。……阆
等，其荆人殹"(简 42、43)。

(19)是即盗给人买(卖)公列地，非令。岳麓叁 82
(20)是劫婢，而云非劫，何解？岳麓叁 129
(21)春三月季庚辛，夏三月季壬癸，秋三月季甲乙，冬三月
季丙丁，此大败日。睡《日书》甲 1 背

---

① 睡虎地秦墓竹简整理小组编：《睡虎地秦墓竹简》，文物出版社 1990 年
版，第 152 页。
② 唐钰明：《战国文字资料释读三题》，《著名中年语言学家自选集·唐钰明
卷》，安徽教育出版社 2002 年版，第 115 页。

以上三例则是代词"是""此"作主语。

五、"谓语·也/殹"句式

主语不与谓语连续，或主语承前省略，或是主语包含在上文的论述中。句末用语气词煞尾，共 56 例（睡虎地 22，放马滩 18，周家台 4，岳麓叄 12）。谓语前可用副词"皆""即""非"。

(1) 见乙有結复衣，缪缘及殹（纯），新殹。《封诊式》83

(2) 讯丙，辞曰：乙妾殹。《封诊式》42（"乙妾"即"乙之妾"意）

(3) 令讄，其音气败。厉（疠）殹。《封诊式》54

(4) 可（何）谓"宫均人"？宫中主循者殹。《法律答问》187

(5) 可（何）谓"宫狡士"、"外狡士"？皆主王犬者殹。《法律答问》189

(6) 可（何）谓"暴人"？古主暴灶者殹。《法律答问》192

(7) 可（何）谓"集人"？古主取薪者殹。《法律答问》193

(8) 可（何）谓"寘署"？"寘署"即去殹，且非是？是，其论何殹？即去署殹。《法律答问》197

(9) 可（何）谓"从母为收"？人固买（卖），子小不可别，弗买（卖）子母谓殹。《法律答问》116

(10) "定杀"可（何）如？生定杀水中之谓殹。《法律答问》121

(11) 可（何）谓"匿户"及"敖童弗傅"？匿户弗繇（徭）、使，弗令出户赋之谓殹。《法律答问》165

(12) 甲亡，盗在西方，一于（宇）中食者五口，疵在上，得，男子殹。放《日书》甲 22

(13) 乙亡，盗青色，三人，其一人在室中，从东方入，行有

【遗】殹，不得，女子殹。放《日书》甲23

（14）丙亡，盗在西方，从西北入，折齿，得，男子殹，得。放《日书》甲24壹

（15）戊亡，盗在南方，食者五口一于（宇）间，男子殹。亡【蚤】（早）不得，亡莫（暮）而得。放《日书》甲26

（16）己亡，其盗在，为人黄皙，在西南，其室三人食，其一人已死矣，女子殹，得。放《日书》甲27

（17）辛亡，盗不得，外盗殹，女子殹。放《日书》甲29壹

（18）壬亡，其盗可得殹。若得，必有死者。男子殹，青色。放《日书》甲29贰

（19）甲亡，盗在西方，一于（宇）中食者五口，疵在上，得，男子殹。放《日书》乙55壹

（20）辛亡，盗不得，外盗殹，女子殹。放《日书》乙62壹

（21）子，鼠殹。以亡，盗者中人。……贱人殹，得。放《日书》乙66

（22）巳，鸡也。以是亡，盗者中人殹。……贱人殹。得。放《日书》乙71

（23）令隶妾数字者某某诊甲，皆言甲前旁有干血，今尚血出而少，非朔事殹。《封诊式》89-90

（24）民或弃邑居壄（野），入人孤寡，徼人妇女，非邦之故也。《为吏之道》17伍、18伍

（25）狼恒譁（呼）人门曰："启，吾非鬼也。"① 睡《日书》甲33背叁

---

① 《睡虎地秦墓竹简》断句为"……曰：'启吾。'非鬼也"。（睡虎地秦墓竹简整理小组编：《睡虎地秦墓竹简》，文物出版社1990年版，第215页）此从唐钰明说，见《战国文字资料释读三题》，《著名中年语言学家自选集·唐钰明卷》，安徽教育出版社2002年版，第116页。

（26）臣非异也，农夫事也。周家台 350

（27）初入官忌殴。放《日书》乙 366

例（27），由于不知其前该有哪支简相接，姑且归在此类。

六、主语承前省，句末不用语气词的句式

26 例（睡虎地 9，放马滩 6，里耶 6，岳麓叁 5）。

（1）男子某有鞠，辞曰："士五（伍），居某里。"《封诊式》6

（2）男子某辞曰："士五（伍），居某县某里，去亡。"
《封诊式》13

（3）男子甲缚诣男子丙，辞曰："甲故士五，居某里，乃四月
中盗牛，去亡以命。"《封诊式》17

（4）丁辞曰："士五（伍），居某里。"《封诊式》28

（5）男子丙有鞠，辞曰："某里士五（伍）甲臣。"《封诊式》40

（6）某里公士甲缚诣大女子丙，告曰："某里五大夫乙家吏。
丙，乙妾殴。"《封诊式》42

（7）丞某讯丙，辞曰："甲亲子，诚不孝甲所，毋（无）它坐辠
（罪）。"《封诊式》51

（8）男子甲自诣，辞曰："士五（伍），居某里。"《封诊式》96

（9）壬亡，其盗可得殴。若得，必有死者。男子，青色。
放《日书》乙 63 壹

（10）廿七年【八月丙戌，迁陵拔】讯欧，辞曰：上造，居成固
畜□□□里耶 8-209

（11）☑□诎自言：士五，居泥阳。里耶 8-1466

（12）☐【佐】歇、华讯于，于告旁曰：<u>故小上造</u>，以☐
里耶 8-1764+8-1688①

（13）☐辞（辤）曰：诚与仓衔、佐歇、华噪声旁，辞（辤）曰：
<u>士五（伍）</u>☐里耶 8-1354+8-1298②

（14）☐☐者毋有。辞曰：<u>敦长、车徒</u> 里耶 8-1299

（15）☐☐酉阳守丞又敢告迁陵丞主：令史曰，令佐莫邪自言
<u>上造</u>里耶 8-647

对照例（11），例（15）的"上造"似也是判断句的谓语。由于例（15）上下
文意不是很清楚，还值得讨论。

（16）阆等曰：<u>荆邦人</u>，皆居京州。岳麓叁 33

（17）多曰：<u>小走马</u>。岳麓叁 89

（18）同曰：<u>归义</u>。岳麓叁 143

杨伯峻、何乐士曾指出这句结构形式的判断句在传世古书里很少见。③
除例（11）外，都是某人对自己的介绍之辞。睡虎地《封诊式》中的例子，
整理者已指出"不一定是某的原话"。④ 从前后文句看，例（10）~（18）
与睡虎地《封诊式》中的各例情形类似。

---

① 缀合据何有祖《里耶秦简牍缀合（七）》，简帛网，2012 年 6 月 25 日，
http：//www. bsm. org. cn/show_article. php？id＝1712。
② 缀合据何有祖《里耶秦简牍缀合（七）》，简帛网，2012 年 6 月 25 日，
http：//www. bsm. org. cn/show_article. php？id＝1712。
③ 杨伯峻、何乐士：《古汉语语法及其发展》（修订本），语文出版社 2001 年
版，第 708 页。
④ 睡虎地秦墓竹简整理小组编：《睡虎地秦墓竹简》，文物出版社 1990 年
版，第 148 页。

第二节 有系词的判断句

在秦简里，有"是""为"为系词的判断句。也有"即""乃"处在系词位置的判断句，但一般认为是副词。另外上古汉语里面常见的"惟/维"，也可处在主谓之间系词的位置上，或认为是系词，或认为是副词，或认为是焦点的标记，但在秦简里没有发现用例。

一、"是"作系词的判断句

共 38 例（睡虎地 10，放马滩 28），名词性词语作谓语的有 27 例，动词性词语作谓语的有 11 例。

> （1）人毋（无）故鬼攻之不已，是＝刺鬼。睡《日书》甲 27 背壹
> （2）人毋（无）故一室人皆疫，或死或病，丈夫女子隋（堕）须赢发黄目，是寀寀〈是＝寀〉人生为鬼。 睡《日书》甲 43 背壹、44 背壹
> （3）是日在行不可归，在室不可行，是＝大凶。睡《日书》甲 108 背
> （4）人毋（无）故而发挢若虫及须眉（眉），是＝羔气处之。睡《日书》甲 60 背贰
> （5）一宅中毋（无）故而室人皆疫，或死或病，是＝棘鬼在焉。睡《日书》甲 37 背壹、38 背壹
> （6）寅、巳、申、亥、卯、午、酉、子、辰、未、戌、丑，凡是＝土禁，不可垣。放《日书》乙 133 壹
> （7）卯、丑、寅、午、辰、巳、酉、未、申、子、戌、亥，凡是＝地司空，不可操土攻（功），不死必亡。放《日书》乙 134 壹

(8)正月东方、四月南[方]、七月西方、十月[北方]，凡是＝咸池会月殹，不可垣其乡(向)。放《日书》乙139

(9)春子、夏卯、秋午、冬酉，是＝人彼日，不可筑室、为啬夫、取(娶)妻嫁女，凶。放《日书》乙129壹

(10)春乙卯、夏丙午、秋辛酉、冬壬子，是＝咸池旱牛晨弇日殹，不可垣其乡(向)，必死亡。放《日书》乙130壹

(11)南门，是＝将军门，可聚邦、使客，八岁更。放《日书》乙4贰

(12)三月庚辛，六月壬癸，九月甲乙，十二月丙丁，不可兴垣、盖屋、上材、为祠、大会，凶。虽(唯)利【坏】彻，是＝日【衢】(冲)。放《日书》乙94壹

(13)参黄钟、古先(姑洗)、夷则之卦曰：是＝大赢，以□三，以子为贞。放《日书》乙244

(14)姑先(洗)、夷则、黄钟之卦曰：是＝自天以戒，室有大司寿，吾康康发，中宵畏忌。放《日书》乙259+245。

例(6)~(12)中的"是＝"，孙占宇《天水放马滩秦简集释》释为"是谓"，例(13)、(14)则释为"此是"。为统一起见，本书一律作"是＝"。

(15)祠行良日，庚申是天昌，不出三岁必有大得。睡《日书》甲79正贰

例(15)，整理者认为"是"下脱"谓"字。[①] 但似也不能排除"是＝"抄落"＝"的可能，姑附于此。

在秦简中还有两例承前省略主语和谓语，只有系词"是"的例子：

---

① 睡虎地秦墓竹简整理小组编：《睡虎地秦墓竹简》，文物出版社1990年版，第195页。

（16）顷半（畔）"封"殹，且非是？而盗徙之，赎耐，可（何）重也？是，不重。《法律答问》64

（17）可（何）谓"窦署"？"窦署"即去殹，且非是？是，其论可（何）殹？《法律答问》197

上两例中的"是"作为系词似较为清楚。其中的"非是"很值得注意，根据解植永的考察，传世文献最早的用例见于《论衡》。①

与秦简结构一样的"是＝"句也出现在马王堆帛书《天文气象杂占》里，凡11例，如：

> 是＝竹彗，人主有死者。（6/26）
> 是＝苫彗，天下兵起，若在外，归。（6/30）②

"是＝"，目前主要有三种意见，一是认为"是＝"即"是是"，后一"是"字为系词，如朱城；③ 二是也认为"是＝"即"是是"，但后一"是"字为副词，如梁冬青；④ 三是魏宜辉、杨锡全则认为"是＝"即"是谓"⑤。对此问题肖娅曼、李明晓皆有比较全面的总结介绍。⑥ 我们则倾向于"是＝"即"是是"，后一"是"字为系词。但由于其句式比较单一，所以王力就马王堆的"是是"句说的话仍然值得考虑，"这个材料很怪，'是是'连

---

① 解植永：《中古汉语判断句研究》，巴蜀书社2012年版，第144页。
② 刘乐贤：《马王堆天文书考释》，中山大学出版社2004年版，第135、136页。
③ 朱城：《出土文献"是是"连用后一"是"字的训释问题》，《古汉语研究》2004年第4期。
④ 梁冬青：《出土文献"是是"句新解》，《中国语文》2002年第2期。
⑤ 魏宜辉：《再论马王堆帛书中的"是＝"句》，《东南文化》2008年第4期；杨锡全：《出土文献"是＝"浅析》，复旦大学出土文献与古文献研究中心网站，2009年11月3日。
⑥ 肖娅曼：《汉语系词"是"的来源与成因研究》，巴蜀书社2006年版；李明晓：《战国楚简语法研究》，武汉大学出版社2010年版。

用只见于这个材料，我还是有所保留"①。

　　一般认为，"是"为系词的判断句在先秦即已出现。② 王力曾指出，"是"字判断句的成熟及广泛使用，有三个标志，一是摆脱了语气词"也"，"是"成为必要的而不是可有可无的系词；二是系词"是"可以被副词修饰；三是系词"是"前面加否定词"不"，代替了上古的"非"。③以此标准来看，秦简中的"是＝"句，"是＝"前没有副词修饰的例子，还有个别谓语末有语气词"也"的用例。似乎只能说"是"字判断句在秦简里远未成熟。④ 据我们统计，秦简判断句的总数在 353 例左右，而"是"字判断句只占其总数的 10% 左右，且皆为句式单一的"是＝"句，因此秦简里面还是以无系词的判断句为主。

二、"为"作系词的判断句

　　"为"字作系词的判断句，共 77 例(睡虎地《日书》外 52、睡虎地《日书》4，放马滩 19，周家台 2)。《法律答问》中的谓语比较复杂。《日书》中的谓语一般较为简单，且多为名词性词语。"为"前还可有副词"皆"(4 例)、"乃"(6 例)、"不"(8 例)。

　　(1)县为恒事及瀦有为殹，吏程攻(功)，赢员及减员自二日以上，为不察。《秦律十八种》122-123

---

　　① 转引自郭锡良：《关于系词是产生时代和来源论争的几点认识》，《汉语史论集(增补本)》，商务印书馆 2005 年版，第 129 页。

　　② 可参看唐钰明：《上古判断句辨析》，《著名中年语言学家自选集·唐钰明卷》，安徽教育出版社 2002 年版；汪维辉：《系词"是"发展成熟的时代》，《著名中年语言学家自选集·汪维辉卷》，上海教育出版社 2011 年版。

　　③ 王力：《汉语语法史》，商务印书馆 2010 年版，第 194~197 页。

　　④ 关于系词"是"发展成熟的时代争论颇大，或认为成熟时代在元末明初。可参看汪维辉、胡波：《汉语史研究中语料使用问题——兼论系词"是"发展成熟的时代》，《中国语文》2013 年第 4 期。

（2）人户、马牛一以上为大误。《效律》60

（3）"父盗子，不为盗。"今叚（假）父盗叚（假）子，可（何）论？《法律答问》19

（4）可（何）谓"同居"？户为同居，坐隶，隶不坐户谓殹。《法律答问》22

（5）甲意所盗羊殹，而索系羊，甲即牵羊去，议不为过羊。《法律答问》29

（6）抉之非欲盗殹，已启乃为抉，未启当赀二甲。《法律答问》31

（7）唯县少内为"府中"，其它不为。《法律答问》32

（8）端为，为诬人；不端，为告不审。《法律答问》43

（9）可（何）如为"封"？《法律答问》64

（10）求盗追捕辠（罪）人，辠（罪）人格（格）杀求盗，问杀人者为贼杀人，且斲（斗）杀？斲（斗）杀人，廷行事为贼。《法律答问》66

（11）木可以伐者为"挺"。《法律答问》91

（12）亡校券右为害。《法律答问》179

（13）越里中之与它里界者，垣为"完（院）"不为？巷相直为"院"，宁相直不为"院"。《法律答问》186

（14）何如为"大误"？人户、马牛及者（诸）货材（财）直（值）过六百六十钱为"大误"，其它为小。《法律答问》209

（15）十二月、正月、七月、八月为牡月，三月、四月、九月、十月为牝月。睡《日书》甲12背

（16）正月、二月、六月、七月、八月、十二月为牡月。放《日书》乙84壹

（17）三月、四月、五月、九月、十月、十一月为牝月。放《日书》乙85壹

（18）以亡辰为式，投得其式为有中，间得其前五为得、为闻，

得其后伍（五）为不得，不得其前后之伍（五）为复亡。
放《日书》乙 322

（19）投其病日辰、辰、时，以其所中之辰间，中其后为巳间，
中其前为未间。放《日书》乙 338

（20）日为夫、晨（辰）为妻，星为子。放《日书》乙 344

（21）甲子旬，戌亥为媩（孤），辰巳为虚，道东南入。
周家台 355

（22）今此十二月子日皆为平宿右行。周家台 244

（23）☒之数以日辰。日、辰、星各有勿（物）数，而各三合。
令三而一，盈三者为死若矢殴。放《日书》乙 327B

例(23)中的"盈三者为死若矢殴"，其意不明，是否为判断句尚值得讨
论。以上句例中的"为"字已很难说有动词性，其连接的前后两部分一
般是名词性成分，因此可以认为是系词。如同秦简中的无系词判断句一
样，"为"连接的主谓之间的语义关系却也更为复杂。

在古汉语里，"为"字主要是做动词用的，且其含义非常广泛。在
上古汉语里，"为"字是不是判断词的问题，目前也有不同的看法，但
其部分具有判断词用法则是一般都承认的。如王力就认为"'为'字可认
为纯粹系词的很少，但稍带系词性则颇常见"①。吕叔湘就把它看作
"准系词"。② 洪诚则认为"上古既有纯粹系词'是'，更有以加强语气为
主要作用的系词'为'"③。杨伯峻、何乐士则看作系词。④

也有人认为无系词判断句中的"也"，最初可能就是系词，如洪波、

---

① 王力：《中国文法中的系词》，《龙虫并雕斋文集》（第一册），中华书局
1980 年版，第 265 页。

② 吕叔湘：《中国文法要略》，商务印书馆 1956 年版，第 63 页。

③ 洪诚：《论南北朝以前汉语中的系词》，《洪诚文集·雒诵庐文集》，江苏
古籍出版社 2000 年版，第 18 页。

④ 杨伯峻、何乐士：《古汉语语法及其发展》（修订本），语文出版社 2001 年
版，第 710~711 页。

石毓智的类似看法。① 但与本书关系不大，暂不作讨论。

第三节 判断句的语义关系

判断句的 A、B 之间，语义关系比较复杂，吕叔湘认为"一是解释事物的涵义，二是申辩事物的是非"②。而郭锡良则认为"判断句的基本作用是谓语对主语的解释和分类"③。秦简中判断句的主谓关系也大多是判断、解释和归类。另有少数灵活运用的情况，如以判断句的形式来表示比喻的修辞手法：

(1) 口者，关。《为吏之道》32 伍

(2) 口，关也；舌，几（机）也。《为吏之道》29 伍

(3) 苦言乐（药）也，甘言毒也。岳麓壹《为吏》4 贰、05 贰

以上 3 例都出现在秦简《为吏之道》一类文献中。还有表示主谓之间的因果关系，如：

(4) 此所以【智】（知）病疵之所殹。放《日书》乙 343

(5) 毋以辛壬东南行，日之门也。毋以癸甲西南行，月之门也。毋以乙丙西北行，星之门也。毋以丁庚东北行，辰之门也。凡四门之日，行之敫也，以行不吉……睡《日书》甲 132 正

---

① 洪波：《先秦判断句的几个问题》，《汉语历史语法研究》，商务印书馆 2010 年版，第 225 页；石毓智：《语法化理论——基于汉语发展的历史》，上海外语教育出版社 2011 年版，第 260 页。
② 吕叔湘：《中国文法要略》，商务印书馆 1956 年版，第 61 页。
③ 郭锡良：《古代汉语语法讲稿》，语文出版社 2007 年版，第 45 页。

这一类也比较少见。或认为不是判断句。① 还有一类主谓之间关系不是很直接且不易说清的，如在《日书》"占盗"类里常见的：

> （6）子，鼠也。盗者兑（锐）口，希（稀）须，善弄手，黑色，面有黑子焉，疵在耳，臧（藏）於垣内粪蔡下。多〈名〉鼠鼷孔午郢。睡《日书》甲 69 背

吴小强语译为"子日，属鼠"。② 李零似也是同样的理解："子日生肖为鼠。"③

> （7）平旦至日中投中黄钟，鼠殹，兑（锐）颜，兑（锐）颐，赤黑，免（俛）偻，善病心、肠。放《日书》乙 206
> （8）旦至日中投中大（太）族，虎殹，纤（纤）色，大口，长要（腰），其行延延殹，色赤黑，虚虚，善病中。放《日书》乙 212

例（7）、（8）中的画线文句，与"子，鼠也"比较，都是"时间，某也"的格式，只是后者主语为时段而已。其主谓间的语义关系虽不是简单的等同或类属关系，④ 但由于这类简文都见于《日书》中，当是用来占卜之用，因此可将其看作判断句。这样的例子放马滩秦简《日书》乙中有 33 例，还有一例没有用"殹"字的：

> （9）日入至晨投［中應］（应）钟，溪（豀）［殹］，衮癯（膺），长喙而脱，其行迹迹，黑色，善病肩、手。放《日书》乙 217

---

① 易孟醇：《先秦语法》（修订本），湖南大学出版社 2005 年版，第 143 页。
② 吴小强：《秦简日书集释》，岳麓书社 2000 年版，第 152 页。
③ 李零：《中国方术考》（修订本），东方出版社 2011 年版，第 220 页。
④ 关于这类简文的阐释，可参看程少轩：《放马滩简式占古佚书研究》，复旦大学博士学位论文，2011 年。

一般认为系词出现的原因，主要是判断句的句末语气词"也"的失落及副词的前移。在《荀子》中复指代词"是"后面是否用句末语气词的比例为 49∶1，而到了《史记》这一比例则变成了 6∶1。① 复指代词"是"与句末语气词共存的比例在逐渐降低，到了南北朝时候已经将至 4%。而据我们的统计在秦简 32 例用"是"（"是＝"句除外）字复指的判断句里，只有 6 例用句末语气词"也/殹"，用与不用的比为 6∶32，与《荀子》《史记》差别都比较大，倒是更接近南北朝的比例。

结　　语

从有无系词的角度看，秦简中的判断句以无系词的判断句为主，与传世秦汉古籍基本一致。最值得注意是《日书》中的"是＝"句，只是对于第二个"是"目前尚有不同的看法，本书倾向于看作系词，但此类判断句占秦简判断句的比率很低且句式单一。

---

① 石毓智：《语法化理论——基于汉语发展的历史》，上海外语教育出版社 2011 年版，第 85 页。

第七章　秦简的被动式、处置式和使令式

第一节　被　动　式

古代汉语中表示被动意义的句子，一种是无形式标志的，另一种是有形式标志的。

一、无形式标志的被动式

这种形式被动句和主动句在形式上没有什么区别，如：

> 宗周既灭。(《左传》昭公十六年)
> 鲁酒薄而邯郸围。(《庄子·胠箧》)
> 西伯，伯也，拘于羑里。(司马迁《报任安书》)

这类表被动意义的句子，在秦简中也有，但数量很有限：

> （1）署中某所有贼死、结发、不智可（何）男子一人。
> 《封诊式》55

整理者语译为"在辖地内某处发现被杀死的梳髻无名男子一人"。①

  (2)免，复事。毄(系)，亟出。睡《日书》甲 33 正

  (3)矢兵不入于身，身不伤。睡《日书》甲 118 背

  (4)是＝匀鬼狸(埋)焉，② 其上毋(无)草，如席处，屈(掘)而去之，则止矣。睡《日书》甲 41 背壹、42 背壹

  (5)有园(圆)材薶(埋)地。岳麓贰《数》213

  (6)挚(执)日，不可行。以亡，必挚(执)而入公而止。睡《日书》甲 19 正贰

例(6)画线部分，刘乐贤注释说："此句意为逃亡者必被捕获，并被没收入官。"③

  (7)挚(执)日：不可行，行远，必挚(执)而于公。放《日书》乙 18 壹

二、有形式标志的被动式

在传世先秦秦汉文献中，这种被动式可以分为以下五小类：

①用"於/于"引介施事，如《左传》成公二年："郤克伤于矢。"

②用"为"引介施事，如《庄子·天下》："道术将为天下裂。"

---

① 睡虎地秦墓竹简整理小组编：《睡虎地秦墓竹简》，文物出版社 1990 年版，第 158 页。

② 李家浩认为"匀"当读为"冤"，"匀(冤)鬼"即冤死之鬼，见《甲骨文北方神名"匀"与战国文字从"匀"之字——谈古文字"匀"有读如"宛"的音》，《文史》2012 年第 3 辑，中华书局 2012 年版。

③ 刘乐贤：《睡虎地秦简日书研究》，文津出版社 1994 年版，第 35 页。

③动词前用"见"字，《韩非子·说难》："说行而有功，则见忘；说不行而有败，则见疑。"

④在以上几种的基础上构成的"为……所……""为……於……""见……於……""为……见……"等式。分别举例如：《荀子·尧问》："德若尧舜，世少知之；方术不用，为人所疑。"《战国策·秦策二》："秦少出兵，则晋楚不信；多出兵，则晋楚为制於秦。"《庄子·秋水》："吾长见笑於大方之家。"

⑤动词前用"被"字，《韩非子·五蠹》："今兄弟被侵，必攻者，廉也；知友被辱，随仇者，贞也。"

在秦简中，有形式的被动句，只有用"为""於"引进施事两种，所有用例如下：

（1）宦 及 智（知）於 王，及六百吏以上，皆为"显大夫"。《法律答问》191

整理者语译为"做官达到为王所知"。①

（2）梦衣新衣，乃伤於兵。岳麓壹《占梦书》39 壹

（3）甲小未盈六尺，有马一匹自牧之，今马为人败，食人稼一石，问当论不当？不当论及赏（偿）稼。《法律答问》158

例（3）画线部分，整理者语译为"现马被人惊吓"。②

（4）斗，为人殹（殴），毋（无）痕痏，殴者顾折齿，可（何）论？

---

① 睡虎地秦墓竹简整理小组编：《睡虎地秦墓竹简》，文物出版社 1990 年版，第 139 页。

② 睡虎地秦墓竹简整理小组编：《睡虎地秦墓竹简》，文物出版社 1990 年版，第 130 页。

《法律答问》89

（5）生子，老为人治也，① 有（又）数诣风雨。睡《日书》甲 79 正壹

（6）柏得毋恙殹？柏得毋为事縊虏？里耶 8-823+8-1997

（7）应多问华得毋为縊？里耶 8-650 背+8-1462 背

（8）得毋为事☑里耶 8-659+8-2088

（9）☑何柏得毋为□ 里耶 8-1193

以上里耶简的四个例子都出自书信。其中后两例的阙文部分，可以根据前两例来拟补。"为"当为被动标志。

表 7.1 是战国后期几部古籍和秦简中被动形式的用例，除《吕氏春秋》外，其他几部古书用的是唐钰明的统计。②

表 7.1

	於	为	见	为…於…	见…於…	为…见…	为…所…	被
《孟子》	13		3					
《荀子》	36	5(0+5)	19		1			
《庄子》	19	8(1+7)	1		3	1	1	
《韩非了》	33	20(5+15)	12	1	2		1	3
《战国策》	48	21(1+20)	4	1	5		2	2
《吕氏春秋》	37	9	7		5			
秦简	1	6						

通过表 7.1 可知，战国后期和秦简中，被动句一般是"於"和"为"

---

① 刘乐贤《睡虎地秦简日书研究》："治，疑读为答。"（刘乐贤：《睡虎地秦简日书研究》，文津出版社 1994 年版，第 112 页）

② 唐钰明：《论先秦汉语被动式的发展》，《著名中年语言学家自选集·唐钰明卷》，安徽教育出版社 2002 年版。

来表示。但很明显，其他的被动形式在秦简中都没有发现用例，大概和秦简的性质及体例有关。与战国后期的部分古书相比，秦简被动句的形式、用例都比较少。

第二节　处　置　式

根据王力的定义，"凡用助动词把目的位提到叙述词的前面，以表示一种处置者，叫做处置式"①。吴福祥从结构形式和语义特征上把古汉语中的处置式分为三类，分别是广义处置式、狭义处置式和致使义处置式。② 秦简中的处置式，受事主语前只用"以"。从形式上可以分为两类。

一、广义处置式"以+O$_1$+V+O$_2$"

处置(给)，即把 O$_1$ 给 O$_2$。

(1)今盗盗甲衣，买(卖)，以买布衣而得，当以衣及布畀不当？当以布及其它所买畀甲，衣不当。《法律答问》23-24
(2)官作居赀赎责(债)而远其计所官者，尽八月各以其作日及衣数告其计所官，毋过九月而麜(毕)到其官……《秦律十八种》139-140
(3)先以私钱二千鼠(予)琐等。岳麓叁7
(4)沛未死，弗欲以肆、舍客室鼠(予)识。岳麓叁118
(5)今狗告羽曰：且以布肆、舍客室鼠(予)识。岳麓叁120
(6)而不以肆、舍客室鼠(予)识。岳麓叁121

---

① 王力：《中国现代语法》，商务印书馆1985年版，第87页。
② 吴福祥：《再论处置式的来源》，《语言研究》2003年第3期。

(7)沛以未死言谓娿：娿不以肆、室鼠（予）识，识且告娿匿訾（赀）。岳麓叁 121-122

(8)沛未死虽告狗、羽，且以肆、舍客室鼠（予）识……岳麓叁 127

(9)沛为取（娶）妻，欲以肆、舍客室鼠（予）识。岳麓叁 133

(10)某等皆言曰："甲封具此，毋（无）它当封者。"即以甲封付某等，与里人更守之，侍令。《封诊式》11-12

(11)涪陵来以买盐急，却即道下，以券与却，靡千钱。除少内，□却、道下操养钱来视。华购而出之。里耶 8-650+8-1462

(12)贞在茅（萮）宾，【是谓】始新。啻（帝）尧乃韦（围）九州，以政下黔首。斩伐冥冥，杀戮申申。死生不忧心，毋（无）所从容。放《日书》乙 272、280

例(12)，参看第二章第一节。

处置(作)，即把 O_1 当作或看作 O_2。

(13)癸先以私钱二千鼠（予）以为购数。岳麓叁 28

(14)赎者皆以男子，以其赎为隶臣。《秦律十八种》61-62（整理者语译说："用来赎的必须是男子，就以用赎的人作为隶臣。"①）

(15)日食城旦，尽月而以其馀益为后九月稟所。《秦律十八种》57

(16)以忠为軡。《为吏之道》42 壹

除以上两小类外，梅祖麟还提到一类处置(到)，② 传世文献最早见于

---

① 睡虎地秦墓竹简整理小组编：《睡虎地秦墓竹简》，文物出版社 1990 年版，第 125 页。

② 梅祖麟：《唐宋处置式的来源》，《梅祖麟语言学论文集》，商务印书馆 2007 年版。

西汉，如：

> 复以弟子一人投河中。(《史记·滑稽列传》)

这类处置式，在秦简中未见有句例。

一般认为，"将"字用于处置式最早见于六朝。① 秦简中有一例"将"很值得注意：

> (17)辞贺，贺不鼠(予)材、芮，将材、芮、喜言感曰："皆故有棺肆，弗鼠(予)，擅治盖相争。"岳麓叁71

整理者语译为："并把我、芮、喜告到感处说：……"②这例"将"，其动词性已经比较弱，接近后世的处置句。只是仅此一例，尚值得进一步讨论。

> (18)骊、路以市言，告田货毋智钱。岳麓叁198

整理者语译："骊和路因为市有言语吩咐，告诉我他们要送毋智钱。"③此例"以"理解为引介对象的介词，或有一定处置意味似也未尝不可。

二、狭义处置式"以+O+V"

> (1)有(又)且课县官独多犯令而令、丞弗得者，以令、丞闻。

---

① 梅祖麟:《唐宋处置式的来源》,《梅祖麟语言学论文集》,商务印书馆2007年版;吴福祥:《再论处置式的来源》,《语言研究》2003年第3期。
② 朱汉民、陈松长主编:《岳麓书院藏秦简(叁)》,上海辞书出版社2013年版,第291页。
③ 朱汉民、陈松长主编:《岳麓书院藏秦简(叁)》,上海辞书出版社2013年版,第308页。

《语书》8

（2）其大厩、中厩、宫厩马牛殹，<u>以其筋、革、角及其贾钱效</u>，其人诣其官。《秦律十八种》17-18

（3）今盗盗甲衣，买（卖），以买布衣而得，<u>当以衣及布畀不当</u>？当以布及其它所买畀甲，衣不当。《法律答问》23-24

例（2）、（3）也可以看作"以+O_1+V+O_2"式省略了"O_2"而成，在秦简里面"效""畀"都是及物动词。例（3）的画线部分，与其后的"当以布及其它所买畀甲"相比，可知"畀"后可以补出 O_2"甲"。

第三节　使　令　式

使令式是兼语句的一种，秦简中兼语动词有"卑（俾）"（1 例）、"使"（6 例）、"令"（185 例）三个。使令式在语法形式上可以归纳为：

$$[NP1]+卑（俾）/使/令+[NP2]+VP$$

[ ] 表示成分的可有可无。从"卑（俾）/使/令"词义虚实的不同，可以分为两类：表达使令义和表达让使义。（李佐丰曾将《左传》中的"使字句"分为"意使"和"致使"两类。[1]）曹晋曾指出，"整体上看，先秦时期使令义'令'字句的用例不是很多，到了西汉，才出现了一些使令义'令'字句。这可能因为'使'字句与'令'字句表达的意义基本相同，先秦时期更倾向于使用'使'字句"[2]。在秦简中"使"字句有 6 例，而"令"字句则

---

① 李佐丰：《〈左传〉的"使"字句》，《上古汉语语法研究》，北京广播学院出版社 2003 年版。

② 曹晋：《"使令句"从上古汉语到中古汉语的变化》，《语言科学》2011 年第 6 期。

有 183 例(睡虎地 99，放马滩 2，周家台 17，龙岗 2，里耶 30，岳麓壹 2，岳麓贰《数》11，岳麓叁 20)，与曹晋的说法差别很大，可能与秦简文献的性质有关。

一、NP1+使/令+NP2+VP

这类句子中，"使/令"的动作性很强，有命令、派遣等意思。这类句子表达了 NP1 命令或派遣 NP2 作出 NP1 所希望的行为，因而其中的 VP 体现了 NP1 的目的性。

(1)乙使甲曰：丙悍，谒黥劓丙。《封诊式》42-43

(2)农夫使某走来代之。周家台 351

(3)发书，移书曹，曹莫受，以告府，府令曹画之。《语书》13

(4)官啬夫免，县令令人效其官，官啬夫坐效以赀，大啬夫及丞除。《效律》17-18

(5)县[啬]夫令令人复度及与杂出之。《秦律十八种》173(整理者："'令'字重，系误标了重文号。")

(6)"大痍"者，支(肢)或未断，及将长令二人扶出之，为"大痍"。《法律答问》208(整理者注释说："将长，见《墨子·号令》。《商君书·境内》：'五人一屯长，百人一将。'"并语译说："但需要将长叫两个人扶回来。")

(7)乙令甲谒黥劓丙。《封诊式》44

(8)……敢告司空主，主令鬼薪㭆，小城旦乾人为贰春乡捕鸟及羽。里耶 8-1515

(9)胸忍令入赎、遣戍及问容此前☒里耶 8-1958

(10)却之，廷令尉、少内各上☐☒里耶 8-2010

(11)廷令隶臣☐行书十六封，日传言。里耶 8-1524

(12)毋择令癸☐【☐☐】种食，以田。岳麓叁 213-214

（13）丈人诏令癸出田南阳。岳麓叁 219

（14）沛令上造狗求上造羽子女黔为识妻。岳麓叁 119

（15）五月甲辰，州陵守绾、丞越、史获论令癸等各赎黥。
岳麓叁 13

（16）沛等令琐等诣，约分购，未诣。岳麓叁 18-19

（17）感令亭贺曰：毋（无）争者鼠（予）材。岳麓叁 68

（18）市令骊、路货毋智。岳麓叁 195

（19）及令丞令吏主者遣者名吏（事）县、它坐里耶 8-1438

二、使/令+NP+VP

（一）"使/令"后面的"NP+VP"是主谓结构

"NP"可以是有生命的人或动物，VP 有很强的自主性。这一类前的主语 S 有的是承前省略，有些则是无法说出。

（1）其画最多者，当居曹奏令、丞，令、丞以为不直，志千里使有籍书之，以为恶吏。《语书》13-14

（2）今且令人案行之，举劾不从令者，致以律，论及令、丞。《语书》7-8

（3）近县令轻足行其书，远县令邮行之，尽八月□□之。《秦律十八种》2-3

（4）钱少律者，令其人备之而告官，官告马牛县出之。《秦律十八种》18-19

（5）其毋（无）故吏者，令有秩之吏、令史主，与仓□杂出之，索（索）而论不备。《秦律十八种》31-32

（6）宦者、都官吏、都官人有事上为将，令县貣（贷）之，辄移

其禀县，禀县以减其禀。《秦律十八种》44

（7）亦令其徒、舍人任其段（假）……《秦律十八种》101

（8）令县及都官取柳及木楘（柔）可用书者，方之以书……《秦律十八种》131

（9）官啬夫节（即）不存，令君子毋（无）害者若令史守官，毋令官佐、史守。《秦律十八种》161

（10）令令史循其廷府。《秦律十八种》197

（11）入禾及发扃（漏）仓，必令长吏相杂以见之。刍稾如禾。《效律》37

（12）"臧（赃）人"者，甲把其衣钱匿臧（藏）乙室，即告亡，欲令乙为盗之，而实弗盗之谓殹。《法律答问》205

（13）即令令史某齿牛，牛六岁矣。《封诊式》24

（14）令少内某、佐某以市正贾（价）贾丙丞某前，丙中人，贾（价）若干钱。《封诊式》39

（15）即令甲、女载丙死（尸）诣廷。《封诊式》68

（16）因令白狐穴屈（掘）出。放《丹》3

（17）令人孰（熟）以靡（摩）之，令血欲出……周家台319

（18）令女子之市买牛胙、市酒。周家台347

（19）卒人可令县论……里耶8-61

（20）毋令庆有所远之。里耶8-78

（21）廷书曰：令史操律令诣廷雠，署书到、吏起时。里耶8-173

（22）今令畸袭彼死处。里耶8-1490

（23）令令启陵捕献鸟，得明渠雌一。里耶8-1562（《校释》："令令，第一个'令'为名词，第二个'令'作动词用。"）

（24）癸、琐等当耐为侯（候），令琐等环（还）癸等钱。岳麓叁24

（25）欲益贾（价）令方勿取，即枉（诳）谓方："贱！"令二千。

二千弗取，环(还)方钱。方日："贵!"岳麓叁 76

(26)令狗告羽日：且以布肆、舍客室鼠(予)识。岳麓叁 120

(27)九月丙寅，丞相、史如论令妘赎春。岳麓叁 140

(28)闻田数从市奸系所，令毋智捕。岳麓叁 194

(二)VP 不具有主动性，主要是表示某种结果

这类用法的"令/使"多表示使让(或致使)义。

(1)毋使民惧。《为吏之道》7 肆

(2)使民望之。《为吏之道》29 肆

(3)道(导)令民毋丽凶央(殃)。睡《日书》甲 25 背壹

(4)令人色柏(白)然毋(无)气。睡《日书》甲 35 背壹

(5)筍(苟)令某齵已。周家台 330

(6)筍(苟)能令某齵已，令若毋见风雨。周家台 332-333

(7)我智(知)令某疟，令某疟者某也。若筍(苟)令某疟已。
周家台 376

(8)绥任谒以补卒史，劝它吏，卑(俾)盗贼不发。岳麓叁 149

(9)毋令人见之。周家台 333

(10)凡灋(法)律令者，以教道(导)民，去其淫避(僻)，除其
恶俗，而使之之於为善殹。《语书》2-3

"NP"是无生命的物品：

(11)巫令梦先。岳麓壹《占梦书》2

(12)它官课有式，令能最，欲毋殿，欲毋罪，皆不可得。
岳麓壹《为吏》87 正

（13）令血欲出。周家台 316

（14）令某痛数去。周家台 339

（15）先农笥（苟）令某禾多一邑……周家台 349

（16）令其口者（嗜）□……令其鼻能糗（嗅）乡（香），令耳恩（聪）目明，令颈为身衡……睡《日书》甲 158 背、159 背

这一类里面，"NP"可以是数字，都出现在岳麓贰《数》中，"NP"可以承前省略，S 无法补出。

（17）欲复之，复直（置）一束两数以乘兑（税）田，而令以 - 为八十一为实，亦【令所奭步一为八十一，不分者，从之以为】法，实如法一两。岳麓贰《数》30–31

（18）令十步一斗，即以十步乘十亩，租二石者……岳麓贰《数》43

（19）令廿二而成一步，步居二斗有（又）九分之四，今四步廿二分步二而成一斗。岳麓贰《数》49

（20）步，令【与】广相乘也，而成田一亩。岳麓贰《数》58

（21）令如法一步，即陲宇之从（纵）也。岳麓贰《数》68

（22）有（又）令十而一。岳麓贰《数》69

（23）广袤等者，径令广袤相乘高即成。岳麓贰《数》184–185

（24）令三而成一。岳麓贰《数》186

（25）令上方有（又）相乘也……岳麓贰《数》187

这类用法的"令"字，致使的意味都比较弱，以致有些理解为假设也未尝不可。正如《九章算术》中的"令之"：

术曰：以盈不足术求之。假令故米二斗，不足二升；令之三

斗，有馀二升。

术曰：假令五日，不足五寸；令之六日，有馀一尺二寸。

其中的"令之"，李继闵即分别语译为"设""若假设"。①

三、使/令+VP

这一类又可以分为两个小类，一是在 VP 之前可以从逻辑上补出一个有生命的第三人称代词：

（1）将牧公马牛，马【牛】死者，亟谒死所县，县亟诊而入之，其入之其弗亟而令败者，令以其未败直（值）赏（偿）之。《秦律十八种》16

（2）出禾，非入者是出之，令度之，度之当堤（题），令出之。《秦律十八种》23

（3）妾未使而衣食公，百姓有欲叚（假）者，叚（假）之，令就衣食焉，吏辄披事之。《秦律十八种》48

（4）……终岁衣食不躔（足）以稍赏（偿），令居之，其弗令居之，其人【死】亡，令其官啬夫及吏主者代赏（偿）之。《秦律十八种》78—79

（5）其免殴，令以律居之。《秦律十八种》83

（6）器敝久恐靡者，遝其未靡，谒更其久。其久靡不可智（知）者，令贳赏（偿）。《秦律十八种》105

（7）兴徒以为邑中之红（功）者，令結（嫥）堵卒岁。《秦律十

---

① 李继闵：《〈九章算术〉导读与译注》，陕西科学技术出版社 1998 年版，第 596、597 页。

八种》116

（8）除吏，尉已除之，乃令视事，及遣之。《秦律十八种》159

（9）【度】禾、刍稾而不备十分一以下，令复其故数。《秦律十八种》167

（10）吏自佐、史以上负从马、守书私卒，令市取钱焉，皆罨（迁）。《秦律杂抄》10-11

（11）已补，乃令增塞埤塞。《秦律杂抄》41

（12）有秩吏捕阑亡者，以畀乙，令诣，约分购，问吏及乙论可（何）殹？《法律答问》139

（13）匿户弗繇（徭）、使，弗令出户赋之谓殹。《法律答问》165

（14）勿令为户。《为吏之道》19 伍

（15）日虎见，令复见之。睡《日书》甲 157 正肆

（16）乘马不肯行，□衔上从二七，即引之令行。放《日书》乙 106 壹

（17）令可下免瓮。周家台 340

（18）勿令巨（距）罪☒龙岗 96

（19）令下覆狱逮迁陵隶臣邓里耶 8-136

（20）不可令田……弗令田……弗令田……弗令田 里耶 8-759

（21）狱巳（已）断，令黥芮为城旦。岳麓叁 87

（22）沛死时不令鼠（予）识，识弗当得。岳麓叁 117

也可以补出的是无生命的 NP：

（23）长吏相杂以入禾仓及发，见屡之粟积，义积之，勿令败。《秦律十八种》26-27

（24）令温勿令焦。周家台 317

结　语

在秦简中，被动句出现的次数非常少。除无形式标志的外，有形式标志的只有"为""於"两种形式。总体而言，与传世秦汉古籍相比，形式上要简单得多。"处置式"可以分为三个小类，但受事主语前只用"以"。"使令式"则主要是"令"字句。

第八章　秦简的"弗"字句

第一节　"弗"字的语法功能

关于"弗"字用法，丁声树先生曾归纳"弗"的用法为两点，一是"弗"字只用在省去宾语的外动词之上；二是内动词及带有宾语的外动词之上只用"不"字，不用"弗"字。① 其第一点，何乐士先生通过对《左传》的归纳分析，指出"不"否定句以带宾语为大多数，"弗"否定句以不带宾语为绝大多数。② 秦简中"弗"的用法与何乐士先生的说法是相符合的。秦简中"弗"后动词不省略宾语的例子，只有如下几例：

（1）有米委赐，禀禾稼公，尽九月，其人弗取之，勿鼠（予）。《秦律十八种》41-42

（2）人固买（卖），子小不可别，弗买（卖）子母谓殴。《法律答问》116

（3）可（何）谓"匿户"及"敖童弗傅"？匿户弗繇（徭）、使，弗

---

① 丁声树：《释否定词"弗""不"》，《庆祝蔡元培先生六十五岁文集》（下册），国立中央研究院1936年版。

② 何乐士：《〈左传〉否定副词"不"与"弗"的比较》，《古汉语语法研究论文集》，商务印书馆2000年版，第23页。

令出户赋之谓殹。《法律答问》165

(4)过二月弗置啬夫，令、丞为不从令。《秦律十八种》189

(5)四日犯上而弗智(知)害。《为吏之道》17 贰

(6)甲盗钱以买丝，寄乙，乙受，弗智(知)盗，乙论可(何)殹?《法律答问》11

(7)方弗取，有(又)弗环(还)钱，去往渔，是即盗给人买(卖)公列地，非令。岳麓叁 81-82

(8)即弗环(还)钱，去往渔。岳麓叁 77-78

(9)☑□更缮治，致(至)今弗遣步。里耶 8-2161

例(9)，《里耶秦简校释(第一卷)》注释说:"步，似为人名。"

动词后带有补语的例子:

(10)或自杀，其室人弗言吏，即葬狸(薶)之，问死者有妻、子当收，弗言而葬，当赀一甲。《法律答问》77

(11)女子甲去夫亡，男子乙亦阑亡，相夫妻，甲弗告请(情)，居二岁，生子，乃告请(情)，乙即弗弃，而得，论可(何)殹?《法律答问》167

(12)材弗言贺，即擅窃治盖，以为肆。岳麓叁 70

需要注意的是，秦简中"弗"有否定形容词的例子，一是"巫":

(13)其入之其弗巫而令败者，令以其未败直(值)赏(偿)之。《秦律十八种》16

可与下一例对比:

(14)叚(假)器者，其事已及免，官辄收其叚(假)，弗巫收者

有辠(罪)。《秦律十八种》105-106

二是"备":

(15)赋岁红(功),未取省而亡之,及弗备,赀其曹长一盾。《秦律杂抄》22-23

可对比的是,在睡虎地秦简中共有34例"不备",如:

(16)后节(即)不备,后入者独负之。《秦律十八种》25

从动词谓语的角度说,何乐士曾指出《左传》中"弗"所在句式90%以上都很单调,大多只有两三个字或三四个字。而秦简的情况大致也是如此,"弗"字后的谓语都比较简单,绝大多数没有超过四个字的。但也有个别谓语较长的,如:

(17)沛未死,弗欲以肆、舍客室鼠(予)识。岳麓叁118

"弗"后动词谓语前可出现的副词或形容词,只有"敢""能""当""明""亟""果"和"辄",后两者各只出现了1次。
另外在秦简中,"弗"字后的动词有承前省略的例子,只有1例:

(18)刑门,其主必富,十二岁更,弗而耐乃刑。睡《日书》甲117正叁

可以与下列例句对比:

(19)起门,八岁昌,十六岁弗更,乃去。睡《日书》甲115叁

（20）高门，宜豕，五岁弗更，其主且为巫。 睡《日书》
甲 121 叁

对比可知，例（18）的"弗"字后应该是省略了动词"更"。与之类似，在
秦简中还有否定词"未"字后动词承前省略的例子：

（21）官啬夫免，效其官而有不备者，令与其稗官分，如其事。
吏坐官以负赏（偿），未而死，及有辠（罪）以收，挟出其分。
《秦律十八种》83-84

第二节 "弗"字句的语境

何乐士先生曾总结《左传》中的"弗"字句语境，一是绝大多数例子，
都在复句或语段中作后续句，充当表结果的分句或句子。二是少数例子
用作复句的首分句，表示假设或条件，但在整个大的复句或语段中仍为
后续句。① 但是就秦简来看，不同内容性质的竹简则有明显差别。在睡
虎地秦简中"弗"字共 78 个用例，而用在复句（包括紧缩复句）中表结果
的分句前的有 64 例，而用在后一分句表结果的则为 14 例。用在前一分
句（这里所说的"前一分句"，只是相对于表结果的分句而言）的，大多
数表示假设或条件，如：

（1）今灋（法）律令已布闻，吏【民】犯灋（法）为间私者不止，
私好、乡俗之心不变。自从令、丞以下，智（知）而弗举论，是即

---

① 何乐士：《〈左传〉否定副词"不"与"弗"的比较》，《古汉语语法研究论文
集》，商务印书馆 2000 年版，第 23 页。

明避主之明濾(法)殹,而养匿邪避(僻)之民。如此,则为人臣亦不忠矣。若<u>弗</u>智(知),是即不胜任、不智殹。智(知)而<u>弗</u>敢论,是即不廉殹。此皆大辠(罪)殹,而令、丞<u>弗</u>明智(知),甚不便。《语书》5-7

(2)乘马服牛稟,过二月<u>弗</u>稟、<u>弗</u>致者,皆止,勿稟、致。《秦律十八种》11

(3)有米委赐,稟禾稼公,尽九月,其人<u>弗</u>取之,勿鼠(予)。《秦律十八种》41-42

(4)其入之其<u>弗</u>亟而令败者,令以其未败直(值)赏(偿)之。《秦律十八种》16

(5)贾市居死〈列〉者及官府之吏,毋敢择行钱、布;择行钱、布者,列伍长<u>弗</u>告,吏循之不谨,皆有辠(罪)。《秦律十八种》68

(6)所<u>弗</u>问而久毄(系)之,大啬夫、丞及官啬夫有辠(罪)。《秦律十八种》135-136

(7)军人买(卖)稟稟所及过县,赀戍二岁;同车食、敦(屯)长、仆射<u>弗</u>告,戍一岁;县司空、司空佐史、士吏将者<u>弗</u>得,赀一甲;邦司空一盾。军人稟所、所过县百姓买其稟,赀二甲,入粟公;吏部<u>弗</u>得,及令、丞赀各一甲。《秦律杂抄》12-15

(8)"发伪书,<u>弗</u>智(知),赀二甲。"今咸阳发伪传,<u>弗</u>智(知),即复封传它县,它县亦传其县次,到关而得,今当独咸阳坐以赀,且它县当尽赀?咸阳及它县发<u>弗</u>智(知)者当皆赀。《法律答问》57-58

(9)今生子,子身全殹,毋(无)怪物,直以多子故,不欲其生,即<u>弗</u>举而杀之,可(何)论?《法律答问》69-70

(10)甲党(倘)有【它】当封守而某等脱<u>弗</u>占书,且有辠(罪)。《封诊式》10-11

其中,有几例"弗"字中带有表假设关系的连词,例(1)中"若"、例(4)

有"其"、例(6)有"所"及例(10)的"党(倘)"。也有表示让步的，如：

(11)其盈岁，虽弗效，新吏与居吏坐之，去者弗坐，它如律。《秦律十八种》163

龙岗秦简虽然断残比较厉害，但"弗"都符合这一特点：

(12)伍人弗言，□与同【罪】。☒龙岗 21

(13)吏弗劾论，皆与同罪。龙岗 45

(14)令丞弗得，赀各二甲。龙岗 53

(15)☒道中而弗得，赀官啬☒龙岗 64

(16)有犯令者而弗得，赀官【啬】夫☒龙岗 138A

(17)☒□主弗得，皆赎耐。龙岗 234

(18)☒【虽】弗为轻租直 龙岗 172

在睡虎地秦牍中，有一例"弗"字句，也是用在表结构的分句前，表示假设。

(19)用垣柏钱矣，室弗遗，即死矣。睡虎地 6 号木牍正

再来看"日书"类文献的例子。在复句或紧缩复句中，"弗"用在前一分句与后一分句的次数，分别为睡虎地秦简 11：8，放马滩秦简 5：5，周家台秦简为 0：3。用在前一分句的如：

(20)食过门，大凶，五岁弗更，其主瘝(癃)。睡《日书》甲124 贰

(21)人有哀思也弗忘，取丘下之莽，完掇其叶二七，东北乡(向)如(茹)之乃卧，则止矣。睡《日书》甲 63 背壹、64 背壹

(22) 弗去，不出三年，一室皆夙(缩)筋。睡《日书》甲 41 背贰

(23) 鬼恒为人恶膂(梦)，鬐(觉)而弗占，是图夫，为桑丈(杖)奇(倚)户内，复黼户外，不来矣。睡《日书》甲 44 背贰、45 背贰

(24) 若弗得，乃弃其屡於中道，则亡羔矣。睡《日书》甲 58 背叁、59 背叁

(25) 弗驱自出。睡《日书》甲 158 背

(26)【高门，宜冢，五岁】更。弗更，【必为】巫，有宜央(殃)。放《日书》乙 91B 叁

(27) 室有灵巫，弗敬戒逢山水□放《日书》乙 259+245

例(27)虽然因残缺而文意不清，但"弗敬戒逢山水□"似应点断，"敬戒"大概读作"警戒"，《史记·乐书》："是故先鼓以警戒，三步以见方，再始以著往，复乱以饬归，奋疾而不拔，(也)极幽而不隐。"《汉书·王尊传》："往者南山盗贼阻山横行，剽劫良民，杀奉法吏，道路不通，城门至以警戒。"因此，"弗敬戒"后似当断句，"逢山水□"当表某种结果。由于简文残缺前后文意不完整，该如何断句仍需讨论。

"弗"用在后一分句的则如：

(28) 以免，弗复。睡《日书》甲 46 正

(29) 春三月庚辛，夏三月壬癸，秋三月甲乙，冬三月丙丁，勿以筑室。以之，大主死；不死，瘅(癃)，弗居。睡《日书》甲 102 正壹

(30) 为羊牢、马厩，亦弗居……睡《日书》甲 103 正壹

(31) 五穜(种)忌，丙及寅禾，甲及子麦，乙巳及丑黍，辰麻，卯及戊叔(菽)，亥稻，不可以始穜(种)及获、赏(尝)，其岁或弗食。睡《日书》甲 151 背、152 背

(32) 正月壬子寈(填)穴，鼠弗居。放《日书》甲 71 贰

（33）癸未、酉，庚申、戌、已燔园中犬矢（屎），犬<u>弗</u>尼（昵）。放《日书》甲72 贰

（34）夷则、黄钟、古先（姑洗）之卦曰：是谓可（何）亡不复，可（何）求<u>弗</u>得，中闻不乐，又若席□，上下行往，莫中吾步。放《日书》乙246

例（34）"可（何）求弗得"后逗号似改为分号更合适。

（35）占逐盗、追亡人，<u>弗</u>得。周家台209

（36）正月、四月、七月用之，<u>弗</u>复。岳山秦牍2

从以上例（20）~（36）来看，与秦简中非"日书"类文献相比，"弗"字后的谓语动词则更为简单。

下面再来看《为吏治及及黔首》，其中共有16例"弗"字句。

（37）衣联<u>弗</u>补。岳麓壹《为吏》63 壹

（38）五穀禾稼，吏<u>弗</u>论治。岳麓壹《为吏》63 贰、64 贰

（39）租税轻重<u>弗</u>审。岳麓壹《为吏》68 贰

（40）桥陷<u>弗</u>为。岳麓壹《为吏》74 贰

（41）寒者毋衣<u>弗</u>请，贫穜食<u>弗</u>请。岳麓壹《为吏》78 叁、77 叁

（42）□死<u>弗</u>补。岳麓壹《为吏》11 壹

（43）赢拏<u>弗</u>行。岳麓壹《为吏》23 壹

（44）啬夫<u>弗</u>行。岳麓壹《为吏》9 贰

（45）<u>弗</u>治以蓝它人。岳麓壹《为吏》17 贰

（46）数赀醢（酤）<u>弗</u>言。岳麓壹《为吏》18 贰

（47）盗贼<u>弗</u>得。岳麓壹《为吏》12 叁

（48）要害<u>弗</u>智（知）。岳麓壹《为吏》15 叁

以上例（37）~（48）共13个"弗"字句，这些句子其实文意未完。如例

(46)，朱红林曾指出睡虎地秦简有禁止百姓酤酒的记载，《田律》："百姓居田舍者毋敢酤(酤)酉(酒)，田啬夫、部佐谨禁御之，有不从令者有罪。"整理小组注："田舍，农村中的居舍。酤酒，卖酒。《韩非子·外储说右上》有宋人酤酒故事。《汉书·景帝纪》：'夏旱，禁酤酒。'注：'酤，谓卖酒也。'"①因此，可以看出例(46)只是记载了"数赏酤(酤)弗言"这样的行为，其后果则没有写出。这大概与《为吏治官及黔首》一类文献杂抄的性质相关，其仅仅列举了一些行为或是摘取了其他文献中表条件或假设的一个句子甚或词语而已，至于后果则没有列出。

> (49)卢(虑)之弗为，与已钧(均)也。岳麓壹《为吏》82 肆
>
> (50)故曰道无近，弗行不到。岳麓壹《为吏》79 肆
>
> (51)事无细，弗为不成。岳麓壹《为吏》81 肆

例(49)～(51)，句意比较完整，"弗"字分句皆表示假设。例(50)、(51)两例(《荀子·修身》作"道虽迩，不行不至；事虽小，不为不成"。)为紧缩复句，"弗"明显是条件或假设，可对比《礼记·学记》："虽有佳肴，弗食不知其旨也；虽有至道，弗学不知其善也。"

里耶秦简由于残损比较厉害，有表示假设或条件的，如：

> (52)日足以责，吏弗责，负者死亡，吏代负偿。里耶 8-644

也有用在后一分句，表示某种结论的：

> (53)今畱等当赎耐，是即敬等纵弗论殴。里耶 8-1132

---

① 朱红林：《岳麓简〈为吏治官及黔首〉分类研究(一)》，王沛主编：《出土文献与法律史研究》第 1 辑，上海人民出版社 2012 年版，第 88 页。

第三节　"弗"字的强调特征

《公羊传·桓公十年》"其言弗遇何",何休注:"弗者,不之深也。"又《公羊传·僖公二十六年》"其言至巂弗及何",何休注:"弗者,不之深者也。"从何休的注可以看出,"弗"相对于"不"言,有强调语气的特征,段玉裁又有归纳解释,《说文解字》卷十二"弗"字下注说:

> 今人矫弗皆作佛,而用弗为不,其误盖已久矣。《公羊传》曰:弗者不之深也,固是矫义。凡经传言不者,其文直;言弗者,其文曲。如《春秋》公孙叔敖如京师,不至而复。晋人纳捷菑于邾,弗克纳。弗与不之异也。《礼记》虽有佳肴,弗食,不知其旨也,虽有至道,弗学,不知其善也。弗与不不可互易。

后来学者也有类似或相同的说法,此不详述。①

何乐士先生不同意笼统地说"弗者,不之深也",分析认为何休注的含义"实际上就等于说'弗'是对客观上不可能性的强调"。通过对《左传》中"弗"字句的细致分析,归纳认为,少数"弗"字句式对主观意愿表强调的作用,大多数"弗"字句是表示对态度行为的客观陈述。并总结睡虎地秦简法律类文献中"不""弗""勿"的用法,指出三者用法分明,"不"字句多用于确定犯事人过失或罪行的性质,或显示其主观意念;"弗"句多用于表示犯事人的实际行为;"勿"句则用以表示法律所禁止的行为。② 何先生以上总结虽是针对睡虎地秦简中法律类文献而言的,

---

① 可参看[美]杨联陞:《汉语否定词杂谈》,《中国语文札记》,中国人民大学出版社 2010 年版,第 185~190 页。

② 详见何乐士:《〈左传〉否定副词"不"与"弗"的比较》,《古汉语语法研究论文集》,商务印书馆 2000 年版。

但对于其他秦简文献也大致适用；但是如上文论述，"弗"字句在秦简前一分句的用法多表示假设，那么所谓的"实际行为"也应在此语意关系之下来理解。当然，有个别"弗"字句理解强调主观意念似也未尝不可，如：

(1) 沛未死，弗欲以肆、舍客室鼠(予)识。岳麓叁118

这一例句理解为表示主观意念，主要是由"欲"字的词义决定，而"弗"字的强调作用则在其次。

结　　语

作为否定副词，与"不"相比，秦简中"弗"出现的比率要比传世秦汉文献高不少。与传世古籍基本一致的是，秦简"弗"字后面的谓语动词都比较单调。"不"否定句以带宾语为大多数，"弗"否定句以不带宾语为绝大多数。从语境的角度看，"弗"字在"日书"及非"日书"类文献中有明显不同。在睡虎地法律类秦简中，"弗"字句多用在表结果分句的前一分句，表示某种假设或条件。从语调特征上说，"弗"句多用于表示犯事人的实际行为。

主要参考文献

B

白于蓝:《睡虎地秦简〈为吏之道〉校读札记》,《江汉考古》2010 年第 3 期。

[法]贝罗贝:《汉语的语法演变——论语法化》,吴福祥主编:《汉语语法化研究》,商务印书馆 2005 年版。

C

[美]C. J. 菲尔墨:《"格"辨》,商务印书馆 2010 年版。

曹方向:《周家台秦简补释一则》,简帛网,2009 年 1 月 31 日,http://www.bsm.org.cn/showarticle.php?id=985。

曹方向:《龙岗秦简文字补释》,《简帛》第 6 辑,上海古籍出版社 2011 年版。

[韩]曹银晶:《"也"、"矣"、"已"的功能及其演变》,北京大学博士学位论文,2012 年,指导教师:蒋绍愚。

陈国庆:《汉书艺文志注释汇编》,中华书局 1983 年版。

陈剑:《读秦汉简札记三篇》,复旦大学出土文献与古文字研究中心编:《出土文献与古文字研究》第 4 辑,上海古籍出版社 2011 年版。

陈剑:《岳麓简〈占梦书〉校读札记三则》,复旦大学出土文献与古文字研究中心网站,2011 年 10 月 5 日。

陈槃:《汉晋遗简识小七种》,"中研院"历史语言研究所 1975年版。

陈松长:《岳麓书院藏秦简〈为吏治官及黔首〉略说》,《出土文献研究》第 9 辑,中华书局 2010 年版。

陈伟:《〈二年律令〉中的"守将"》,卜宪群、杨振红主编:《简帛研究二○○四》,广西师范大学出版社 2006 年版。

陈伟:《〈为吏治官及黔首〉1531、0072 号简试读》,简帛网,2010年 1 月 22 日,http://www.bsm.org.cn/show_article.php? id=1210。

陈伟:《睡虎地日书〈艮山〉试读》,《燕说集》,商务印书馆 2011年版。

陈伟:《睡虎地秦简〈语书〉的释读问题(四则)》,《燕说集》,商务印书馆 2011 年版。

陈伟:《云梦睡虎地秦简〈秦律十八种〉校读(五则)》,《简帛》第 8辑,上海古籍出版社 2013 年版。

陈伟:《岳麓秦简〈占梦书〉臆说(续)》,简帛网,2014 年 3 月 29日,http://www.bsm.org.cn/show_article.php? id=2004。

陈伟主编:《秦简牍合集》,武汉大学出版社 2014 年版。

陈伟等:《楚地出土战国简册[十四种]》,经济科学出版社 2009年版。

陈伟武:《睡虎地秦简核诂》,张永山主编:《胡厚宣先生纪念文集》,科学出版社 1998 年版。

陈迎娣:《〈岳麓书院藏秦简(壹)〉虚词整理》,简帛网,2013 年 3月 18 日,http://www.bsm.org.cn/show_article.php? id=1838。

陈直:《居延汉简研究》,天津古籍出版社 1986 年版。

程少轩:《放马滩简式占古佚书研究》,复旦大学博士学位论文,2011 年。

程少轩:《放马滩所见式占古佚书的初步研究》,《"中研院"历史语言研究所集刊》第八十三本第二分,2012 年。

程喜霖：《汉简所见关传向过所演变》，《简牍学研究》第 2 辑，甘肃人民出版社 1997 年版。

D

［日］大川俊隆著，马彪译：《岳麓书院藏秦简〈数〉译注稿(1)》，简帛网，2013 年 1 月 30 日，http：//www. bsm. org. cn/show_article. php？id＝1954。

［日］大西克也：《秦汉以前古汉语中的"主之谓"结构及其历史演变》，高思曼主编，何乐士副主编：《第一届国际先秦汉语语法研讨会论文集》，岳麓书社 1994 年版。

［日］大西克也：《并列连词"及""与"在出土文献中的分布及上古汉语方言语法》，郭锡良主编：《古汉语语法论集》，语文出版社 1998 年版。

［日］大西克也：《"殹""也"之交替——六国统一前后书面语言的一个侧面》，李学勤、谢桂华主编：《简帛研究二○○一》，广西师范大学出版社 2001 年版。

［日］大西克也：《再论上古汉语中的"可"和"可以"——古汉语的语态试探之二》，郭锡良、鲁国尧主编：《中国语言学》第 1 辑，山东教育出版社 2008 年版。

戴世君：《睡虎地秦简研读札记(四则)》，简帛网，2010 年 11 月 26 日，http：//www. bsm. org. cn/show_article. php？id＝1337。

段莉芬：《秦简释词》，私立东海大学中国文学研究所硕士学位论文，1989 年。

段玉裁：《说文解字注》，上海古籍出版社 1981 年版。

F

凡国栋：《岳麓秦简〈占梦书〉校读拾补》，张德芳主编：《甘肃省第二届简牍学国际学术研讨会论文集》，上海古籍出版社 2012 年版。

方勇：《读秦简札记三则》，复旦大学出土文献与古文字研究中心网站，2009 年 8 月 25 日。

方勇：《读睡虎地秦简〈日书〉札记二则》，复旦大学出土文献与古文字研究中心网站，2009 年 10 月 18 日。

方勇：《读放马滩秦简〈志怪故事〉札记(一)》，复旦大学出土文献与古文字研究中心网站，2009 年 11 月 6 日。

方勇：《读睡虎地秦简札记十则》，张德芳主编：《甘肃省第二届简牍学国际学术研讨会论文集》，上海古籍出版社 2012 年版。

方勇：《读关沮秦简札记四则》，《中国国家博物馆馆刊》2012 年第 12 期。

方勇编著：《秦简牍文字编》，福建人民出版社 2012 年版。

方勇：《读秦简札记(一)》，简帛网，2015 年 8 月 15 日，http：//www. bsm. org. cn/show_article. php？id＝2289。

方有国：《上古汉语语法研究》，巴蜀书社 2002 年版。

冯春田：《睡虎地秦墓竹简语法札记》，《语言学论丛》第 18 辑，商务印书馆 1993 年版。

冯春田：《从王充〈论衡〉看有关系词"是"的问题》，程湘清主编：《两汉汉语研究》，山东教育出版社 1994 年版。

冯春田：《秦简简文的"……(之)谓(也)"式及相关句式》，高思曼主编，何乐士副主编：《第一届国际先秦汉语语法研讨会论文集》，岳麓书社 1997 年版。

冯志伟：《现代语言学流派(增订本)》，商务印书馆 2013 年版。

冯胜利著，汪维辉译：《古汉语判断句中的系词》，《古汉语研究》2003 年第 1 期。

[法]风仪诚：《战国两汉"于"、"於"二字的用法与古书的传写习惯》，《简帛》第 2 辑，上海古籍出版社 2007 年版。

[法]风仪诚：《秦代讳字、官方词语及秦代用字习惯——从里耶秦简说起》，《简帛》第 7 辑，上海古籍出版社 2012 年版。

[日]冨谷至著，柴生芳、朱恒晔译：《秦汉刑罚制度研究》，广西师范大学出版社 2006 年版。

G

甘肃省文物考古研究所编：《天水放马滩秦简》，中华书局 2009 年版。

高名凯：《汉语语法论》，商务印书馆 2011 年版。

高思曼主编，何乐士副主编：《第一届国际先秦汉语语法研讨会论文集》，岳麓书社 1994 年版。

高一致：《〈岳麓书院藏秦简(壹)〉集释》，武汉大学硕士学位论文，2011 年。

[日]广濑熏雄：《里耶秦简所见的令书》，武汉大学简帛研究中心、北京大学出土文献研究所：《"中国简帛学国际论坛 2012·秦简牍研究"论文集》，2012 年 11 月 17 日—11 月 19 日，武汉。

郭锡良：《介词"以"的起源和发展》，《古汉语研究》1998 年第 1 期。

郭锡良：《介词"于"的起源和发展》，郭锡良主编：《古汉语语法论集》，语文出版社 1998 年版。

郭锡良：《关于系词是产生时代和来源论争的几点认识》，《汉语史论集》(增补本)，商务印书馆 2005 年版。

郭锡良：《古代汉语语法讲稿》，语文出版社 2007 年版。

H

[日]海老根量介：《放马滩秦简〈日书〉中的"舁"字小考》，复旦大学出土文献与古文字研究中心网站，2014 年 1 月 3 日。

韩剑南、郝晋阳：《〈周家台秦简〉虚词研究》，《淮北煤炭师范学院学报》(哲学社会科学版)2004 年第 4 期。

韩剑南：《龙岗秦简虚词研究》，《成都纺织高等专科学校学报》2009 年第 4 期。

汉语大字典编辑委员会：《汉语大字典》，四川辞书出版社、湖北辞书出版社 1986 年版。

郝慧芳：《张家山汉简语词通释》，华东师范大学博士学位论文，2008 年。

何乐士：《"政以治民"和"以政治民"两种句式有何不同?》，《古汉语语法研究论文集》，商务印书馆 2000 年版。

何乐士：《〈左传〉虚词研究》(修订本)，商务印书馆 2004 年版。

何乐士：《〈史记〉语法特点研究》，商务印书馆 2007 年版。

何有祖：《读秦简札记(二则)》，简帛网，2013 年 4 月 13 日，http：//www. bsm. org. cn/show_article. php? id＝1844。

何有祖：《里耶秦简牍缀合(二)》，简帛网，2012 年 5 月 14 日，http：//www. bsm. org. cn/show_article. php? id＝1695。

何有祖：《里耶秦简牍缀合（七）》，简帛网，2012 年 6 月 25 日，http：//www. bsm. org. cn/show_article. php? id＝1712。

何有祖：《新出里耶秦简札记二则》，《出土文献研究》第 11 辑，中西书局 2012 年版。

何有祖：《里耶秦简缀合札记(二则)》(修订稿)，简帛网，2015 年 3 月 2 日，http：//www. bsm. org. cn/show_article. php? id＝2167。

湖北省文物考古研究所、北京大学中文系编：《九店楚简》，中华书局 2000 年版。

湖北省文物考古研究所、随州市考古队编：《随州孔家坡汉墓简牍》，文物出版社 2006 年版。

湖南省文物考古研究编著：《里耶秦简〔壹]》，文物出版社 2012 年版。

黄杰：《岳麓秦简"为伪私书"补释》，简帛网，2013 年 6 月 10 日，http：//www. bsm. org. cn/show_article. php? id＝1858。

黄杰：《放马滩秦简〈丹〉篇与北大秦牍〈泰原有死者〉研究》，冯天瑜主编：《人文论丛》（2013 年卷），中国社会科学出版社 2013 年版。

黄丽丽：《"主·之·谓"结构的"之"在语流中的作用及该结构产生和衰落的原因》，郭锡良主编：《古汉语语法论集》，语文出版社 1998 年版。

黄儒宣：《〈日书〉图像研究》，中西书局 2013 年版。

湖南省博物馆、中国科学院考古研究所编：《长沙马王堆一号汉墓》（上集），文物出版社 1973 年版。

洪波：《汉语历史语法研究》，商务印书馆 2010 年版。

洪诚：《洪诚文集》，江苏古籍出版社 2000 年版。

洪成玉：《汉语语法散论及其他》，中华书局 2009 年版。

胡波：《秦简副词研究》，西南师范大学硕士学位论文，2010 年。

J

吉仕梅：《〈睡虎地秦墓竹简〉介词考察》，《西南民族学院学报》（哲学社会科学版）1998 年第 5 期。

吉仕梅：《〈睡虎地秦墓竹简〉连词考察》，《乐山师范学院学报》2003 年第 2 期。

吉仕梅：《秦汉简帛语言研究》，巴蜀书社 2004 年版。

贾谊撰，阎振益、钟夏校注：《新书校注》，中华书局 2000 年版。

[韩]姜允玉：《出土文献中的语气词"也"》，《古文字研究》第 24 辑，中华书局 2002 年版。

蒋绍愚：《汉语词汇语法史论文集》，商务印书馆 2001 年版。

L

连劭名：《睡虎地秦简〈为吏之道〉与古代思想》，《江汉考古》2008 年第 4 期。

廖序东：《楚辞语法研究》，商务印书馆 2006 年版。

里耶秦简牍校释小组：《新见里耶秦简牍资料选校（一）》，《简帛》第10辑，上海古籍出版社2015年版。

李继闵：《〈九章算术〉导读与译注》，陕西科学技术出版社1998年版。

李家浩：《读睡虎地秦简〈日书〉"占盗疾"札记三则》，《北京大学古文献研究所集刊》（一），北京燕山出版社1999年版。

李家浩：《秦汉简帛文字词语杂释》，《著名中年语言学家自选集·李家浩卷》，安徽教育出版社2002年版。

李家浩：《睡虎地秦简〈日书〉"楚除"的性质及其他》，《著名中年语言学家自选集·李家浩卷》，安徽教育出版社2002年版。

李家浩：《甲骨文北方神名"勹"与战国文字从"勹"之字——谈古文字"勹"有读如"宛"的音》，《文史》2012年第3辑。

李均明：《初学录》，兰台出版社1999年版。

李均明：《秦汉简牍文书分类辑解》，文物出版社2009年版。

李明晓等：《战国秦汉简牍虚词研究》，四川大学出版社2011年版。

李明晓：《战国楚简语法研究》，武汉大学出版社2010年版。

李天虹：《新蔡楚简补释四则》，简帛研究网，2003年12月17日。

李晓光、李波主编：《史记索引》（修订版），中国广播电视出版社2001年版。

李学勤：《李学勤学术随笔》，中国青年出版社1999年版。

李学勤：《简帛佚籍与学术史》，江西教育出版社2001年版。

李佐丰：《文言实词》，语文出版社1995年版。

李佐丰：《上古汉语语法研究》，北京广播学院出版社2003年版。

梁冬青：《出土文献"是是"句新解》，《中国语文》2002年第2期。

刘丹青：《语序类型学与介词理论》，商务印书馆2004年版。

刘国胜：《西汉丧葬文书札记》，《江汉考古》2011年第3期。

刘国胜：《谢家桥一号汉墓〈告地书〉牍的初步考察》，《江汉考古》

2009 年第 3 期。

刘乐贤：《睡虎地秦简日书研究》，文津出版社 1994 年版。

刘乐贤：《谈秦汉文献中"所"字的一种用法》，《中国文字学报》第 3 辑，商务印书馆 2010 年版。

刘利：《从〈国语〉的用例看先秦汉语的"可以"》，《中国语文》1994 年第 5 期。

刘利：《先秦助动词研究》，北京师范大学出版社 2000 年版。

刘青：《放马滩秦简〈日书〉乙种集释》，武汉大学硕士学位论文，2010 年。

刘信芳、梁柱编著：《云梦龙岗秦简》，科学出版社 1997 年版。

刘云：《〈为吏之道〉与〈为吏治官及黔首〉对读札记》，复旦大学出土文献与古文字研究中心网站，2011 年 4 月 15 日。

刘钊：《读秦简字词札记》，李学勤主编：《简帛研究》第 2 辑，法律出版社 1996 年版。

刘钊：《读〈龙岗秦简〉札记》，张显成主编：《简帛语言文字研究》第 1 辑，巴蜀书社 2002 年版。

鲁国尧：《〈孟子〉"以羊易之"和"易之以羊"两种结构类型的对比研究》，程湘清主编：《先秦汉语研究》，山东教育出版社 1992 年版。

鲁家亮：《岳麓秦简〈占梦书〉零拾之二》，张德芳主编：《甘肃省第二届简牍学国际学术研讨会论文集》，上海古籍出版社 2012 年版。

鲁家亮：《岳麓秦简校读(七则)》，《出土文献研究》第 12 辑，中西书局 2013 年版。

陆俭明：《现代汉语语法研究教程》(第三版)，北京大学出版社 2005 年版。

陆俭明、沈阳：《汉语和汉语研究十五讲》，北京大学出版社 2011 年版。

罗竹风主编：《汉语大词典》，汉语大词典出版社 1992 年版。

吕叔湘：《文言虚字》，上海教育出版社 1978 年版。

吕叔湘：《中国文法要略》，商务印书馆 1956 年版。

吕叔湘：《现代汉语八百词(增订本)》，商务印书馆 1980 年版。

吕叔湘、朱德熙：《语法修辞讲话》，商务印书馆 2013 年版。

M

马贝加：《在汉语历时分析中如何区分动词和介词》，《中国语文》2003 年第 1 期。

马贝加、徐晓萍：《时处介词"从"的产生及发展》，《温州师范学院学报》(哲学社会科学版) 2002 年第 5 期。

马建忠：《马氏文通》，商务印书馆 2008 年版。

马承源：《商周青铜器铭文选》(第四册)，文物出版社 1990 年版。

梅祖麟：《梅祖麟语言学论文集》，商务印书馆 2007 年版。

P

潘允中：《汉语语法史概要》，中州书画社 1982 年版。

彭浩：《张家山汉简〈算数书〉注释》，科学出版社 2001 年版。

彭浩、陈伟、[日]工藤元男主编：《二年律令与奏谳书》，上海古籍出版社 2007 年版。

彭浩：《"将阳"与"将阳亡"》，简帛网，2012 年 9 月 23 日，http：//www. bsm. org. cn/show_article. php？id＝1737。

彭浩：《谈秦简〈数〉117 简的"般"及相关问题》，《简帛》第 8 辑，上海古籍出版社 2013 年版。

[加]蒲立本著，孙景涛译：《古汉语语法纲要》，语文出版社 2006 年版。

Q

秦简整理小组：《天水放马滩甲种〈日书〉释文》，甘肃省文物考古研究所编：《秦汉简牍论文集》，甘肃人民出版社 1989 年版。

裘锡圭：《甲骨卜辞中所见的"田""牧""卫"等职官的研究》，《裘锡圭学术文集》(第一卷)，复旦大学出版社 2012 年版。

裘锡圭：《读简帛文字资料札记》，《裘锡圭学术文集》(第二卷)，复旦大学出版社 2012 年版。

裘燮君：《商周虚词研究》，中华书局 2008 年版。

S

沈家煊：《不对称和标记论》，江西教育出版社 2005 年版。

沈刚：《居延汉简语词汇释》，科学出版社 2008 年版。

石毓智、李讷：《汉语语法化的历程》，北京大学出版社 2001 年版。

石毓智：《语法化的动因与机制》，北京大学出版社 2006 年版。

孙良明：《古代汉语语法变化研究》，语文出版社 1994 年版。

孙占宇：《放马滩秦简甲种日书校注》，《出土文献研究》第 10 辑，中华书局 2011 年版。

孙占宇：《天水放马滩秦简集释》，甘肃文化出版社 2013 年版。

宋绍年：《古代汉语谓词性成分的指称化与名词化》，郭锡良主编：《古汉语语法论集》，语文出版社 1998 年版。

宋华强：《新蔡葛陵楚简初探》，武汉大学出版社 2010 年版。

宋华强：《放马滩秦简〈邸丞谒御史书〉释读札记》，《出土文献研究》第 10 辑，中华书局 2011 年版。

T

汤志彪：《秦简文字札记两则》，张德芳主编：《甘肃省第二届简牍学国际学术研讨会论文集》，上海古籍出版社 2012 年版。

汤志彪、孙德军：《秦简文字琐记(三则)》，《西北大学学报》(哲学社会科学版)2011 年第 1 期。

唐钰明：《著名中年语言学家自选集·唐钰明卷》，安徽教育出版社 2002 年版。

[德]陶安、陈剑:《〈奏谳书〉校读札记》,复旦大学出土文献与古文字研究中心编:《出土文献与古文字研究》第 4 辑,上海古籍出版社 2011 年版。

W

王贵元:《周家台秦墓简牍释读补正》,简帛网,2007 年 5 月 8 日,http://www.bsm.org.cn/show_article.php? id=564。

王焕林:《里耶秦简校诂》,中国文联出版社 2007 年版。

王鸿滨:《处所介词"于(於)"的衰落与"在"的兴起》,《汉语史研究集刊》第 6 辑,巴蜀书社 2003 年版。

王克仲:《古汉语的"NV"结构》,《中国语文》1998 年第 3 期。

王克仲:《关于先秦"所"字词性的调查报告》,中国社会科学院语言研究所古代汉语研究室编:《古汉语研究论文集》,北京出版社 1982 年版。

王克仲:《先秦虚词"与"字的调查报告》,《古汉语语法论文集》(二),北京出版社 1984 年版。

王力:《汉语史稿》,中华书局 1980 年版。

王力:《龙虫并雕斋文集》,中华书局 1980 年版。

王力:《中国现代语法》,商务印书馆 1985 年版。

王力:《汉语语法史》,商务印书馆 2010 年版。

王丽玲:《先秦"可"字句再分析》,《复印报刊资料·语言文字学》2012 年第 7 期。

王念孙:《广雅疏证》,上海古籍出版社 1983 年版。

王甜:《〈龙岗秦简〉词汇语法研究》,天津师范大学硕士学位论文,2007 年。

王引之:《经传释词》,岳麓书社 1982 年版。

汪维辉、顾军:《论词的"误解误用义"》,《复印报刊资料·语言文字卷》2012 年第 10 期。

汪维辉：《系词"是"发展成熟的时代》，《著名中年语言学家自选集·汪维辉卷》，上海教育出版社 2011 年版。

汪维辉：《东汉—隋常用词演变研究》，南京大学出版社 2002 年版。

魏德胜：《〈睡虎地秦墓竹简〉语法研究》，首都师范大学出版社 2000 年版。

魏德胜：《〈睡虎地秦墓竹简〉词汇研究》，华夏出版社 2003 年版。

魏培泉：《古汉语介词"於"的演变略史》，《"中研院"历史语言研究所集刊》第六十二本第四分，1993 年。

魏宜辉：《再论马王堆帛书中的"是＝"句》，《东南文化》2008 年第 4 期。

邬国龙、胡果文、李晓路：《国语译注》，上海古籍出版社 1994 年版。

邬述法：《〈九章算术〉虚词研究》，江西师范大学硕士学位论文，2010 年。

吴小强：《秦简日书集释》，岳麓书社 2000 年版。

吴福祥：《再论处置式的来源》，《语言研究》2003 年第 3 期。

吴福祥：《敦煌变文 12 种语法研究》，河南大学出版社 2004 年版。

吴福祥主编：《汉语语法化研究》，商务印书馆 2005 年版。

X

肖娅曼：《汉语系词"是"的来源与成因研究》，巴蜀书社 2006 年版。

解惠全：《论实词的虚化》，吴福祥主编：《汉语语法化研究》，商务印书馆 2005 年版。

解植永：《中古汉语判断句研究》，巴蜀书社 2012 年版。

熊昌华：《秦简介词"以"浅论》，张显成主编：《简帛语言文字研究》第 4 辑，巴蜀书社 2010 年版。

Y

晏昌贵：《天水放马滩秦简乙种〈日书〉分篇释文（稿）》，《简帛》第 5 辑，上海古籍出版社 2010 年版。

晏昌贵：《简帛术数与历史地理论集》，商务印书馆 2010 年版。

杨伯峻、何乐士：《古汉语语法及其发展》（修订本），语文出版社 2001 年版。

杨伯峻：《春秋左传注》，中华书局 1995 年版。

杨伯峻：《古汉语虚词》，中华书局 1981 年版。

杨成凯：《菲尔墨的格语法理论》，《"格"辨》附录，商务印书馆 2012 年版。

杨芬：《岳山秦牍〈日书〉考释八则》，《简帛》第 5 辑，上海古籍出版社 2010 年版。

杨芬：《出土秦汉私信汇校集注》，武汉大学博士学位论文，2010 年。

杨凤仙：《试论上古介词"于"用法的演变——兼论"V＋N2＋N1"的归类》，《复印报刊资料·语言文字学》2012 年第 9 期。

杨联陞：《汉语否定词杂谈》，《中国语文札记》，中国人民大学出版社 2011 年版。

杨树达：《马氏文通刊误》，中华书局 1983 年版。

杨树达：《高等国文法》，商务印书馆 1984 年版。

杨锡全：《出土文献"是＝"浅析》，复旦大学出土文献与古文献研究中心网站，2009 年 11 月 3 日。

杨先云：《里耶秦简识字三则》，简帛网，2014 年 2 月 27 日，http：//www.bsm.org.cn/show_article.php？id＝1993。

姚小鸥：《睡虎地秦简成相篇研究》，《文学前沿》2000 年第 1 期。

伊强：《〈里耶秦简牍校释（第一卷）〉补正一则》，简帛网，2013 年

8 月 25 日，http：//www. bsm. org. cn/show_article. php？ id=1883。

伊强：《〈里耶秦简牍校释(第一卷)〉补正(2)》，简帛网，2013 年
9 月 9 日，http：//www. bsm. org. cn/show_article. php？ id=1891。

易孟醇：《先秦语法》(修订本)，湖南大学出版社 2005 年版。

殷国光：《〈吕氏春秋〉词类研究》，商务印书馆 2008 年版。

俞理明：《名词词类活用的语法—语义分析》，《汉语史研究集刊》
第 12 辑，巴蜀书社 2009 年版。

Z

张赪：《从先秦时期"介词+场所"在句中不合规律分布的用例看汉
语的词序原则》，《语言研究》2000 年第 2 期。

张赪：《汉语介词词组语序的历史演变》，北京语言文化大学出版
社 2002 年版。

张德芳：《两汉时期的敦煌太守及其任职时间》，《简牍学研究》第
5 辑，甘肃人民出版社 2014 年版。

张双棣等：《吕氏春秋索引》，山东教育出版社 2002 年版。

张显成：《秦简逐字索引(附原文及校释)》，四川大学出版社 2010
年版。

张雁：《从〈吕氏春秋〉看上古汉语的"主·之·谓"结构》，《语言
学论丛》第 23 辑，商务印书馆 2001 年版。

张玉金：《出土战国文献虚词研究》，人民出版社 2011 年版。

张玉金：《出土战国文献中用"以"作词素的复音词》，《出土文献》
第 2 辑，中西书局 2011 年版。

赵大明：《〈左传〉中率领义"以"的语法化程度》，《中国语文》2005
年第 3 期。

赵平安：《新出简帛与古文字古文献研究》，商务印书馆 2009
年版。

赵平安:《金文释读与文明探索》,商务印书馆 2011 年版。

赵元任著,吕叔湘译:《汉语口语语法》,商务印书馆 2005 年版。

周守晋:《战国简帛中介引时间的"以"》,《古汉语研究》2004 年第
4 期。

周法高:《中国语言学论集》,台湾联经出版公司 1975 年版。

朱城:《出土文献"是是"连用后一"是"字的训释问题》,《古汉语
研究》2004 年第 4 期。

朱德熙:《自指和转指——汉语名词化标记"的、者、所、之"的语
法功能和语义功能》,《方言》1983 年第 1 期。

朱德熙:《"的"字结构和判断句》,《现代汉语语法研究》,商务印
书馆 2003 年版。

朱德熙:《语法讲义》,商务印书馆 2009 年版。

朱德熙:《"V-neg-VO"与"VO-neg-V"两种反复问句在汉语方言里
的分布》,《朱德熙文集》(第三卷),商务印书馆 1999 年版。

朱冠明:《再谈助动词"可以"的形成和发展》,《汉语史研究集刊》
第 6 辑,巴蜀书社 2003 年版。

朱汉民、陈松长主编:《岳麓书院藏秦简(壹)》,上海辞书出版社
2010 年版。

朱汉民、陈松长主编:《岳麓书院藏秦简(贰)》,上海辞书出版社
2011 年版。

朱汉民、陈松长主编:《岳麓书院藏秦简(叁)》,上海辞书出版社
2013 年版。

朱红林:《岳麓简〈为史治官及黔首〉分类研究(一)》,王沛主编:
《出土文献与法律史研究》第 1 辑,上海人民出版社 2012 年版。

朱红林:《读里耶秦简札记》,《出土文献研究》第 11 辑,中西书局
2012 年版。

祝鸿熹:《祝鸿熹汉语论集》,中华书局 2003 年版。

祝敏彻：《祝敏彻汉语史论文集》，中华书局 2007 年版。

中国社会科学院语言研究所古代汉语研究室：《古代汉语虚词词典》，商务印书馆 2001 年版。

中国文物研究所、湖北省文物考古研究所编：《龙岗秦简》，中华书局 2001 年版。

后　　记

　　此书是在本人博士学位论文的基础上修改而成的。第二章第四节讨论"可"和"可以"部分，及第四章第一节，已收入《秦简牍整理与研究》一书，内容基本一致。考虑到论述的系统性，故本书仍然保留。

　　秦简资料，无论内容、性质，还是语体风格，都存在很大的差异。本书对这些秦简语料采取了等同对待的态度，这样做是否合适还值得进一步讨论。秦简资料，有些断残很厉害，在残简缀合、文字考释、文句解释上也有很多需要讨论的问题，故而对有些简文的理解存在偏差甚至错误之处也就难以避免。另外在写作的过程中，本人虽然读了不少的语法著作，但总感觉在语法方面很不敏感，因此在分析讨论中可能会有大大小小的问题，皆为本人之责。

　　当初博士学位论文的选题与写作，都是在导师陈伟先生的指导与督促之下完成的，此后的修改也得到陈老师很多帮助和支持，在此谨向陈老师表示诚挚的谢意。在学习工作中，得到所在单位中国石油大学(华东)文学院各位领导及同事、武汉大学简帛研究中心各位老师和同学的大力支持，在此也向他们表示真诚的感谢。

伊　强
2017 年 4 月 8 日